지도와 사진으로 보는
제1차 세계대전

THE FIRST WORLD WAR:
AN ILLUSTRATED HISTORY

A.J.P. Taylor

지도와 사진으로 보는
제1차 세계대전

유럽의 종말과 새로운 세계의 탄생

A. J. P. 테일러 지음   유영수 옮김

페이퍼로드
paperroad

일러두기

1. 이 책은 *THE FIRST WORLD WAR: AN ILLUSTRATED HISTORY* by A. J. P. Taylor, 2009를 우리말로 옮긴 것이다.
2. 인명과 지명은 브리태니커 백과에 기준해 표기했으며, 몇몇은 저자의 표기에 따랐다.
3. 옮긴이 주는 본문 중에 각주로 표시했다.

차례

지도

머리말

제1차 세계대전은 현대인의 뇌리에 깊이 새겨져 있다. 전쟁의 결과로 유럽의 정치 질서가 재편될 정도로 그 영향이 막대했다. 또한 전쟁 기념비를 어느 도시나 마을에서도 볼 수 있듯이 사람들의 삶에 깊은 자국을 남겼다. 전쟁을 겪은 지 반세기 동안 전쟁에 대한 논의가 끊이지 않아서 전쟁 이야기가 새로운 책들을 채우고 있고 그 가운데 많은 책이 베스트셀러가 되고 있다. 나는 이 전쟁을 역사적인 관점에서 보려고 했다. 전쟁이 무엇에 관한 것이었는지 설명하려고 했다. 특히 사람들이 그렇게 열광적으로 전쟁에 참여했지만 동시에 증오했다고 하는 역설을 설명해보려고 했다. 각 나라는 분명 스스로를 지키기 위해 싸웠으나 또한 정복하기 위해 그리고 막대한 이익을 얻기 위해 애썼다. 정치가들은 일어난 사건들의 규모에 휘둘렸다. 장군들 또한 마찬가지로 당황했다. 그들이 믿기에 대중이 승리의 비책이었지만 정작 대중은 그들이 원하는 대로 움직이지 않았다. 모두가 거의 속수무책으로 허둥댔다. 지도 없이 날아올라 폭풍을 눈앞에 두고 어디로 피해야 할지 모르는 조종사들 같았다. 무명의 병사들이 제1차 세계대전의 영웅들이었다. 그들은 매우 간략하게 언급된 것 말고는 기록에서 완전히 사라졌다. 하지만 그들은 사진 속에 여전히 살아 있다.

전쟁은 언제나 발명의 어머니였다. 기록 사진이 전쟁으로 탄생한 것들 중 하나다. 크리미아 전쟁을 통해 사진술이 초기 단계에서 성장할 수 있었다. 펜튼Roger Fenton이 크리미아에서 촬영한 사진은 그의 예술적 창작물 가운데 가장 뛰어나다. 보어 전쟁은 카메라의 힘으로 후대에 그 모습을 남길 수 있게 되었다. 이 두 전쟁은 멀리 떨어진 곳에서 벌어졌다. 제1차 세계대전 때는 카메라가 만인[1]의 삶을 기록할 수 있었다. 우리는 카메라를 통해 정치가들과 장군들이 사열하는 모습은 물론 그 밖에 다른 장면을 볼 수 있다. 우리는 파괴의 도구를 볼 수 있다. 사진이 우리를 참호 속이나 군수공장 내부로 안내하기도 한다. 우리는 또한 황폐화된 농촌이나 먹을 것을 위해 길게 늘어선 줄을 보기도 한다. 여기에 전장에서 싸우고, 고통을 겪고, 죽어간 사람들이 있다. 요란한 전쟁 구호의 이면에 있던 인간들의 모습이다. 카메라 덕에 우리는 제1차 세계대전을 단지 읽어서 아는 것이 아니라 생생하게 경험해볼 수 있다. 이 책에 싣기 위해 골라야 했던 사진이 수천 장이었다. 한 장을 넣기 위해 열 장을 버려야 했다. 몇몇 사진은 잘 알려져 있던 것이지만 넣을 수밖에 없었다. 많은 사진들이

---

1 저자가 15세기 도덕극 『만인 *The Summoning of Everyman*』에서 빌려온 말로 초인적인 영웅이 아니라 누구나 자신과 동일시할 수 있는 보통 사람을 의미한다.

한 번도 사용된 적 없는 사진이다. 제1차 세계대전은 글로 서술할 때는 트로이 전쟁만큼이나 현재의 경험과는 동떨어진 학문적인 과제다. 하지만 사진은 사람들을 보여준다. 이 전쟁은 우리의 전쟁이기도 했다. 우리가 이 전쟁을 더 잘 이해한다면, 아마도 우리는, 당시 사람들은 그러지 못했지만, 우리 자신의 운명을 결정할 수 있는 위치에 좀 더 가까이 갈 수 있을 것이다.

A.J.P. 테일러

(위) **사진1** 프란츠 페르디난트 대공과 부인, 그리고 자녀들: 대공과 부인의 죽음이 모든 것의 시작이었다.

(아래) **사진2** 헤르체고비나의 모스타르에서 있었던 프란츠 페르디난트의 군대 검열: 그의 마지막 열병 행사였다.

1장

1914년

1900년 6월 28일 오스트리아-헝가리제국의 프란츠 페르디난트Franz Ferdinand 대공이 조피 초텍Sophie Chotek 백작부인과 결혼했다. 떠들썩하지 않고 우울한 결혼식이었다. 대공은 합스부르크가의 상속자였다. 오스트리아 황제, 헝가리 국왕, 그밖에 많은 지위를 계승할 인물이었다. 조피 초텍은 백작부인에 불과했고 합스부르크 황실의 혼인에 적합한 신분에 미치지 못했다. 프란츠 페르디난트는 훗날 태어날 자녀들의 권리를 포기해야 했다. 그의 부인은 대공부인도 황후도 될 수 없었다. 열렬한 왕정주의자들 다수가 이 일로 합스부르크가에 불운이 찾아올 거라 생각했다. 하지만 아무도 이 결혼식 날 프란츠 페르디난트가 죽을 날이 정해진 거라고는 예견하지 못했고, 이 일로 수백만의 사람들이 죽게 되리라고는 더더욱 내다보지 못했다. 그의 결혼식 날이 궁극적으로 제1차 세계대전으로 가는 길을 예비했다.

프란츠 페르디난트는 난폭하고 고집스러웠다. 반대 세력을 참지 못했고 민주주의 시대에 맞지 않는 인물이었다. 그래도 결점을 보충하는 한 가지 장점이 있었다. 그는 부인을 사랑했다. 부인이 자신과 영광을 함께 누리지 못한다는 사실, 어떠한 공식적인 행사에서도 자신의 옆에 앉을 수조차 없다는 사실이 그를 괴롭게 만들었다. 빠져나갈 방법이 하나 있었다. 대공은 오스트리아−헝가리 육군의 원수이자 검열 총감이었다. 군의 직책에 관련된 행사에서는 부인도 그와 함께 영광을 만끽할 수 있었다. 이런 이유로 그는 1914년 보스니아에 있는 육군을 감찰하기로 마음먹었고, 결혼기념일인 6월 28일에는 부인과 함께 보스니아의 수도 사라예보에서 오픈카에 나란히 앉아 시내를 돌아다닐 수 있었다. 그러니까, 그를 죽게 만든 것은 사랑이었다.

　　보스니아와 그 자매 지역인 헤르체고비나는 합스부르크가가 근래에 획득한 영토였다. 이전에 터키의 소유로 많은 반란의 무대가

사진3 체포당하는 가브릴로 프린치프: 그가 쏜 총탄으로 세계대전이 시작되었다.

되었던 이 두 지역은 1878년 이래 오스트리아-헝가리제국의 관리 하에 있다가 1908년에 합병되었다. 주민들은 남슬라브족으로 세르비아인이나 크로아티아인이었는데, 많은 이들 특히 젊은이들이 세르비아와의 합병 대신 합스부르크가의 지배를 받게 된 데 대해 분개했다. 민족주의적 열광에 사로잡힌 청년들은 음모를 꾸미고 (성공하지 못했지만) 합스부르크가의 관리들을 살해할 계획을 세웠다. 대공의 방문이 발표되었을 때 몇몇 고등학생들이 총으로 그를 죽이기로 결심했다. 세르비아계의 한 비밀 결사가 그들을 격려하고 조잡한 무기를 조금 지원했다. 베일에 싸인 우두머리 아피스Apis[1]는 대공을 죽이는 것보다 세르비아 정부를 곤란하게 만들기를 원했다. 아피스는 많은 음모를 꾸몄지만 지금까지 계획대로 이루어진 적은 없었다.

이번 성공도 운이었다. 6월 28일 예정대로 대공과 부인은 사라예보로 차를 타고 들어갔다. 한 젊은 공모자는 권총을 품에서 빼지 못했다. 다른 한 명은 대공 부인이 불쌍하게 느껴져 집으로 돌아갔다. 세 번째 공모자는 폭탄을 던졌지만 빗나갔다. 대공 일행이 시청에 도착했다. 대공은 부인을 기쁘게 해주려던 일이 엉망이 되어 화가 났다. 그는 곧장 시내를 빠져나가기로 마음먹었다. 그러나 운전사가 명령을 제대로 따르지 못했다. 운전사는 길을 잘못 들었고, 차를 세워 반대 방향으로 돌리려 했다. 공교롭게도 공모했던 학생[2] 가운데 한 명인 가브릴로 프린치프Gavrilo Princip의 앞이었다. 프린치프는 차의 발판에 뛰어올라가 단 한 발로 대공을 살해했다. 앞좌석의 경호원을 겨누

1　본명은 드라구틴 디미트리예비치 Dragutin Dimitrijevi다.

2　실제로는 퇴학생이었다.

었다가 뒷좌석에 앉아 있던 대공 부인을 순식간에 맞추었다. 대공 부인도 거의 그 자리에서 사망했다. 이것이 사라예보 암살 사건의 전모였다.

　이 일은 단순한 살인 사건이 아니었다. 보스니아의 지배자로서의 오스트리아-헝가리제국의 지위에 대한 도전이었다. 또한 근래에 쇠퇴하고 있었지만 강대국으로서의 오스트리아-헝가리제국의 위신에 대한 도전이기도 했다. 오스트리아-헝가리제국의 정치가들은 위신을 확실하게 지켜야 할 의무가 있었다. 어떻게 해서 이 일이 대규모 전쟁으로 이어졌을까? 어느 강대국이 전쟁을 원해 구실만 기다리고 있었을 뿐일까? 어쩌면 1914년 8월에 전쟁을 시작하겠다고 이미 결정했던 것일까? 몇몇 역사가들이 그렇게 생각한다. 그들이 말하듯 1914년 7월에는 킬 운하가 독일의 드레드노트급 전함이 통항할 수 있도록 확장되었다. 몇 년 있으면 프랑스와 러시아 육군에게 따라잡히겠지만 이때 독일 육군의 우위가 최절정에 있었다. 다른 역사가들은 끊어질 수밖에 없을 정도로 팽팽했던 강대국들 사이의 긴장을 강조했다. 다섯 강대국들이 억제되지 않는 국가 주권을 가지고 서로 맞섰을 때 긴장이 물론 있었다. 하지만 지난 시기보다 더 엄청난 긴장은 아니었고 오히려 덜했다. 독일과 영국은 우호적인 관계였고 그들 사이의 해군력 경쟁도 바그다드 철도와 포르투갈 식민지의 향후 분할에 관한 합의로 인해 덜 심각해 보였다. 1914년 4월 프랑스 총선에서는 평화를 지지하는 급진주의자들과 사회주의자들이 다시 과반을 차지했다. 독일의 실업가들도 전쟁을 원치 않았다. 그들은 독일이 순전히 경제력만으로도 곧 유럽 제일의 강대국이 되리라고 확신했다. 이유 있는 믿음이었다. 게다가 영국과 프랑스의 많은 이들이

사진4 사촌 간에 함께 말을 타는 독일 황제 빌헬름 2세와 영국 국왕 조지 5세:
피는 물보다 진하지 않은가.

독일보다는 러시아를 더 염려했다. 판단력이 뛰어난 사람들은 장차
형성될 구도가 거대한 규모의 강국 러시아와 이에 대항하는 프랑스,
독일, 영국 세 서유럽 강대국들의 동맹이 되리라 추측했다. 모든 상
황이 독일에게 유리하게 흘러가고 있었다. 그런데 독일이 왜 전쟁으
로 일을 그르치겠는가?

　　사람들은 커다란 사건이 사소한 원인에서 비롯될 수 있다는
것을 믿으려 하지 않는다. 따라서 이 대규모 전쟁이 일어나자 무언가
엄청난 힘이 빚어낸 결과일 것이라고 확신했다. 세부적인 것을 살피
다 보면 그러한 근본적인 힘을 발견해내는 것이 어렵기 마련이다. 그
런데 의도적으로 전쟁을 도발하겠다고 결정한 일은 어디에도 없었
다. 정치가들의 판단 착오였다. 그들은 이전부터 효과가 입증되었던

허세와 위협을 억제의 수단으로 사용했다. 하지만 이번에는 일이 잘 풀리지 않았다. 의지했던 수단들은 실패로 돌아갔고, 정치가들은 자신들이 보유한 무기에 사로잡힌 포로가 되었다. 안보를 제공하고 평화를 유지하기 위해 증강했던 대규모 군대들이 스스로의 무게 때문에 나라들을 전쟁으로 이끌고 갔다.

오스트리아-헝가리제국의 통치자들은 이전에 세르비아를 다루는 데 어려움을 겪었다. 그들은 이번에는 움츠러들지 않겠다고 결심했다. 동맹국인 독일의 승인을 구했고, 7월 5일에 이를 얻었다. 독일 황제 빌헬름 2세Wilhelm II와 재상 베트만 홀베크Theobald von Beth-mann-Hollweg는 오스트리아인들에게 강하게 나가라고 조언했다. 그

사진5
1914년 8월 1일
베를린에서의 전쟁 선포:
집결한 군인들과 시민들.

사진6 진용을 갖추지 못한 오스트리아군.

들은 더 나아가 러시아가 세르비아를 지원하겠다고 위협하면 독일이 오스트리아의 뒷배가 되겠다고 약속했다. 전쟁을 바라고 내린 결정은 아니었다. 과거에는 위협으로 위신도 세우고 평화적인 성공도 이루었다. 독일의 통치자들은 이번에도 같은 일이 일어나리라 생각했다. 빌헬름 2세는 노르웨이 해역으로 크루즈 여행을 떠났다. 마찬가지로 휴가 중이던 독일군 참모총장 몰트케Helmuth Johannes Ludwig von Moltke에게 전쟁이 코앞에 다가와 있을지 모른다는 경고를 줄 생각을 아무도 떠올리지 못했다.

오스트리아인들은 서두르지 않았다. 항상 꾸물거리는 그들은 느긋하게 세르비아 정부가 사라예보 사건에 관련되어 있다는 증거를 찾으려 했다. 그들은 증거를 찾지 못했다. 아무 증거도 나타나지 않았다. 그런데도 7월 23일에 오스트리아-헝가리 정부는 세르비아에 최후통첩을 보냈다. 굴욕을 주려는 의도였다. 7월 25일 세르비아인들이 간신히 체면만 차릴 정도의 유보를 붙여서 통첩을 받아들였지만 오스트리아–헝가리제국은 즉시 세르비아와 관계를 단절했고, 다음 날 전쟁을 선포했다. 이는 진짜 전쟁과는 거리가 멀었다. 외교적 술책이었다. 특별히 격렬했지만 말이다. 오스트리아–헝가리군은 사실 수 주 동안 준비를 갖출 수 없었다.

　　이제 러시아 차례였다. 러시아는 발칸 반도에 있는 슬라브 국가들의 후원자 혹은 보호자였다. 적어도 러시아의 주장은 그랬다. 러시아는 세르비아가 굴욕을 당하는 것을 두고만 볼 수 없었다. 여기에는 보다 현실적인 이유도 있었다. 만약 독일과 오스트리아–헝가리제국이 발칸 반도를 지배하게 된다면 콘스탄티노플 역시 그들에게 넘어가게 될 것이고, 그렇게 되면 그들이 러시아와 외부세계 사이에 이루어지는 교역품 대부분이 지나가는 보스포루스–다르다넬스 해협, 즉 러시아의 경동맥을 조르게 되는 셈이었다. 따라서 러시아의 동기 또한 안보와 생존이었지 팽창이 아니었다. 러시아인들은 오로지 오스트리아–헝가리제국의 격한 외교 행위에 다소 강한 위협으로 대응하고 싶어 했을 뿐이었다. 그 방법은 오스트리아–헝가리제국에 대항해 병력을 동원하는 외교적 시위였다. 그런데 여기에 대전략을 결정짓는 중요한 요소가 하나 끼어들었다. 모든 유럽 강대국들은 징집으로 대규모 군대를 건설해왔다. 이렇게 모은 수백만의 병력을 신속하게 동원할 방법은 철도뿐이었고, 철도 시간표는 즉흥적으로 변경하기가 불가능했다. 시간표가 일단 돌아가기 시작하면 화차와 객차는 미리 정해진 목적지를 향해 가차 없이 반드시 달려가야 했다. 말이라면 강을 건널 때 바꾸어 탈 수 있겠지만 철도 차량은 그럴 수 없었다. 오스트리아인들은 자신들이 세르비아에 대항해 병력을 동원하면서 동시에 러시아에 대항해서도 병력을 동원할 수 없으리라는 사실을 이미 알고 있었다. 따라서 오스트리아인들은 동원을 서두르지 않고 제자리걸음만 하고 있었다. 한편 러시아인들은 오스트리아-헝가리제국에 대항해 군사를 동원하면 독일에 대해서는 무방비상태가 되리라는 사실을 알았다. 전면적 동원만이 ── 전쟁을 위해서가 아니라 외교 분쟁에서 자신들의 지위를 지키기 위해서 ── 러시아인들이 따를 수 있는 노선이었다. 7월 30일 그들은 전면적 동원을 결정했다. 러시아인들은 전쟁을 원하지 않았다. 적어도 계획하지는 않았다. 그들은 단지 오스트리아인들이 위협하면 자신들도 위협할 수 있음을 보여주길 원했다. 한 번의 거짓 으름장 위에 또 다른 공갈 협박이 더해졌다.

　　여기에 대전략의 두 번째 요소가 결정적이고 참혹한 결과를 가져왔다. 유럽 모든 나라의 군 당국은 현대전에서 공격만이 효과적인 수단이고 심지어 방어를 위해서도 공격이 필수적이라고 믿었다. 완전히 틀렸다. 그들이 1904년에서 1905년 사이에 벌어진 러일전쟁과 1912년에서 1913년 사이에 일어났던 발칸 전쟁으로부터 (혹은 심지어 한 세기 전에 있었던 미국 남북 전쟁으로부터) 방어가 점점 더 강해질 것이고 공격은 더욱 어려워지리라는 교훈을 얻을 수도 있었을 텐데 말이다. 아무도 이 점을 배우지 못했다. 모든 나라의 참모부가 공격 계획, 오직 공격 계획만을 가지고 있었다. 이들은 모두 자신의 군대가 다른 나라 군대보다 월등한 공격 정신을 가지고 있어 승리할 수 있으리라 기대했다. 한 나라를 제외하고 모두 그랬다. 독일 일반 참모부는 자신들이 두 개의 전선에서 프랑스와 러시아 두 나라와 동시

대서양

노르웨이

크리스티아나
(오슬로)

북해

덴마크

코펜하겐

에든버러

킬

아일랜드

만 섬

영국

암스테르담

하노버

함부르크

헤이그

네덜란드

베를

런던

브뤼셀

슐리펜 계획

독일

벨기에

칼레

르아브르

쉘부르

룩셈부르크

파리

알자스

프랑스의 로렌 공세

뮌헨

생나제르

취리히

프랑스

제네바

베른

스위스

보르도

이탈리아

마르세유

코르시카

마드리드

사르데냐

포르투갈

스페인

리스본

지중해

지브롤터

알제

튀니스

탕헤르

(위) **사진7** 최고사령관 빌헬름 2세와 그의 장군들: 독일 군부.

(아래) **사진8** 1914년 8월 파리를 향해 떠나는 독일군: 그 순간의 영웅들.

에 전력을 다해 싸워야 하는 상황에서는 결정적인 승리를 얻을 수 있을 것이라고 믿지 않았다. 따라서 그들은 1892년 이래로 오랫동안 사실상 모든 전력을 서부전선에 두고, 속도가 느린 러시아의 동원 기제가 서서히 굴러가기 전에 프랑스를 무찌르려고 계획해왔다. "동원은 전쟁을 의미한다"라는 말이 1914년에 많이 들렸고 그 이후로도 종종 반복되었다. 그러나 이는 사실이 아니었다. 한 나라를 제외하면 모든 나라가 국경 안쪽에 군대를 머무르게 해서 동원을 진행하면서도 외교를 병행할 수 있었다. 동원은 높은 수준의 위협이었지만, 여전히 위협일 뿐이었다. 하지만 독일인들은 동원과 전쟁을 하나로 묶어 실행했다. 이러한 관점에서 1892년부터 1906년까지 독일군 참모총장이었던 슐리펜Alfred von Schlieffen이 이미 사망했으나 실은 제1차 세계대전을 만든 이였다. "동원은 전쟁을 의미한다"는 것이 그의 생각이었다. 1914년에 결과적으로 이미 죽은 슐리펜의 손이 방아쇠를 당긴 것이었다.

러시아의 동원 결정이 독일의 시간표를 쓸모없게 만들어버렸다. 독일은 만약 아무것도 하지 않는다면 속도의 우위에서 오는 이점을 잃어버릴 것이었다. 그러면 독일은 하나가 아닌 두 개의 전선에서 벌어지는 전쟁에 직면해야 할 것이며, 그들의 생각대로, 전쟁의 승리는 불가능할 터였다. 그러니 러시아의 동원을 전쟁의 위협으로 간주해 중지시키든지 아니면 독일 역시 전쟁을 당장 시작해야 했다. 7월 31일 베트만이 몰트케에게 물었다. "조국이 위험에 처해 있습니까?" "그렇습니다." 몰트케가 대답했다. 결단의 순간이었다. 독일은 러시아에게 12시간 안에 동원을 해제하라고 최후통첩을 보냈다. 러시아인들은 거부했다. 8월 1일 독일은 러시아에 전쟁을 선포했다. 그리고 이틀 뒤에는 거의 구실도 찾지 않고 프랑스에 전쟁을 선포했다. 제1차 세계대전이 시작되었다. 유럽 정치가들은 철도 시간표의 힘을 거스를 수 없었다. 예상치 못했던 철도 시대의 절정이었다.

슐리펜은 서부에서 전쟁을 승리로 이끌어야만 한다고 못 박았고, 또한 어떻게 승리할 수 있는지 방향을 제시해놓았다. 프랑스와 독일 사이의 짧은 국경선에서는 양측 지역 모두 단단히 방비를 갖추고 있었다. 그러니 이곳에서는 신속한 승리를 거둘 가능성이 없었다. 하지만 거기서 북쪽으로 벨기에가 위치해 있어, 독일군이 뚫고 나서 쇄도해 프랑스군을 뒤편에서 포위할 수 있는 깔때기 모양의 통로를 만들어주고 있었다. 슐리펜은 이를 칸나에[3]라 불렀다. 확실히 칸나에 평원의 승자가 최종적으로는 참담하게 패배했다는 사실을 잊은 셈이었다. 이것이 슐리펜 계획이었다. 독일인들에게 있던 유일한 전쟁 계획이었다. 8월 2일 그들은 벨기에를 자유롭게 통과하게 해달라고 요구했다. 벨기에인들은 거부했고, 이로써 영국 또한 끌어들여졌다. 영국인들은 이제까지 주저했었다. 그들은 자신들 말로 "발칸 지역의 소란"에 끌려들어가지 않기로 결심했었고, 영국인 가운데 많은 이들이 프랑스를 돕기 위해 행동하기조차 꺼렸다. 그런데 독일이 벨기에 통과를 요구함으로써 아주 적은 수의 사람들 말고는 이러한 주저함이 모두 사라지게 되었다. 영국은 온 나라가 하나가 되어 전쟁에 들어갔다. 영국은 독일에 전쟁을 선포한 유일한 연합국이었다. 독일이 영국에 선전포고를 한 것이 아니라 말이다.

---

3 기원전 216년 로마와 카르타고 간의 제2차 포에니 전쟁(218~201BC) 당시 이탈리아 남동부 칸나에 평원에서 벌어진 전투에서, 한니발 Hannibal이 병력을 활처럼 배치시키고 측면에서 돌파해 로마군을 포위해 승리를 거두었다.

사진9 파리에서 베를린으로의 행진을 시작한 프랑스 병사들.

불쌍한 오스트리아-헝가리제국은 움직이는 데 가장 시간이 오래 걸렸다. 이 모든 혼란이 시작되도록 만든 장본인이었지만, 아직까지도 끌려들어가기를 가장 원치 않는 나라였다. 오스트리아-헝가리제국은 독일인들에 떠밀려서 8월 6일이 되어서야 러시아에 전쟁을 선포했다. 8월 11일에는 오스트리아-헝가리군이 세르비아를 침공하기 위해 다뉴브 강을 건넜는데, 그러고 나서 얻은 것이 아무것도 없었다. 그들은 두어 달 안에 밀려났고, 세르비아인들이 남부 헝가리에 쳐들어왔다. 영국과 프랑스 역시 주저하다가 마지못해 오스트리아-헝가리제국과 관계를 끊었다. 그들은 8월 10일 오스트리아-헝가리제국에 전쟁을 선포했다. 또 다른 결정이 비밀리에 내려졌는데, 8월 3일 터키인들이 독일과 동맹 조약을 맺었다. 동맹 조약을 이행하는 데는 주저했지만 말이다.

전유럽에 걸쳐 징집된 군인들이 배속된 부대에 합류하고 있었고, 군용 열차들이 군인들을 싣고 지정된 목적지로 달려가고 있었다. 모든 나라의 수도에서는 군중들이 "파리로", "베를린으로"라고 외치며 열광적으로 시위를 벌였다. 의회들은 너나할 것 없이 만장일치 혹은 거의 만장일치로 전쟁에 찬성했다. 8월 6일 잉글랜드에서 몇 명의 의원들이 정부에 대한 지지를 철회했지만, 아무도 반대표를 던지지는 않았다. 프랑스에서는 신성연합이라는 이름으로 사회주의자들이 최초로 각료가 되었다. 독일 사회민주당의 소수가 당 내 회의에서 전쟁에 반대했으나, 제국의회에서는 당의 정책에 따라 찬성표를 던졌다. 빌헬름 2세는 사회주의자들의 이러한 행동에 기뻐했고, "정당은 이제 보이지 않고 독일인들만 보인다"고 외쳤다. 오스트리아에서는 의회의 의견을 구하지 않았다. 헝가리 의회는 만장일치로 전쟁에 찬성했다. 세르비아의 사회주의자들은 그들의 나라에 선택권이 없었지만 전쟁에 반대했다. 러시아 의회의 볼셰비키들도 처음에는 전쟁에 반대표를 던졌다. 그러나 이러한 목소리들은 무시되었다. 유럽의 민족들은 열렬하게 전쟁에 뛰어들었다. 심지어 누구에게도 이 전쟁은 침략전쟁이 아니었다. 모든 나라는 자신의 존재를 지키고 있다고 생각했다. 방어하는 방법이 다른 누군가의 영토를 침략하는 것인데도 말이다. 1871년 이래 강대국들 사이에는 전쟁이 없었다. 인생의 한창때에 있는 사람들은 아무도 전쟁이 어떤 것인지 알지 못했다. 모두가 전쟁은 대규모의 진군과 전투로 이루어질 것이며 곧 결판이 날 것이라고, 크리스마스 때까지는 끝날 것이라고 생각했다. 사람들은 자신들이 왜 싸우고 있는지 논쟁하지 않았다. 이미 알고 있었다. 전쟁은 "la patrie", "the Fatherland", "Holy Russia" 등 무엇으로 부르든 조국을 지키기 위한 것이었다. 다만 영국인들에게는 경우가 달

사진10 "자, 신께 감사드리자, 우리를 그분의 시간에 맞추어주셨으니."

랐다. 그들은 영국 대함대가 안전하게 지켜주기에 침략당할 위험이 없었고, 명분을 위해 전쟁에 참전했다. 그 명분이란 "약소국 벨기에"의 중립과 독립이었다. 그러므로 영국인들은 처음부터 이상주의적인 용어로 말했다. 이 전쟁은 "전쟁을 종식시키기 위한 전쟁"이고, "민주주의가 지켜질 수 있도록 세계를 안전하게 만드는 전쟁"이라고. 영국인들은 승리에 만족하지 않을 것이었다. 그들은 어떻게든 보다 나은 세상을 만들기를 원했다. 훗날 그들의 이상주의가 다른 나라들에서도 들려왔다. 그렇지만 영국인들이 시작했던 것이고, 따라서 영국인들은 나중에 다른 나라보다 더 크게 회의를 느꼈다.

　　모든 대륙 국가들이 백만 단위의 병력을 동원했다. 최종적으로는 현역에 있거나 최근 예비역이 되었던 대략 600만 명이 첫 전투에 참여했다. 지휘관은 전쟁을 책이나 기동훈련으로만 익힌 나이 많은 사람들이었다. 프랑스의 조프르Joseph Joffre, 독일의 몰트케, 오스트리아-헝가리제국의 콘라트Franz Conrad, 러시아의 니콜라이Nikolay Nikolaevich 대공과 같은 최고지휘관들은 능력보다는 정실인사나 정치 공작의 결과로 그 자리에 앉았다. 성공을 거둔 지휘관은 흔들리지 않는 배짱이 있어 자신의 명령에 따른 행동이 낳은 인명 손실과 피해에 흔들리길 거부하는 이였다. 장군들 가운데 분노에 싸여 주고받는 전장의 총성을 들어본 사람은 없다시피 했다. 전쟁이 진행됨에도 불구하고 장군들이 경험이 없는 이런 현실은 그리 달라지지 않았는데, 그들은 멀찍이 후방에 있는 본부에서 진언하지 않은 참모진에 둘러싸여서는 지도에 선을 긋고 무선 전화로 호통을 치거나 명령을 내리고 있었기 때문이다. 영국의 장군들은 보어 전쟁에서 진짜 전투를 목격했었다. 보어 전쟁은 보이지 않는 적군을 상대해 광대한 공간을 이동하는 전쟁, 기병의 전쟁이었고, 대부분의 영국 장군들은 기병이었다. 말들이 어디에나 있었다. 기계화된 수송수단이 있는 군대는 없었다.

사진11 군대들은 정해진 속도로 이동해야 했다.

장군과 참모들이 병사들의 눈높이에 맞추기 위해 말에서 내렸을 때 움직이는 수단으로 이용하던 자동차만 몇 대 있었다. 사람들은 일단 종착역에 다다르면 도보로 이동했다. 이런 점에서 보어 전쟁에는 아주 특이하게 대조를 이루는 점이 있었는데, 전장까지는 병력 이동이 신속했지만 전장에 도착해서는 아주 느렸다는 점이다. 전투에 있어 군대들은 나폴레옹 때나 로마 시대보다 더 빠르지 않았다. 사실, 그때만큼도 빨리 움직일 수 없었다. 그렇기에 공격측의 보병이 도보로 돌파하려 할 때 위협 받는 지점에 철도로 증원 병력을 보내 저지하는 것이 항상 가능했다. 도보 이동보다 철도 차량 이동이 빠른 것은 당연하다. 이것이 제1차 세계대전 기간에 공격보다 방어가 더 강했던 전략적 이유다. 방어는 기계화된 반면, 공격은 그렇지 못했다. 군수와 총포는 말들이 끌었다. 군대마다 마초 더미가 탄약이나 식량보다 더 많은 공간을 차지했다. 식량 보급은 매우 중요했다. 대중으로 이루어진 대규모 군대는 현지에서 식량을 해결하기에 너무 거대했다. 본국에서 식량 보급을 받아야 했다. 이렇게 해서, 승리를 위해 구축된 군대들이 그 거대한 규모 때문에, 승리를 거두거나 심지어 움직이는 것조차 불가능해졌다.

　　진짜 기동전이 벌어진 것은 전쟁 초기의 추동력이 가라앉기도 전 처음 한 달 동안이 전부였다. 그러고는 4년간의 교착상태가 뒤따랐다. 모든 사람이 서부에서 벌어질 전역이 전쟁을 결정할 것이라 예상했다. 결정이라는 의미가 사람들이 예상한 대로는 아니었지만 그들은 옳았다. 이는 신속한 승리로 승부가 판가름 난다는 것과 반대되는, 전쟁이 무한정 지속되리라는 결정이었다. 이 전역의 핵심은 독일이 벨기에를 통과하여 전진하는 것이었다. 프랑스 사람들은 오래

전부터 이 계획을 알고 있었다. 하지만 그들은 주의를 기울이지 않았다. 우선 한 가지 이유로는, 독일인들이 오로지 예비군만으로 사단들을 구성할 수 있다고 믿지 않았기 때문이다. 따라서 그들은 독일의 군사력을 거의 삼분의 일 가량 과소평가했다. 어쨌든 프랑스 사람들은 자신들에게 답이 있다고 생각했다. 독일인들이 벨기에를 통과하려고 애쓸 때 프랑스 사람들은 아르덴 숲에서 그들의 측면을 공격하고 곧장 로렌에서 공세를 취할 계획이었다. 그리고 물론 공식 교리에 따르면 공세는 항상 승리를 가져왔다. 이 공세는 그렇게 하여 8월 14일에 시작되었다. 공세는 재난이었다. 프랑스군은 여기서 가장 큰 규모의 사상자를 냈다. 이후 베르됭에서 입은 피해보다 더 컸다. 군대의 꽃, 즉 가장 훌륭한 장교들과 가장 열의에 넘치는 병사들을 잃었다. 결코 완전히 회복하지 못한 손실이었다. 프랑스의 공세는 독일의 방비에 산산이 분쇄되었다. 병사들은 적의 방어에 훈련이 되어 있지 못했고, 혼란과 무질서 속에 물러났다. 그러나 패배는 오히려 새옹지마격이었다 — 거기다가 독일인들도 프랑스의 공격을 너무 강력하게 격퇴하는 잘못을 범했다. 조프르로서는 공세 계획이 실패한 덕에 자신의 왼편으로 옮길 수 있는 병력이 생겼고, 그렇게 해서 마른 강 전투에서 이길 수 있었다. 그가 전혀 예기치 못한 일이었고 아마도 그의 공과를 벗어난 일이었다.

　　독일인들은 벨기에를 통과하여 진격할 때 어려움을 겪지 않았다. 그들의 진격로 앞에는 사실상 아무것도 없었다. 기동전이 매우 초기 단계인데도 어떻게든 이루어졌던 유일한 이유였다. 사실 슐리펜의 전체 계획도 적군과 마주치지 않는다고 가정했었다. 지휘관이 가정으로 삼기에는 상상하기 힘든 내용이었지만 모든 규칙이 말

(왼쪽) **사진12**
페트로그라드 시가를 가로질러 행진하는 러시아 군대들.
소문과 달리 그들의 군화에 눈은 하나도 묻어 있지 않다.
(오른쪽 위, 왼쪽 아래) **사진13-14** 벨기에 병사들.
(오른쪽 아래) **사진15** 벨기에를 차지한 정복자들.

사진16 영국 원정군 사령관 존 프렌치 경, 몽스 퇴각 준비 중에.

하는 것과 반대로 옳은 것으로 드러났다. 프랑스인들은 멀리 떨어져, 로렌 지역의 방어선에서 엄청난 사상자를 내고 있었다. 오로지 소수의 벨기에 군대가 독일인들에게 대항했다가 곧 진군하던 대열에서 벗어나 안트베르펜 요새로 물러났다. 리에주는 수 주 동안 버틸 수 있으리라 예상되었으나, 아직 사령관은 아니었던 루덴도르프Erich Ludendorff가 자동차를 타고 도시 관문을 통과해 들어가 항복을 요구하는 간단한 방법으로 리에주를 점령했다. 그러고 나서 요새는 오스트리아산 중곡사포 공격으로 산산조각이 났다. 벨기에인들은 그런 와중에 결정적인 일격을 가했다. 그들은 철도 선로들을 파괴했다. 이로써 독일의 군수 보급과 증원 병력의 유입이 감소했다. 독일군의 보병대는 물론 도보로 진군했다. 그런데 굉장한 속도였다. 클루크Alexander von Kluck의 제1군은, 슐리펜 계획에 따라 벨기에로 우회하는 원의 밖에 있었는데, 종종 하루에 30마일을 답파했다. 그러나 지불해야 할 대가가 있었다. 독일 병사들은 적과 마주치기도 전에 이미 지쳐버렸다. 프랑스인들은 독일의 진군을 옆에서 치고 들어가려 애썼고, 아르덴을 뚫고 나아갔다. 독일인들은 그 수를 예상했고, 앞으로 나아가면서 측면을 두텁게 보강했다. 프랑스군은 무모하게 공격하다가 산산조각 났다. 일단 저지당하고 나니 그들은 어떻게 방어할지 전혀 알지 못했다. 진격에 대한 유일한 대안은, 그들의 생각에, 후퇴였다. 그들은 독일인들보다 자신들의 전술로 인해 패배해 혼란과 실망 속에 퇴각했다.

 프랑스군의 좌익이 이제 붕 떠버렸고, 뒤로 밀려나 뫼즈 강 서안 어디에선가 병력이 소진되었다. 훨씬 북쪽 벨기에에서는 독일인들이 이미 강 너머에 도달하고 있었다. 프랑스의 전선은 예상치 못할 정도로 길게 확대되었다. 영국인들은 참전하면서 자신들에게 전략을 결정할 수 있는 행동의 자유가 있을 것이라 예상했다. 영국 원정군은 수가 적었지만(십만을 크게 넘지 않았다) 해군력 덕분에 어디든 파견할 수 있었다. 8월 5일 수상 애스퀴스Herbert Henry Asquith가 주재하는 전쟁위원회가 소집되었다. 주요 장성들이 모두 참석해 어떻게 벨기에를 도울지 논의했다. 영국군이 안트베르펜까지 가야할까? 아미엥까지? 어쩌면 르아브르까지 간 뒤 농촌 지역을 느린 속도로 진군해야 할까? 아니면 슐레스비히에 상륙해 독일의 심장부를 타격해야 할까? 육군성의 헨리 윌슨 경Sir Henry Wilson은 모여 있던 거물들을 멈춰 세웠다. 아무리 영국 원정군이라도, 작은 규모이기는 했지만, 정해진 시간표를 벗어나서 움직일 수는 없었다. 게다가 시간표는 단 하나만 준비되어 있었다. 1911년에 만들어진 계획이었고 영국 원정군을 프

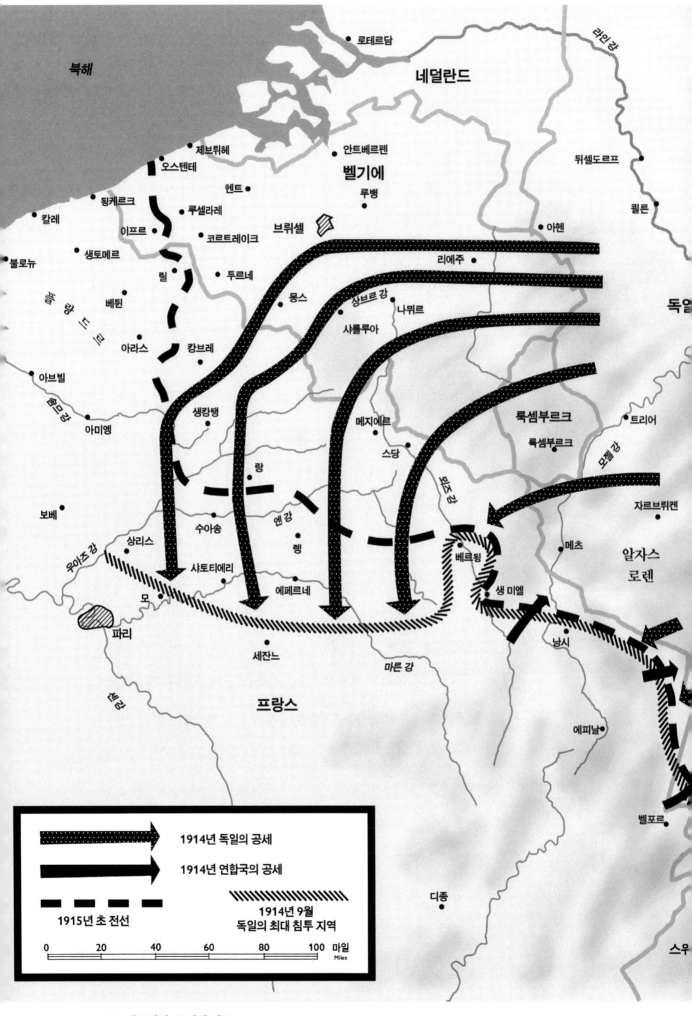

지도2 서부전선: 독일의 진군

랑스의 왼쪽 측면으로 보내는 계획이었다. 이 계획으로 벨기에를 도울 수 없다고 불평하는 것은 부적절했다. 벨기에 지원은 영국이 참전한 표면상의 이유였다. 이 계획으로 하든지 말든지 둘 중 하나뿐이었다. 전쟁위원회, 그리고 이어 전시내각은 마지못해 동의했다. 그리하여 영국의 정책은 처음부터 행동의 자유를 상실했다. 전쟁이 시작되기 삼 년 전 군사전문가들이 수립해놓은 비밀 작전으로 인해 영국 원정군은 서부전선에 투입되었다.

영국군은 독일인들이 근처 어디쯤 있다는 것을 전혀 모르고 있었지만 8월 20일 배치를 완료했다. 영국군은 더듬더듬 앞으로 나아갔고, 8월 22일 탄광도시 몽스에 다다랐다. 같은 곳으로 독일군이 모르고 들어왔고, 양쪽 모두 똑같이 놀랐다. 8월 23일 두 개의 영국 사단이 두 개의 독일 군단의 공격을 받았으나 막아냈다. 분당 "열다섯 발의 발사 속도로" 정확한 사격을 쏟아내는 영국의 소총 때문에 독일인들은 소총을 기관총으로 착각했다. 사실 영국인들에게는 기관총이 대대 하나당 두 정뿐이었다. 몽스 전투는 나중의 기준에서 보면 작은 교전이었다. 보어 전쟁 때의 몇몇 교전보다 규모가 크지 않았다. 하지만 몽스 전투는 영국의 첫 전투였다. 또한 몽스 전투는, 신빙성이 없지 않은 일인데, 초자연적인 힘이 영국을 도왔음이 목격된 유일한 전투였다. 확실히 "몽스의 천사들"[4]은 이 전쟁을 신이 인정했음을 보여주는 유일한 사례였다. 영국군 사령관 존 프렌치 경Sir John French은 전투에 만족했다. 그는 버티고 있다가 다음 날 다시 싸울 생

---

4   몽스 전투에서 하늘에 사수들이 나타나 영국군을 도와 독일군을 무찔렀다는 목격담이 있다.

사진17 폰 클루크가 파리를 우회하는 것을 발견한 비행기.

각이었다. 밤사이 그는 자신이 위태로운 상황에 처해 있음을 알았다. 프랑스군이 그의 우측에서 빠른 속도로 물러나고 있었고 그의 좌측에는 아무 군대도 없었다. 영국군 역시 후퇴해야만 했다. 그래서 연일 뒤로 물러났다. 그들의 퇴각은 전진하는 독일인들보다 훨씬 괴롭고 어렵게 걸어서 이룬 위업이었다. 8월 26일 영국인들은 르카토에서 멈추어 다시 싸워야 했다. 이번에도 그들은 독일인들을 세워놓고 달아났다.

그러고 나서 매우 이상한 일이 일어났다. 거의 열흘 동안 아무 전투도 뒤따르지 않았다. 영국 원정군은 오른편의 프랑스군에, 이를테면 단단히 붙어 있었다. 프랑스인들은 정남쪽으로 후퇴하고 있었고, 영국 원정군은 서쪽으로 이어진 병참선에서 멀어져 프랑스인들과 함께 정남쪽으로 끌려갔다. 영국 원정군은 프랑스인들보다 비율상 훨씬 많은 병력이 후퇴했다. 그사이 독일인들은 영국 원정군을 나가떨어뜨리기 위해 북쪽에서 남쪽으로 오는 영국 원정군을 백핸드로 뒤집어 치듯 자신들의 왼편에서 공격했다. 그러고 나서 처음에는 정서쪽으로 진군을 재개했고, 그 뒤 남서쪽으로 방향을 틀었다. 그리하여 적대하는 양측 군이 맹렬한 속도로 행진해 서로에게서 멀어지고 있었다. 존 프렌치 경은 심지어 완전히 물러날 것을 제안했다. 자신의 휘하에 있는 작은 규모의 군에 나중에 돌이켜본다면 하찮을 정도로 적은 사상자가 생기는 것을 걱정한 나머지 프랑스의 대서양쪽 해변에 있는 생나제르까지 전열을 가다듬기 위해 후퇴할 의도를 발표했다. 그는 전쟁상이 된 키치너Horatio Herbert Kitchener가 육군원수의 제복을 입고 파리로 건너와서 내린, 명령체계를 벗어나지 말라는 명

사진18
갈리에니 장군,
조프르는 마른 전투 실패의
책임을 그에게 돌렸다.

령을 받고 나서야 마음을 바꿨다. 프랑스 정부와 의회는 파리에서 보르도로 이동했다. 파리는 이제 "군대가 통제하는 지역"이 되었다.

　　독일인들이 빙 돌아서 프랑스로 들어옴에 따라 슐리펜 계획의 커다란, 극복할 수 없는 결함이 드러나 보였다. 파리가 허점이었다. 만약 독일군의 가장 오른쪽에 있는 클루크의 군대가 파리의 서쪽으로 진격한다면 클루크의 군대와 뒤따라오는 뷜로우Karl von Bülow의 군대 사이에 커다란 틈이 생길 것이었다. 반면 클루크가 파리 동쪽으로 간다면 그는 측면에 공격을 받을 수 있을 것이었다. 슐리펜은 이 허점을 예견했지만 이를 극복할 수단은 제시하지 못했다. 독일인들은 파리를 "봉쇄"할 새 병력을 투입할 수 없을 것이었다. 병참선이 이미 포화상태여서 여력이 없었다. 클루크의 전진은 마치 문어의 촉수처럼 오락가락했다. 그리고 나서 그는 파리 수비대가 빠져나가기 전에 프랑스군을 포위할 수 있으리라는 희망에 파리의 동쪽으로 진격하기로 결심했다. 몰트케가 멀리 본부에서 이 결정을 승인했다.

　　그러는 사이에 프랑스인들은 무너진 위치를 회복하려 애썼다. 조프르는 곤경 속에서 놀라운 침착함을 보였다. 매일 훌륭하게 요리된 두 끼의 식사를 결코 거르지 않았다. 그는 휘하의 장군들을 마구 잘랐다. 그가 가진 유일한 전략상의 아이디어는 전선을 직선으로 유지하면서 후퇴하다가 왼편에 병력을 밀어 넣는 것이었다. 그렇게 하다 어느 시점에 정면에서 독일인들에게 반격을 가할 생각이었다. 파리를 통제하는 군정장관 갈리에니Joseph Gallieni는 조프르와 생각이 달랐다. 그는 파리의 관점에서 상황을 바라보았고, 독일의 노출된 측면에 주목했다. 조프르같이 독일의 전진을 멈추기를 원하기보다 독일의 전진이 계속되도록 놓아두다가 독일인들의 뒤에서 덮치기를 원

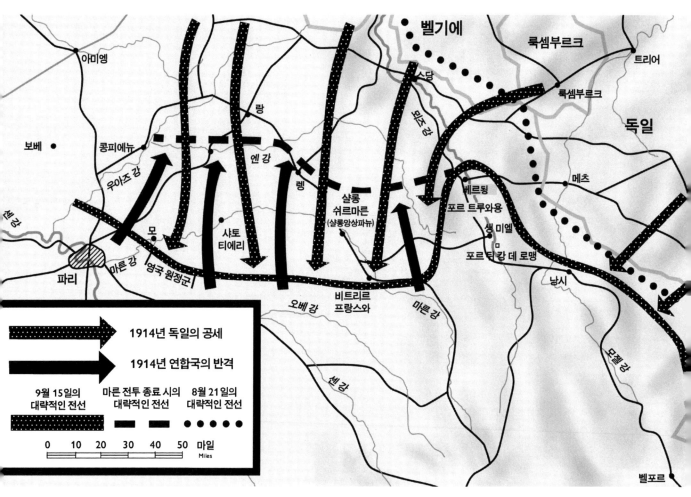

지도3 마른 강 전투.

했다. 조프르가 전선을 길게 확장하기 위해 파리를 향해 병력을 이동했을 때 갈리에니는 독일인들의 뒤로 들어가기 위해 그 병력의 일부를 훨씬 북쪽으로 보냈다.

9월 5일 독일인들이 마른 강을 건넜다. 그리하여 갈리에니의 계획과 조프르의 계획이 산산조각 났다. 두 계획은 서로 모순되었다. 갈리에니는 독일인들의 뒤편에서 자루의 입구를 닫을 수 있기를 바라고 있었다. 반면 조프르는 자루의 아랫부분을 타격하고 있었고 그럼으로써 사실상 갈리에니의 덫 밖으로 독일인들을 몰아내고 있었다. 두 계획 모두 성공하지 못했다. 클루크는 갈리에니가 자신의 오

사진19 1914년 9월 베를린에서의 열병.
"노획한 총포가 어디 있는지" 몰트케가 물었는데 이 열병에 일부 등장했다.

른쪽 측면에서 준비하고 있음을 알았을 때 프랑스인들을 포위하기 위해 전력을 다해 동쪽으로 나아가고 있었다. 그는 다시 서쪽으로 방향을 틀었다. 갈리에니는 계속해서 병력이 부족했고, 클루크에 막혀 파리 북동쪽으로 갈 수 없었다. 훨씬 동쪽에서는 뷜로우의 군대가 조프르의 정면 공격을 막아내며 굳건히 버티고 있었다. 하지만 클루크의 군대와 뷜로우의 군대 사이에 커다란 틈이 있었다. 존 프렌치 경은 마침내 조프르에게 설득당해 퇴각을 중지했다. 영국인들은 전진하며 적을 만나지 못했다. 마치 터널을 지나는 것 같았다. 그들의 양쪽 측면에서는 프랑스인들이 맹렬히 싸우고 있었다. 영국인들은 앞으로 나아가 빈터로 들어가게 되었다. 마른 강에서 영국의 사상자는 거의 없었다. 영국인들은 자신들이 유리한 상황에 있다는 사실을 깨닫지 못했다. 그래서 불안 가운데, 거의 겁을 먹은 채 앞으로 이동했다. 앞서 끔찍한 경험을 한 뒤라서 지금 벌어지고 있는 현실, 즉 자신들에 맞서는 적이 없다는 현실을 믿지 못했다. 영국 원정군은 퇴각 당시와 같이 하루 30마일 행군을 유지하는 대신에 하루 8마일을 걸었을 뿐이었다. 물론 지쳐 있었다. 하지만 진짜 실패는 리더십에 있었다. 그렇다고 하더라도 영국군 기병대는 때때로 적진의 뒤편 40마일까지 들어가 있었다.

멀리서 몰트케는 걱정이 되었다. 그는 내내 작전에 대한 확신이 들지 않았다. 그는 계속해서 물었다. "포로들이 어디 있는가? 노획한 총포는 어디 있는가?" 거의 없었다. 당시에는 무선통신이 조악했고 전장에서 쓰는 전화도 거리 200마일을 넘어가면 제대로 연결되지 않았다. 9월 8일 몰트케는 참모 장교 헨취Richard Hentsch 소령을 보내 일이 어떻게 돌아가고 있는지 알아보도록 했다. 헨취는 뷜로우가 노출된 오른쪽 측면을 염려하며 막 후퇴하려 하고 있었다는 것을 알았다. 다음 날 헨취는 클루크가 파리로부터 오는 프랑스군에 맞서 자리를 잘 고수하고 있지만 후방을 지킬 수는 없다는 것을 알았다. 헨취는 총퇴각 승인을 내렸다. 모든 곳에서 독일인들이 후퇴하기 시작했다. 연합국의 고위급 장교들은 한 달 안, 심지어 삼 주 안에 독일에 진입할 수 있다고 이야기했다. 사실 연합국의 진격은 닷새 동안만 지속되었다. 9월 14일 독일인들이 엔 강에 도달했다. 지쳐 있었고 더는 행군이 불가능했다. 그러나 독일군의 모뵈주 함락으로 그곳에서 얼마간 새로운 병력이 들어와 보충되었다. 독일인들은 땅을 긁어 구멍을 파고 기관총을 설치했다. 모두에게 놀랍게도, 연합국은 주저했고, 진격을 멈추었다. 작전이 끝났다. 흙으로 쌓은 둔덕에 몸을 숨기고 기관총으로 사격을 하면, 고작 한 사람으로도 진격하는 대군을 충분히 감당할 수 있었다. 참호전이 시작된 것이다. 기동전은 사람들이 땅을 파고 밑으로 들어가면서 끝이 났다. 참호 속 병사들은 대규모 폭격이 있을 때와 예비 병력이 증강되었을 때만 밖으로 나올 수 있었다. 이를 목격한 상대방은 미리미리 증원군을 불러올 수 있었다. 철도로 병력이 전장에 도달하는 빠른 속도와 도착한 뒤 병력이 이동하는 느린 속도의 대비가 기관총으로 인해 완벽해졌다. 사실 전장의 병력은 전혀 이동하지 않았다. 대적하는 두 군의 방어선이 고착되었고, 굳건해졌다. 양측의 장군들은 힘을 쓰지 못하고 또한 어떻게 해야 할지 모르면서 방어선을 노려보았다. 그들은 거의 4년을 그렇게 바라보았다.

마른 강 전투에는 후속편이 있었다. 수도관의 물이 끊어지기 전 마지막으로 분출하는 것과 같은 기동전의 최후였다. 양측의 방어선은 아직 자리를 잡지 못하고 붕 떠 있었고, 엔 강 북쪽에서 약화되었다. 양측 모두 상대의 측면을 돌파해 추월하려고 애썼다. 이는 "바다로의 경주"라고 불렸다. 양측이 더 빨리 다다르고자 한 곳은 바다가 아니라 상대의 열린 측면이었고, 바다에 도달한다는 것은 실패했음을 의미했다. 독일인들이 이러한 발상을 먼저 떠올렸을 때, 조프르는 여전히 정면으로 더욱 전진하기를 꿈꾸고 있었다. 9월 14일, 방어선이 처음으로 고착된 그날, 빌헬름 2세가 몰트케를 해임하고 더 나은 장군인 전쟁상 팔켄하인Erich von Falkenhayn을 그 자리에 임명했다. 팔켄하인은 곧장 스스로 세워놓은 일종의 소박한 슐리펜 계획을 준비하기 시작했다. 그러나 군대가 부족해지고 있었다. 쓸 수 있는 유일한 병력이 벨기에군을 포위하느라 안트베르펜 앞에 묶여 있었다. 한편 지금까지 그랬듯, 조프르는 이 일의 중요성을 놓치고 있었다. 그는 벨기에인들을 경멸했고 그들에게 어떠한 형태의 원조라도 보내기를 거부했다. 영국의 키치너도 같은 태도를 취했다. 해군성을 맡고 있는 것으로는 만족하지 않는 윈스턴 처칠Winston Churchill이 달려들어와 간극을 메웠다. 그는 3천 명의 해병을 안트베르펜으로 보냈다. 자신도 장래의 사령관으로 갔다. 그러나 이러한 지원도 충분하지 못했고, 안트베르펜은 10월 10일에 함락되었다. 해병 대부분이 네덜란드에 억류되었다. 그렇다 하더라도 안트베르펜 방어는 큰일들을 이루었다. 독일인들은 자신들 앞이 열려 있는데도 "바다로의 경주"에 힘을 쏟지 못했다. 지금까지는, 심지어 조프르조차 병력을 북쪽으

(아래) **사진20**
자전거로 발전을 하는 독일 병사들.
(오른쪽) **사진21**
참호를 파는 독일인들.

사진22 말을 이용한 운송에 어려움을 겪는 영국 원정군.

로 이동하고 있었다. 벨기에군은 안트베르펜에서 빠져나오면서 다른 것보다도 수문을 열고 벌판에 홍수를 일으킴으로써 독일인들을 해안에 붙들어 놓았다. 독일인들의 전진은 내지로 쏠리게 되었다.

10월 중순 독일인들은 이프르로 이동했다. 적의 측면을 포위하기 위해서였다. 같은 시기 영국인들도 독일인들의 측면을 공격할 의도로 엔 강에서부터 위로 올라와 이프르에 도달했다. 양측의 공격 계획은 상당히 우연히 부딪히게 되었다. 강한 쪽은 독일이었다. 영국인들은 수적으로 열세였을 뿐 아니라 지휘관을 잘못 만났다. 존 프렌치 경은 완전히 확신에 가득 차 있다가 비관적으로 돌변해 있었다. 한 지점에서 독일인들이 영국의 방어선을 바로 관통하는 구멍을 뚫어냈다. 그들 앞에는 취사병들과 당번병들뿐이었다. 항상 그렇듯 도보로 전진하는 공격 측보다 방어하는 측이 더 빨리 새 병력을 철로로 이동시켰다. 또 다시 전선이 두터워지고 고착되었다. 이 공방은 제1차 이프르 전투라 불리기는 하지만 이전까지의 전투와는 양상이 완전히 달랐다. 병사들은 방어진을 갖춘 좁은 전선에서 매일매일 먹고 잤다. 많은 사람들이 살육 당했지만 결과는 없었다. 영국 원정군은 이전의 어느 작전보다 이프르에서 더 많은 사상자를 냈다. 영국의 정규군이었던 영국 원정군은 분쇄되었고 새로이 오게 될 일반인들로 구성된 군대들을 위한 체계만을 남겨놓았다.

서부전선은 이제 스위스부터 바다까지 펼쳐졌다. 속전속결에 대한 기대는 부질없는 것으로 밝혀졌다. 그래도 이 첫 번째 쇄도 작전이 남긴 흔적은 작지 않았다. 독일인들은 프랑스 군대들을 포위하는 데는 실패했지만 벨기에의 거의 전 지역과 프랑스의 산업 지역을 얻었다. 프랑스인들은 대부분의 비축 석탄, 철광 산지 전부, 그리고 중공업 시설의 상당 부분을 잃었다. 조프르는 기이하게도 명성이 더 올라가 2년을 더 최고사령관 자리에 있게 되었다. 그러나 돌이켜보건대 진정 놀라운 일은 독일인들이 어떻든 성공을 거둘 수 있었다는 것이다. 독일인들은 도보로 원을 그리며 원 밖을 빙 둘아서 이동해왔다. 반면 프랑스인들은 철로로 원을 가로질러 병력을 보낼 수 있었다. 그런데도 프랑스의 병력 충원이 늦어진 것은 조프르가 전략적 기회를 잡지 못했기 때문이었다. 사신의 고집 때문에 프랑스 북동부를 잃었던 인물인 조프르가 1916년에는 나폴레옹 3세Napoleon III의 몰락 이후 처음으로 만들어진 원수의 자리에 올랐다. 전쟁에서는 이처럼 상상 밖의 일이 일어난다.

동부전선에서도 큰 규모의 교전이 있었고, 실망도 컸다. 러시아군은 도로 포장용 스팀롤러처럼 파죽지세로 나아갈 것이라는 기대를 받았지만 현실은 달랐다. 러시아인들은 독일을 침공할 준비가 거의 되어 있지 않았다. 그들은 서유럽 동맹국들을 돕기 위해 무언가

얼렁뚱땅 시도했다. 두 개의 러시아 군대가 동프로이센으로 마구 밀고 내려왔지만, 거기에는 독일군 부대가 거의 없었다. 독일 부대들의 지휘관 프리트비츠Heinrich von Prittwitz는 경악해 비스툴라 강 뒤편으로 후퇴할 것을 제안했다. 몰트케는 즉각 그를 해임하고 아마도 독일 참모진에 합류할 예정이었던 루덴도르프를 보냈다. 루덴도르프는 최고사령권을 줄 만큼 계급이 높지 않았다. 그래서 노장 힌덴부르크Paul von Hindenburg가 퇴역 신분에서 벗어나 동부전선의 최고사령관으로서 함께 가게 되었다. 그 두 사람은 하노버 역에서 처음으로 만났다. 힌덴부르크는 이제 너무 꽉 끼는 옛 제복의 단추를 잠그고 있었다. 동프로이센에 도착하자마자 이 새로운 지휘관들은 프리트비츠 참모부의 호프만Max Hoffmann이 이미 사태를 수습하고 있음을 알았다. 호프만은 러시아 군대의 사이를 최대한으로 벌려 놓아 이제 두 러시아 군

사진23
벨기에 부두노동자를 수색하는 독일 항만 경찰.

사진24 집을 잃은 동프로이센의 독일인들: 전쟁의 피해자.

대는 마수리안 호수 지역만큼 떨어져 있었다. 암호문 통신이 너무 어렵다는 이유로 러시아인들이 평어로만 무선통신을 한다는 점도 호프만에게 도움이 되었다. 호프만은 북쪽에서 두 개의 러시아 군대 중 하나와 대적하고 있는 독일군 부대들을 불러들였다. 그러나 불러들인 부대를 후퇴시키지 않고 훨씬 남쪽으로 이동시켜 둘 중 다른 러시아 군대를 포위해서 무너뜨렸다. 9만 명의 러시아 병사가 포로로 잡혔다. 이렇게 러시아 군대 하나가 무너졌고 다른 하나는 혼란 가운데

사진25 탄넨베르크 전투 후
오르텔스부르크의 시장:
전쟁이 지나간 자리.

사진26 힌덴부르크와 루덴도르프:
최고사령관들.

후퇴했다. 이것이 (8월 29일의) 탄넨베르크 전투였다. 이로써 전쟁이 지속되는 동안 독일 영토에는 적군이 들어오지 못했다.

휠씬 남쪽 갈리치아에서는 대규모의 러시아군과 오스트리아 군이 혼란된 싸움에 갇혀 있었다. 서유럽 철도의 연결망은 사실상 여기에서 끝나 있었다. 대신 이곳에는 서구의 기준에서 보면 장비가 부실한 군대들이 서로를 찾아 헤매고, 서로의 병참선을 가로질러 건너가기도 하고, 각자의 사령부가 당황스럽게도 적을 포위하기도 포위당하기도 하는 광활한 빈 공간들이 있었다. 두 군대 모두 사상자 수가 막대했다. 그리고 재난으로 위협받고 있었다. 결국 러시아인들이 순전히 수적인 우세 덕분에 승자로 등극하게 되었다. 10월 말에 이르러 오스트리아인들은 갈리치아를 잃었고, 러시아 군대들이 카르파티아 산맥에 도달했다. 러시아 군대의 진군은 독일 장군들과 군대들의 도착으로 인해 곧 멈추었다. 동부에서도 최전방 전선이 그어졌다. 하지만 결코 서부전선만큼 확고하지는 않았다. 중무장 병력으로 참호를 굳건히 지키려 하지 않았고, 양측의 참호선 사이에서는 소들이 풀을 뜯고 농부들이 땅을 갈고 있었다. 공격하는 군대는 철저히 보강된다면 50마일 정도를 전진할 수 있었다. 그러고 나면 진격의 동력이

사진27 적을 찾아 나섰으나 실패한 오스트리아 기병대.

사진28 기뢰에 걸린 후 수리 중인 괴벤 호: 터키를 참전케 만든 군함.

떨어졌다. 철로가 없었기 때문이다. 방어하는 측은 물자가 있는 곳까지 후퇴하여 자리를 고수했다. 그러면 전선이 새로 형성되었다. 동부전선이 이런 상태로 지속된 것은 독일인들에게는 크게 불행한 일이었다. 독일인들은 영토가 침공 위협을 받지 않았으나 동부전선에서 무너지고 있는 오스트리아-헝가리군을 뒷받침하기 위해 강한 군대를 유지해야만 했다. 독일인들의 최악의 두려움은 현실이 되었다. "두 개의 전선에서 벌어지는 전쟁"을 수행해야 했다. 하지만 그들은 전쟁 전에 불가능하다고 일축했던 일을 성취했다. 방어 태세를 취하는 한, 두 개의 전선은 굳건히 지켜졌고 그밖에 다른 전선을 위해 예비 전력을 갖출 수도 있었다. 결국 슐리펜 계획은 불필요했다.

따라서 지상에서는 서부와 동부 양쪽에서 대규모 전투들이 벌어졌으나, 승패가 갈리지 못한 채 교착상태가 지속될 뿐이었다. 해상에서도 전투는 없었지만 교착상태였다. 이 자체로 결정이 난 것이었다. 독일인들은 여러 해 동안 영국의 제해권에 도전하기 위해 전투 함대를 준비해왔지만 정작 전쟁이 일어났을 때 제해권을 빼앗는 데는 실패했다. 독일의 대양함대는 끝까지 항구에 머물러 있었다. "재키" 피셔Jacky Fisher 제독이 끊임없이 1914년 9월로 예언한 "아마겟돈"은 일어나지 않았다. 더욱이 독일인들은 쓰지도 못할 전함에 대한 집착 때문에 대양을 항해할 수 있는 상선 공격용 쾌속선 건조를 등한시했다. 독일의 순양함 가운데 괴벤Goeben 호와 브레슬라우Breslau 호 두 척이 전쟁이 발발했을 때 지중해에 있었다. 그 두 척의 순양함은 간신히 콘스탄티노플까지 빠져나왔고, 함포로 터키를 압박해 10월 말에 참전하도록 만들었다. 또 다른 순양함 엠덴Emden 호는 인도양에서 영국 상선들을 약탈했다. 오스트레일리아 순양함 시드니Sydney 호가 엠덴 호를 습격해 파괴할 때까지 78척의 영국 배들이 습격당했다. 독일 해군에서 유일하게 자유롭게 활약한 큰 규모의 함대는 폰 슈페Maximilian von Spee 휘하의 소함대뿐이었다. 폰 슈페의 함대는 중국 수역에서 출발해 태평양을 횡단했다. 이 함대는 11월 1일에 칠레 중부의 도시 코로넬의 앞바다에서 크래독Christopher Cradock이 이끄는 약체의 영국 함대와 마주쳤고 그 중 순양함 두 척을 침몰시켰다. 독일측의 사상자는 사실상 없었다. 처칠 그리고 이제 제일군사위원으로 복귀한 피셔는 즉시 남대서양으로 두 척의 전투순양함을 보냈다. 폰 슈페는 포클랜드 제도에 있는 영국의 무선통신기지를 파괴하고 싶어졌다. 그는 몰랐지만 그 곳에는 석탄을 실으러 정박한 영국 전투순양함 두 척이 있었다. 12월 8일. 이제는 폰 슈페가 함선을 잃을 차례였다. 다섯 척의 배 중 네 척이 침몰했다. 이번에는 영국측의 사상자가 거의 없었다. 마지막 남은 다섯 번째 배가 가까스로 피했으나 이듬해 3월에 침몰하고 만다. 그때부터 영국이 해상함에 관한 한 바다를 지배했다.

전쟁 전 해군의 정책기획자들은 거함거포주의에 빠져 있었다. 독일인들이 영국인들보다 약간 더 무장이 잘 되어 있었지만, 양측 모두 기뢰와 잠수함이라는 신무기의 중요성을 내다보지 못했다. 전함이 아니라 기뢰와 잠수함이 영국 해군 손실의 원인이었다. 9월 22일 아부커Aboukir 호, 호그Hogue 호, 크레시Cressy 호가 유보트 한 척에 의해 침몰했고, 10월 27일에는 전함 오데이셔스Audacious 호가 기뢰로 인해 가라앉았다. 해군성은 오데이셔스 호를 잃은 일로 크게 당황해서 전쟁이 끝날 때까지 외부에 알리지 않았다. 더욱이 영국인들은 이러한 신무기를 등한시하기를 영국의 주력함대인 대함대의 기지가 있는 스캐퍼 플로 항을 잠수함 공격으로부터 막지 못할 때까지도 계속했다. 11월에 적의 잠망경이 목격되었다는 (실제로는 잘못된) 경보로 인해 영국 해군 항공대가 처음으로 스코틀랜드 서부, 그 뒤에는 아일랜드 서부까지 파견되었다. 항공대는 1915년이 되고도 시간이 꽤 지날 때까지 북해로 복귀하지 않았다. 독일인들은 이 공백을 이용해 영국 해안을 두 번이나 폭격했다. 수많은 사람들이 사망했고, 스카버러 시에서는 많은 숙박시설의 유리창이 파손되었다. 휘트비 성당 유적도 손상되었다. 세 번째 공격에서 독일군은 영국 전투순양함들과 마주쳤고 크게 당했다. 독일인들은 오랜 동안 다시 나타나지 않았다. 영국 제도는 공격으로부터 안전했다. 물론 영국인들도 마찬가지로 슐레스비히에 상륙하지 못했다. 그러나 한편으로는 비스마르크Otto von Bismarck가 언젠가 말했던 것처럼 경찰이 있었으면 경찰에 잡혔을 것

이다. 이 일은 영국이 이룬 크나큰 업적에 비하면 작은 일이었다. 영
국인들은 적의 함대를 전투 한 번 없이 패주시켰다. 1914년 말, 바다
에서 새로운 무기들에 대항하는 힘든 싸움이 남아 있다는 사실을 인
식한 사람은 거의 없었다.

드넓은 대양이 영국 해운에 열려 있었다. 식량과 원자재 공급
이 평화시만큼 안정적으로 이루어졌다. 독일 잠수함들이 작전을 수
행하기 전까지 그랬다. 영국의 신용은 떨어질 수 없을 것처럼 보였
다. 영국인들도 신무기 하나를 만들어내게 되었는데, 유보트보다는
극적이지 않지만 그러나 훨씬 더 효과적이었다. 이 무기로 인해 독일
의 공급이 점점 끊기게 되었다. 이전의 전쟁에서처럼 해안 가까이에
서 봉쇄하는 작전을 수행할 수는 없었다. 기뢰와 잠수함이 영국 전함
이 적의 항구를 향해 가는 것을 불가능하게 만들었다. 대신 영국인
들은 보이지 않는, 멀리서 가하는 봉쇄 시스템을 구축했다. 독일 선

사진29
먼 타지에서
부상 당한 인도인들.

사진30 불타는 카메룬 원주민 마을: 아프리카에 발을 들인 서구 문명.

박들은 나포되었고 중립국 선박들은 영국의 항구로 회항하여 선적물 검사를 받았다. 그러고 나면 일을 수월하게 하기 위해 멀리 떨어진 항구의 영국 영사들이 문제가 없음을 보증하는 보증서를 중립국 선박에 발행해주었다. 이러한 일들이 제대로 돌아가기까지는 시간이 조금 걸렸다. 중립국들은 필수 물자 공급에 제한을 받는 것에 분개했다. 미국인들은 자신들의 무역이 간섭받는다고 항의하며 "공해상 항해의 자유" 원칙을 내세웠다. 반대편의 독일인들은 이 일이 어떤 결과를 가져올지 내다보지 못하고 있었다. 그들은 전쟁에 필요한 원자재를 비축하지 못했고, 필요한 것은 해외시장에서 구입할 수 있게 될 것이라 낙관했다. 몰트케는 심지어 독일 바깥 세계와의 통상을 위한 경로를 열어두기 위해 네덜란드 침공을 그만두려 들기까지 했다. 이

올가미는 독일의 목을 아주 천천히 죄어들었다. 그렇지만 결국에는 독일이 패배하게 된 가장 강력한 요인이었다.

　　얼마 뒤 이 전쟁에는 제1차 세계대전이라는 그럴듯한 이름이 붙었지만 대규모 전투에 한정한다면 주로 유럽에 국한된 전쟁이었다. 하지만 전 세계에서 다른 지역 사람들이 전쟁에 끌려 들어왔고, 유럽보다는 격렬하지 않았지만 전투 또한 여러 지역에 걸쳐 벌어졌다. 영국의 자치령들은, 법적으로는 대영제국에 속해 있었기 때문에 영국의 전쟁 선포의 영향 아래 놓였다. 즉, 모두 공동의 대의를 위해 자발적으로 힘을 아끼지 않았다. 캐나다는 군대를 프랑스에 파병했고, 오스트레일리아와 뉴질랜드는 즉시 이집트 수비대에 힘을 보탰다. 인도군은 프랑스에 투입되었는데 기후에 방해를 받았다. 인도군은 또 페르시아 만에서 영국의 원유 공급을 지키는 데 파견되었고, 거기서 군사 작전이라기보다는 무의미한 재난에 더 가까웠던 메소포타미아 정복에 점차로 참여하게 되었다. 남아프리카공화국인들은 보어 전쟁을 잊지 않고 있던, 혹은 용서하지 않고 있던 보어인들의 반란을 먼저 진압한 후에 독일령 남서아프리카를 점령했다. 아프리카에 있는 다른 독일 식민지는 내부분 쉽게 점령되었다. 그 자체의 가치보다도 강화 협상 때 거래할 무엇을 얻기 위해서였을 것이다. 어쩌면 단지 전시에 식민지를 획득하는 것이 영국의 전통이기 때문인지 모른다. 독일인들은 오로지 동아프리카에서 버티고 있었다. 1918년 11월 정전이 이루어지고 난 후까지도 지속되었던 낭만적이고도 골치 아픈 일이었다. 멀리 극동에서는 일본이 영국의 동맹국으로서 신의 있게 그리고 자기 자신의 큰 이익을 기대하고 참전했다. 일본은 산둥반도에서 독일의 영향권 하에 있던 지역을 획득했고, 이

사진31
독일계 미국인들의
중립을 요구하는 시위:
일터에 불어온 애국심.

어 중국 전역을 자신의 영향권으로 만들어 나가기 위해 계속 나아갔다. 궁극적으로는 제2차 세계대전에서 일본의 크나큰 승리와 그 뒤를 이은 비참한 패배로 가는 여정의 출발점이었다.

　　여기에서 하나의 강대국만이 사실상 홀로 떨어져 있었다. 몇몇 미국인들이 연합국의 이유에 진심으로 공감하고 있었지만 대부분의 미국인들은 단호하게 중립을 원했다. 따지고 보면 미국인의 선조들은 유럽의 일에 연루되지 않기 위해 유럽을 벗어났던 거였으니 새삼 그 이전으로 다시 돌아갈 이유도 없는 셈이었다. 심지어 많은 미국인들이 독일계이기도 했다. 미국에 있는 아일랜드인들은, 아일랜드를 휩쓸고 있는 전쟁에 대한 열의와 관계없이, 자신들의 옛 조국을 탄압했던 영국을 지원하는 데 반대하는 목소리를 높였다. 월슨Woodrow Wilson 대통령은 처음부터 자신이 평화 조정자의 역할을 하고자 했다. 윌슨의 생각에 그 조정자란 그저 참전국들 사이에서 중립을 지키는 조정자가 아니라 참전국들이 충분히 소진된 뒤 너그러운 조건을 그들에게 부과할 조정자였다. 그 조건을 통해 지속적인 평화가 보장될 것이고, 결코 소진되지 않는 미국의 힘으로 보증할 수 있을 터였다. 그러는 동안 미국인들은 도덕성과 국익을 아울러 취할 수 있었다. 날로 부유해지는 미국이 연합국의 필요를 채웠고, 동시에 미국은 자신들이 장기적으로 세계의 미래를 위한 가장 선한 길을 따라가고 있다는 신념을 가지게 되었다.

1914년이 저물어 가면서 제1차 세계대전의 본모습이 드러나게 되었다. 전쟁이 시작되기 전에는 책임 있는 지위에 있던 어느 누구도 예견하지 못했던 양상이었다. 재빠른 결정으로 신속하게 끝나는 전쟁이 아니라 교착상태와 마치 끝이 나지 않을 것처럼 계속해서

사진32 18세 프랑스 소년들의 입대: 이제 남은 사람이 없다.

치고받는 교전으로 이루어진 전쟁이었다. 아무도 이에 대해 준비해 놓지 않았고 아무도 어떻게 이를 헤쳐 나갈지 알지 못했다. 모든 대륙 국가에서 수백만의 사람이 몇 년이나 집을 떠나 있게 될지 전혀 알지 못한 채 전쟁에 동원되었다. 민간의 모든 생활도 그들이 없는 것에 맞추어져야 했다. 그리고 전사하거나 부상당한 사람들을 대신해 수백만의 사람들이 새로이 투입되어야 했다. 처음에는 비교적 나이 든 남성이 징집되었다. 대중으로 이루어진 군대들은 대략 1916년까지 한층 더 큰 규모로 팽창했다. 그 후 군대들은 해마다 징집연령에 도달한 젊은이들이 신병으로 들어오기를 기다려야만 했다. 출산율이 점점 하락하고 있는 프랑스인들에게는 심각하게 불리한 일이었고, 20세기 초반까지도 출산율이 유지되었던 독일인들에게는 유리한 일이었다. 독일을 굴복시키기 위한 "소모전"에 대한 이야기가 연합국 측에서 많이 떠돌았지만 독일인들은 1918년 봄까지도 실제로 병력을 증강했다. 물론 러시아는 언제나 무제한의 인적 자원을 보

사진33
라테나우:
독일의 전시 경제를 꾸려나간 인물.

유하고 있었다. 러시아의 문제는 그 사람들을 무장시킬 장비가 별로 없다는 데 있었다. 1914년 12월부터 러시아 사령관 니콜라이 대공은 동맹국에 러시아 군대들이 더는 공격 행동을 할 수 없다고 경고했다. 러시아만 물자 부족을 겪은 것은 아니었다. 모든 교전국들이 그랬다. 여기에서도 각국의 전쟁 계획이 오직 단기전만을 상정했음을 알 수 있다. 각국은 개전했을 때 보유한 장비로 승패가 결정될 거라 생각했다. 그런데 이제 군대에 새로 장비가 보급되어야 했고, 그것도 처음보다 훨씬 더 많은 수량을 공급받아야 했다. 군대들은 처음에 예상했던 것보다 규모가 더 커져 있었고, 필요한 양 역시 마찬가지였다. 제1차 세계대전은 어떤 면에서 제2차 세계대전보다 군수품을 훨씬 더 소모하는 전쟁이었는데, 이는 기계, 전차, 항공기에서 그런 것은 아니고 총포와 포탄에 있어서 그랬다. 점점 더 강력해지고 길어지는 일제사격과 포화가 제1차 세계대전의 두드러진 특징이 되었다. 유럽 전역에 걸쳐 생겨난 공장들이 이런 수요를 감당해냈다.

이로 인해 거의 산업혁명 수준의 변화가 요구되었다. 새로운 산업과 더불어 새로운 경제 시스템이 거의 하룻밤 사이라고 할 만큼 짧은 시간에 세워져야 했다. 직종을 바꾸고, 평시가 아닌 전시의 기준을 따라야 한다고 노동자들을 설득하거나 강제해야 했다. 고용주들은 정부의 지시에 따라 움직였다. 이런 변화에 프랑스인들이 가장 잘 적응했다. 그들은 나폴레옹 시대까지 거슬러 올라가는 전쟁을 위한 계획 경제의 전통이 있었다. 독일인들은 이렇게 하기까지 시간이 걸렸으나 더 효과적으로 실행했다. 새로운 시스템에 대한 발상은 주로 유대계의 대단한 자본가인 발터 라테나우Walther Ratenau에게서 나왔다. 그가 없었다면 독일은 사실상 전쟁을 수행해 나가지 못했을 것이었다. 전쟁은 또한 새로운 사회 문제들을 야기했다. 병사들과 군수 공장 노동자들의 복지 문제, 가정을 떠난 병사들의 부인들과 가족들의 생활을 유지하는 문제, 무엇보다도 매점매석 등을 통한 "폭리 취득" 문제가 있었다. 전시 생산 체제와 물가 상승의 대혼란 중에 불가피하게 막대한 이득이 생겨났다. 역시 불가피하게 이로 인해 불만이 늘어나 종국에는 많은 유럽 국가들에서 혁명의 기운이 비등점까지 치달았다. 폭리를 취한 사람들은 실크해트를 쓰고 다른 사람들이 죽어나갈 때 샴페인을 마시는 모습으로 상징화되었다. 혁명을 위한 선전에서 가장 중요한 적대적 상징이었다. 폭리 취득을 저지하기 위한 정책은 거의 시행되지 않았다. 교전국들 가운데 세금을 거두어 전쟁 비용을 충당하려는 나라는 없었다. 독일을 포함해 몇몇 국가들은 전쟁이 가져온 어려움을 경감시키기 위해 심지어 세금을 낮추기까지 했다. 사람들이 생각하기에, 결국에는 적국이 갚을 것이었다. 그러는 동안 애국적인 전시 국채 매입에 대한 호소가 있었다. 독일에서 이러한 국채 매입에 응한 사람은 자신의 기여를 기념해 힌덴부르크의 초대형 목조상에 못을 박아 넣을 수 있었다.

　　대륙 국가들은 전쟁 전에 이미 군사화되었다. 이미 가던 길을 어떻게 더 나아갈까의 문제가 있을 뿐이었다. 영국 사람들이 직면한 도전은 이보다 훨씬 더 컸다. 영국은 자유 무역과 자유 기업의 나라였다. "국가"는 질서를 유지하기 위해서가 아니면 거의 존재하지 않았다. 의무 병역이 없었고, 해외 전쟁에 참전한 경험도 없었다. 이런 상황에서, 정규군이 전투를 수행해야 했고, 해군은 바다[5]를 지켜야

5　　대서양, 북해, 영국해협, 아일랜드 해를 말한다.

사진34 전쟁은 장인들의 작업에서도 드러난다.

했다. 원정군은 프랑스로 살짝 건너가서 적과 교전하고 다시 돌아올 예정이었다. 윈스턴 처칠이 "평소와 같이 일하자Business as Usual"라는 구호를 내놓았다. 화재로 물건에 손실을 입은 어느 상점 주인이 내걸었던 게시물의 문구였다.[6] 이 모든 일이 단 한 사람이 일으킨 바람에 의해 바뀌었다. 키치너였다. 그는 보통 아직도 현역으로 복무하는 영국군인 가운데 가장 뛰어난 이로 여겨졌다. 수단과 남아프리카공화국의 정복자였고 인도의 총사령관이었으며 이제 이집트의 통치자였다. 그는 40년 동안 나라 밖에 있었지만 전쟁이 발발했을 때는 우연히 영국에 있었고 자유당 정부의 다소 흔들리는 위세를 지탱하기 위해 급히 전쟁성의 장관이 되었다. 첫 각료회의에서 그는 전쟁이 삼년 내지 사 년 동안 지속될 것이며 영국은 수백만 명으로 이루어진

6　상점에 걸린 문구는 "정상 영업합니다"로 번역할 수 있겠다.

사진35 전쟁에 금전적으로 기여한 것을 기념하기 위해
힌덴부르크의 부조상에 못을 박아 넣고 있다.

군대를 양성해야 할 것이라고 발표해 참석한 동료들을 깜짝 놀라게
했다. 이 전망은 어떠한 깊은 지식에 근거한 것은 아니었다. 왜냐하
면 대영제국을 위한 전략적 사고를 해야 하는 일반 참모부 전체가 원
정군과 함께 프랑스로 가버렸던 것이다. 키치너는 번뜩이는 발상에
따라 움직였다. 로이드 조지Lloyd Geroge는 키치너의 두뇌를 등대에 비
유했다. 회전하면서 어느 순간에는 꿰뚫는 광선을 발했다가 어느 순
간에는 칠흑 같은 어두움을 남기는 등대 말이다.

영국 내각은 징집에 반대했다. 키치너는 자원 모집에 의존해

야 했다. 모병을 위한 조직기구는 1908년 시작된 국방의용군 모집으로 이미 존재했다. 국방의용군은 이제 11개 사단 규모로 강해져 있었다. 키치너는 이 사단들을 주말 병사들이라고 무시했고, 새로운 정규군, 키치너 군대의 모집에 착수했다. 전국의 광고 게시판에 붙은 포스터 안에서 키치너의 얼굴이 위협적으로 노려보고 있었다. 검지를 쭉 뻗어 "당신의 나라가 당신을 원한다"라고 말하는 포스터였다. 키치너는 처음 여섯 달 동안 어쩌면 자원병 10만 명을, 그 뒤에는 아마도 전부 다해 50만 명을 모을 수 있으리라 예상했다. 그 정도가 현재 가동하는 공장으로 소총과 제복을 지급할 수 있는 최대치였다. 아니, 정확히는 최대치보다 더 많았다. 이렇듯 과도하지 않은 계획이었지만 애국적 열광주의가 그 위로 쏟아 부어졌다. 첫 달에만 50만이 자

사진36
부당이득자의 깃발.

World.]   [New York.

The Profiteer's Flag.

원했고, 그 이후 18개월 동안 자원 모집율은 한 달 기준 10만을 넘는 데 이르렀다. 영국은 모두 합해 300만의 자원자를 모집했다. 이 대중의 군대는 계획에 따라 만들어지지 않았다. 그리고 이 군대로 뭘 어떻게 해야 할지도 모르는 정부와 전쟁성에 떠맡겨졌다. 절차도 서툴렀다. 가장 뛰어난 인재들이 가장 먼저 지원했고, 이들은 주로 사회가 가장 필요로 하는 사람들이었다. 훗날 민간 기관들이 전선에 나간 광부와 숙련기술자들을 다시 데려오려고 필사적으로 노력했지만 그 결과는 신통치 않았다. 군대도 그렇게 많은 사람을 받아들일 준비가 되어 있지 않았다. 훈련소가 거의 없었고, 장비도 마찬가지였다. 1914년에서 1915년 사이 겨울이 다 지나도록 병사들은 천막에서 잤

사진37
모금하는 호민관 호레이쇼 바텀리:
자신의 생활비로 썼다.

사진38-39 자원병 모집 포스터.

고 사복을 입은 채 훈련을 받았으며, 적 앞에 몸을 내던져야 했을 때
는 소총 대신 막대기가 손에 들려 있었다. 병사들이 환상을 벗어나
현실을 인식하는 순간이었다.

　　자원병 모집에는 또 다른 결과가 뒤따랐다. 열정이 식지 않도
록 유지되고 진작되어야 했다. 주요 정치인들이 전국을 돌며 연설
을 했다. 스스로 인기를 얻었고 청중들에게 전쟁에 대한 열정을 심었
다. 로이드 조지가 이 기회에 새로이 명성을 얻었다. 그는 마지막 순
간까지도 참전에 반대했다. 전쟁이 일어나자 재무상이 되어 재정 문
제를 맡기로 하고 정책을 승인하는 데는 관여하지 않았다. 그러다 갑
자기 9월 19일에 대중 연설을 위한 연단에 올라 마치 처음부터 전쟁
을 지지했던 것처럼 열렬한 지지자로 등장했다. 로이드 조지에게는
선동가의 재능이 있었다. 대부분의 정치인들이 의회활동 시절의 버

롯을 떨쳐버리지 못하고 무겁고 신중한 어조로 연설을 했다. 전쟁 전에 신용을 완전히 잃고 파산했다가 이제, 자칭 호민관으로 완벽하게 돌아온 호레이쇼 바텀리Horatio Bottomley의 연설은 발군이었다. 바텀리는 가장 뛰어난 모병 연설자였다. 그의 연설의 끝맺음은 모금액이 얼마였는지에 따라 달랐다. 100파운드가 안 되면 단순히 애국심을 고취하는 말로 끝맺었고, 100파운드보다 많으면 예수 그리스도 평화의 왕을 들먹거렸으며, 청중들이 200파운드보다 많이 내면 그들을 십자가 밑으로 이끌었다. 바텀리는 입대자를 많이 끌고 왔고, 덤으로 자기 몫으로 78,000파운드를 챙겼다. 그 돈은 즉시 경마와 여자와 샴페인으로 날아갔다.

그러한 방식으로 영국 대중의 감정은 끓어올랐다. 프랑스와 독일에 비해서도 손색없는 열기였다. 어디서나 사람들은 정의를 향한 열의에 고무되었고, 기꺼이 희생하러 나아갔다. 루퍼트 브룩Rupert Brooke의 시구가 한 세대 전체를 대변했다. "자, 신께 감사드리자. 우리를 그분의 시간에 맞추어 주셨으니."[7] 얼마 지나지 않아 그는 모기에 물린 것 때문에 사망했다. 상황에 대한 무지로 인해 열정이 더욱 타올랐다. 사람들은 호외로 발행된 신문을 사기 위해 몰려들었으나 신문에는 뉴스가 없었다. 장군들은 근심하여 바라보는 민간인들로 인해 난처해지길 원치 않았다. 군에 관련된 모든 뉴스를 금하는 엄격한 검열도 있었다. 종군기자들은 허락을 받지 못해 전선 근처에도 갈 수 없었다. 영국 국민들은 원정군이 몽스로부터 후퇴하고 있다는 얘기

7　루퍼트 브룩이 1914년 안트베르펜 철수를 겪으며 쓴 소네트 「평화Peace」의 첫 구절이다.

사진40 자원입대하는 사람들.

를 듣지 못했고, 프랑스인들은 자신들의 군대가 전선 곳곳의 전투에서 패배했다는 소식을 듣지 못했으며, 독일인들은 슐리펜 계획이 승리를 가져오는 데 실패했다는 말을 듣지 못했다. 점차로 그 사실들이 알려졌을 때도, 사람들은 더욱 광분하게 될 뿐이었다. 사실을 알리는 뉴스가 전해지지 못하자 소문이 무성해졌다. 10만(다른 이야기에 따르면 100만)의 러시아 군대들이 애버딘으로 상륙할 것이며, 영국을 지나 서부전선으로 갈 것이라는 소문이 돌았다. 모든 사람이 러시아 군대를 보았다는 누군가를 알고 있었고, 많은 이들이 심지어 그들의 군화에 눈이 묻어 있는 것을 보았다고 주장했다. 독일인들이 벨기에에서 저질렀을 것으로 생각되는 잔학 행위에 대해 아기들의 손을 잘랐다거나 수녀들의 가슴을 갈랐다는 신화와 같은 이야기가 쌓여 갔다. 벨기에의 어느 마을에서 독일인들이 오는 것을 알리기 위해 교회종

사진41
체포된 간첩들에게
건초 운반 수레로 이동하는
편의가 제공되었다.

이 울렸다는 평범한 이야기가 사람들의 입에서 입으로 전해지면서 독일인들이 마을 사제를 종에 묶어 몸으로 종을 치게 만들었다는 이야기로 변했다. 이러한 이야기들 가운데 일부는 더 나은 기사거리를 찾는 언론인들이 만들어냈다. 그렇지만 대부분 이야기의 출처는 전쟁은 그러한 것이라는 일반적인 확신이었다.

어느 나라에서든 사람들은 자신들이 당하고 있는 현실이 철저하게 의도된 일의 결과라고 생각했다. 그래서 그들은 첩자나 배반자를 찾아 높은 지위에 있는 사람들을 둘러보았다. 독일 군인들이 수녀로 변장해 작전을 한다고들 했으며 다리에 난 털로 알아볼 수 있다고 했다. 프랑스에서는 철도의 차량마다 "적의 귀가 당신의 말을 듣고 있다"라고 쓰인 게시물이 눈에 띄는 자리에 붙어 있었다. 무심코 옆자리 승객들의 대화를 듣고 있는 사람이라면 당황스러웠을 것이다. 영국에서 전쟁 전에 콘크리트로 테니스 코트를 만든 부유한 사람들이 독일인들의 런던 폭격을 돕기 위해 포좌를 만들어놓은 것 아니냐며 의심받았다. 대부분의 교전국에서는 적국민을 대규모로 억류하는 일이 생겼다. 오스트리아-헝가리제국만 비교적 문명적인 기준을 지켰다. 영국인들은 외국인들을 맨 섬Isle of Man으로 보냈고, 그래서 그곳에 독일인 종업원들이나 악단원들이 다수 있게 되었다. 독일인 악단은 전쟁 전 영국 거리에서 볼 수 있는 모습이었는데 이제 더는 볼 수 없게 되었다. 각국의 수도에 있는 독일인들의 상점이 약탈당했다. 이들 상점에 물건이 다 없어지면 약탈자들은 이국적인 이름이 붙은 다른 상점으로 건너갔다. 런던에서는 젊은 여성들이 아직도 민간인 복장을 한 남성들에게 (비겁함의 상징인) 흰 깃털을 건네며 거리를 행진했다. 좀 더 현실적으로 사고하는 사람들은 상점을 돌며 언제라도 닥칠지 모를 기근에 대비해 햄과 치즈를 사재기했다.

난민들은 혼란을 가중시키는 또 하나의 요소였다. 유럽 전역

(오른쪽) **사진42**
원치 않게 해안가 난민촌에
자리 잡게 된 벨기에 난민들
(아래) **사진43**
런던 이스트엔드 지역의
약탈당하는 독일인 상점.

에서 사람들은 전진하는 군대들에 앞서 가재도구를 실은 수레 옆에서 터덜터덜 걸으며 피난길에 올랐다. 보통은 자국 어딘가에 짐을 풀 수 있었다. 타지인이기는 했지만 외국인은 아닌 셈이다. 하지만 벨기에인들은 벨기에군이 온전히 점유하고 있는 해안 지대 끄트머리 땅을 빼면 자국 영토 안에는 자리 잡을 곳이 없었다. 십만이 넘는 피난민이 영국으로 왔다. 처음에는 따뜻한 환영을 받았지만 시간이 지나자 상황이 바뀌었다. 벨기에인들은 대영제국이 자신들을 더 잘 지켜주지 못한 데 대해 분개했다. 영국인들은 대부분의 벨기에인들이 영웅들이 아니라 온갖 종류의 사람들이 뒤섞인 보통사람들의 집단임을 알고 실망했다. 벨기에인들은 영국 생활에 쉽게 적응하지 못했다. 벨기에 노동자들은 영국의 공장에 적응하지 못했다. 결국 그들은 노섬벌랜드에 있는 군수공장 마을에 자신들만의 거주지를 만들도록 허락 받았다. 벨기에 거리 이름에 벨기에인 경찰, 그리고 묘하게도 벨기에 맥주가 그들이 고국에 있다고 착각하게 해주는 장소였다.

그러나 이 모든 혼란에도 불구하고 전쟁에 대한 대체적인 열정이 여전히 존재했다. 전쟁 전의 적대감은 가라앉았다. 온 유럽에 걸쳐 산업계에서 파업이 이렇게 없던 적이 없었다. 영국에서는 여성참정권론자들이 돌연 폭력적인 운동을 그쳤다. 프랑스에서 거의 같은 정도의 혼란을 야기했던 미래파가 이제는 총성을 들으며 환호를 올리고 있었다. 불만을 품었던 각 나라 사람들에게서 불만이 사라졌다. 아일랜드인들은 북부의 얼스터에서만큼이나 남부 아일랜드에서 자발적으로 군대에 지원했다. 크로아티아인들은 자신들과 마찬가지로 남슬라브계인 세르비아인들에 대항해 격렬하게 싸웠다. 체코인들로 구성된 몇몇 연대가 러시아인들에게 항복했다. 착한 병사 슈베

이크Švejk[8]의 전투에 대한 반감 때문이었지 슬라브인들 사이의 연대감에서 나온 일은 아니었다. 전쟁에 저항할 것을 설파했던 사회주의 혁명론자들은 이제 전쟁의 선전가들이 되었다. 러시아의 국회인 두마Duma에 있던 소수의 볼셰비키마저도 전쟁이 조국을 지키는 진정한 전쟁인 한에서는 전쟁을 지지할 것임을 내비쳤다. 볼셰비키들은 이렇게 했어도 이후로 곧 시베리아로 보내지는 것을 피할 수 없었다. 전쟁이 시작될 때부터 반대한 사람은 스위스 망명 중인 레닌이 거의 유일했고, 그조차 도서관에서 『제국주의 — 자본주의의 최고 단계』를 쓰는 것 말고는 많은 일을 하지 않았다. 몇몇 회의적인 목소리가 다른 곳에서 들려왔다. 버나드 쇼Bernard Shaw가 자신의 소책자 『전쟁에 관한 상식』으로 영국 여론에 충격을 주었다. 그는 벨기에 중립의 위반은 단지 구실에 불과했고 전쟁의 진짜 목적은 위험한 경쟁국을 파괴하는 것이라고 주장했다. 영국이라는 늙은 사자가 마지막으로 벌떡 일어선 일이라는 것이다. 그러나 쇼는 이런 냉소적 이유에서라도 전쟁을 지지했으며, 곧 군사령부의 귀빈이 되었다.

자신들의 실책으로 나라를 전쟁으로 끌고 들어간 정치가 중 어느 한 사람도 잘못했다고 불신을 당하지 않았다. 애스퀴스, 비비아니René Viviani, 베트만은 계속해서 국가의 지도자로 남았다. 심지어 어리석은 베르히톨트Leopold von Berchtold조차 1915년 초까지 오스트리아-헝가리 외상의 자리에서 쫓겨나지 않다가, 헝가리 수상 티사István Tisza의 명령이 있고서야 물러나게 되었다. 티사는 빈에 와서 프란츠

---

8 체코의 작가 야로슬라프 하셰크Jaroslav Hašek(1883~1923)가 제1차 세계대전 당시 오스트리아-헝가리군으로 참전한 경험을 바탕으로 쓴 풍자소설집의 제목이자 주인공의 이름이다.

요세프Franz Joseph 황제에게 베르히톨트가 일을 잘하지 못한다고 말했다. 베르히톨트는 "황제께 말씀을 드리시오. 나도 황제께 매일 말씀 드리는데 내 말을 믿지 않으시오"라고 말했다. 이 말과 함께 베르히톨트는 기꺼이 퇴장했고 여생을 결국 끝내지 못한 회고록을 쓰는 데 보냈다. 장군들은 자신 있게 승리하겠다고 한 약속을 지키지 못했는데도 불신을 훨씬 덜 받았다. 몰트케는 이미 떠났고, 팔켄하인은 대중적 인물이 된 적이 없었다. 힌덴부르크는 빈 자리를 채운 것 이상이었다. 조프르는 프랑스 내에 펼쳐진 연합 전선 전체에 걸쳐 최고의 통솔자였다. 영국 사람들은 키치너를 무제한으로 신임했다. 그의 동

사진44 헝가리의 앞날을 고심하는 티사.

사진45 오스트리아-헝가리제국의 외상 베르히톨트와 독일 재상 베트만-홀베크:
어리석은 오스트리아인과 착한 독일인.

료들은 얼마 지나지 않아 좀 더 의심스럽게 생각했지만 말이다. 존 프렌치 경도 심지어 당분간은 훌륭한 군 지도자로 간주되었다. 어디에서도 사람들은 여전히 전쟁에서 승리할 수 있다는 것을 의심하지 않았다. 신속한 승리는 실현되지 못했지만 1915년에 수행될 전역을 통해 해결이 될 것이라 생각했다. 장군들이 의심이 가장 적었다. 그들은 대중, 곧 순전히 사람 수에 의존했다. 이제 장군들은 이전보다 더 많은 사람 수를 요구했다. 장군들, 특히 연합국 측의 장군들은 여전히 공격의 관점에서 생각했다. 따라서 보병이 결정적인 무기라고 믿을 수 있도록 신병들을 훈련시켰다. 장군들은 기관총 같은 방어 무기를 받아들이는 것을 실패를 자인하는 것인 양 거부했다.

아무도 전쟁이 무엇에 관한 것인지 묻지 않았다. 독일인들은 이기기 위해 전쟁을 시작했고, 연합국은 지지 않기 위해 전쟁을 시작했다. 전쟁의 분명한 목표가 없었다. 물론 프랑스인들은 알자스와 로

사진46 참호에서 뛰어나가기 전 총검을 끼우는 캐나다 군대.

사진47 1914년 성탄절 영국군과 독일군의 화기애애한 만남. 사진은 장교들에게만 허용되었다.

렌을 되찾길 희망했고, 영국인들은 벨기에를 해방시키기로 결심했다. 그러나 이러한 일들은 그 자체로 충분하지 않았다. 승리를 표시하는 것일 수는 있었으나, 왜 추구하는지 이유가 되지 못했다. 전쟁에 승리하는 것이 그 자체로 목적이었다. 그렇기는 하지만 처음 작전들이 국제관계의 양상을 바꿔놓았다. 전쟁 전에는 대부분의 독일인들이 러시아를 위험한 적이라고 생각했고 영국과 프랑스에 대해서는 몇몇 식민지를 논외로 하면 자신들을 그냥 내버려두라는 것 말고는 아무것도 요구하지 않았다. 독일인들 가운데 어느 누구도 벨기에나 북부 프랑스 획득을 진지하게 고민하지 않았다. 이제 독일인들이 그 지역을 점령했고, 훨씬 동쪽에 있는 목표물들은 상대적으로 하찮게 보였다. 중부유럽의 범게르만 통일국가 또는 베를린–바그다드 철도는 이제 빈에 있는 소수의 학자들에게만 남은 꿈일 뿐이었다. 유력한 자본가들과 주요 정치인들같이 영향력 있는 독일인들은 서부에서 얻은 산업적 이득을 유지하고 싶어 했다. 두 서유럽 국가들이 독일의 진정한 적이 되었다. 그리고 독일은 러시아에 가만히 내버려두어 달라고 요구하게 되었다. 이미 몇몇 독일 정치가들은 동부에서 타협을 통한 강화를, 어쩌면 오스트리아가 비용을 치러서 러시아에게 다소 보상하는 것까지 생각했다. 이러한 전환은 더 진전되었다. 서부에서 프랑스군이 주된 장애물이었음에도 불구하고 독일인들은 프랑스마저도 영국의 금전과 정신적 지지, 그리고 궁극적으로 영국군의 지원을 받지 못한다면 어쩔 수 없이 타협을 통한 강화를 택할 수밖에 없을 것이라 믿었다. 영국은 자신의 제국에 만족하기보다 독일 주도 하에 통일이 이루어지는 것을 막기 위해 제멋대로 유럽에 개입하는 것처럼 보였다. 영국이 이제 "제일의 적"이 되었다. 「증오의 찬가」[9]로 영국에 증오를 쏟아 붓게 되었다. 독일인들은 영국이 몰락할 "그 날"을 손꼽아 기다렸다. 반대편에서 영국인들은 주적을 인식하는 데 어려움이 없었다. 예전에는 사촌이었던 독일인들이지만 이제는 생존을 위해 그들에 대항해 싸우고 있다고 믿었다. 영국 국왕은 독일 군주들을 가터 기사에서 제명했고, 조금 뒤에는 자신의 독일식 이름을 영국식 이름인 "윈저Windsor"로 바꾸었다. 슐리펜 계획이 실현됨으로써, 그리고 그보다 더욱 돌발적이었던 그 결과로 인해, 제1차 세계대전은 영국과 독일의 결투가 되었다.

그러나 어쩌면 각 나라 사람들의 생각과 행동은 작가들이나 정치인들보다는 이러한 전망과 거리가 먼 것인 모르겠다. 성탄절날 프랑스에서는 최전선의 총성이 멎었다. 영국과 독일 병사들이 양 진영 사이의 무인지대에서 만나 농담을 나누고 담배를 교환했다. 어떤

9 독일의 유대계 시인 에른스트 리사우어Ernst Lissaur가 쓴 시로 원제가 "Hassgesang gegen England"다.

곳에서는 축구를 하기도 했다. 이런 만남은 그다음 날에도 이어졌다. 그러고는 사령부에서 커다란 질책이 날아온 후 사격이 점차로 재개되었다. 이들이 떠나온 본국의 교회에서는 승리를 바라는, 한때 담배를 나누었던 사람들을 죽일 수 있기를 바라는 기도가 드려졌다. 어느 영국 시인(John Collings Squire)은 다음과 같이 썼다.[10]

> 신께서 전쟁 중인 나라들이 노래하고 함성을 지르는 것을 들으셨다.
>
> 신이여 영국을 벌하소서 — 신이여 왕을 구하소서 —
>
> 신이여 이것을 해주소서 — 신이여 저것을 해주소서 — 또 신이여 그 반대의 일을 해주소서.
>
> 신께서 말하셨다. 오, 내 일이 줄었네.

---

10 라글란 스콰이어 **Raglan Squire** 씨와 맥밀란 **Macmillan** 출판사의 도움으로 전재했다.

2장
1915년

1915년 1월 2일 키치너는 몇 차례 번뜩였던 자신의 통찰 가운데 한 가지를 보여주었다. 그는 존 프렌치 경에게 이렇게 써서 보냈다. "프랑스 군대가 독일의 방어선들을 충분히 뚫어서 북부 프랑스에서 독일군이 물러나도록 할 수 없으리라는 점을 우리가 이제 인식해야만 하는 것이 아닌가 생각하고 있소. 만약 그렇다면 프랑스 내 독일의 방어선은 공격으로는 움직일 수 없으며 또 완벽하게 포위할 수 없는 요새로 보이지 않는지 싶소." 다른 군 지도자들 중에 어느 누구도 상황을 이렇게 명확하게 보지 못했고, 키치너의 통찰은 빛을 발하지 못하고 곧 사라졌다. 당대의 군사 교리는 적이 가장 강한 지점을 공격해 패배시켜야 한다고 가르쳤고, 가장 강한 군사력은 연합국이나 독일이나 분명히 북부 프랑스에 있었다. 프랑스인들은 더욱이 자국 영토를 적이 점령하고 있다는 사실로 인해 최면에 걸린 것처럼 다른 생각을 할 수 없었다. 프랑스 장군들과 정치인들은 방어 전략을 채택한

사진48
참호 속의 주검,
1915년

다면 여론이 반기를 들 것이라 믿었고, 그들의 생각 역시 여론과 같았다. 프랑스에게는 성공 확률이 낮더라도 새로운 공격 계획이 있어야만 했다. 그리고 공격이 항상 성공한다는 교리에 기초해 교육받은 프랑스 장군들은 공격 계획이 실패할 수도 있음을 차마 인정하지 못했다. 1914년에는 교리와 관련해 무엇인가 잘못되었다. 하지만 여전히 그들은 현실보다 교리를 더 믿었다.

프랑스인들은 영국인들을 끌어 들여 자신들과 함께 가게 만들었다. 명목상 영국 원정군은 독립적인 군대였으나, 실제로는 조프르의 명령을 따랐다. 키치너는 이렇게 하는 것이 바람직한지 의심은 했지만 영국이 기여하는 바가 적어 난처했기 때문에 프랑스인들이 요구하는 것은 무엇이든 들어주는 극도의 충실함으로 이를 극복해보려 했다. 게다가 그는 영국 군대가 프랑스 군대보다 강해질 때가 오리라는 것을 내다보고 있었고, 그 때가 되면 자신에게 연합국의 최고 사령관이 되라는 부름이 올 거라고 기대하고 있었다. 키치너의 생각으로는, 지금 프랑스의 바람에 따름으로써 나중에는 프랑스인들이 그가 원하는 바를 따르게 될 터였다. 연합국 정부들 사이에는 공식적인 협의가 없었다. 존 프렌치 경은 조프르가 세운 계획을 알기 위해 프랑스 사령부에 있는 자신의 연락장교를 통해야만 했다. 조프르는 자신의 계획을 러시아인들이 알지 못하도록 감추었고, 니콜라이 대공도, 계획이라는 것이 있었다면, 조프르에게 비밀로 했다. 어느 나라에서든 민간인 각료들은 감히 장군들을 비판하거나 그들에게 도전하지 못했다. 한편으로는 각료들이 독립적인 조언을 구할 수 있는 사람이 전혀 없었다. 장군들은 종종 서로 간에 업신여기고 특히나 연합국의 동료들에게 그러했지만 민간인들에게 침묵할 때만큼은 똑똑

사진49-50 바다를 장악한 영국 대함대.

뭉쳐 한패가 되었다. 더욱이, 국민 무장 국가로서는 장군들에 대한 비판이 나라의 일치단결을 흔들 수도 있을 것이었다. 어디에서나 각료들은 더 나은 대안이 없음을 고백하며 한발 물러서 있었다. 장군들이 주로 그렇게 믿었지만 각료들도 종종 그렇게 느꼈다. 프랑스인들에게는 영국인들과 달리 장군들을 비판하는 혁명의 전통이 있었다. 프랑스 하원의 몇몇 의원들이 전쟁이 발발하자 결집해 이 전통을 따랐다. 하지만 결과는 마찬가지여서 각료들과 장군들이 서로 뭉치게 되었을 뿐이었다.

영국에서는 불신이 점점 높아졌다. 처음부터 내각의 몇몇 사람이 장군들이 전쟁에서 승리할 수 있는지 그 능력에 의문을 제기하긴 했다. 프랑스에서 전황이 교착 상태에 이르자 이러한 의심이 더 커졌다. 아무리 대규모 보병 부대들을 투입하더라도 서로 치고 받는 서부전선의 전쟁에서 승리를 얻을 수 없으리라는 주장이 근거 없는 예언만은 아니었다. 이후 몇 년간 벌어진 일들이 이 예언이 맞았음을 증명했다. 비판을 제기한 사람들은 한 발 더 나아갔다. 특히 전전에 급진주의자였던 두 사람, 로이드 조지와 윈스턴 처칠이 그랬다. 그들은 프랑스에서 싸우는 방식에 대해 문제를 제기했을 뿐 아니라, 프랑스에서 싸운다는 생각 자체에 대해 의문을 가졌다. 전자에 대해서는 그들이 옳았고, 후자는 좀 더 추측에 기댄 것이었다. 그들은 측면으로 우회해 독일로 멀리 돌아가는 뒷문을 찾길 원했다. 지도에 명확하게 나타나 있는 것은 아니지만 엄연한 현실은 러시아 말고는 그런 뒷문이 없었다는 것이다. 러시아도 쉽게 닿을 수 있는 곳은 아니었다. 이탈리아 북동부, 테살로니키, 다르다넬스는 어떠한 이점도 없는 곳이었다. 최대한 긍정적으로 생각해 그곳들을 문이라고 해도, 그 문은 독일을 보호하는 굳게 닫힌 문이었다. 서부전선을 중시하는 사람들과 동부전선을 주장하는 사람들 사이의 논쟁은 이런 저런 방식으로 전쟁 내내 계속되었다. 비판을 제기한 그 사람들은 장군들에게 진실성을 가지고 말했다. "당신들은 이러한 방법으로는 프랑스에서 전쟁에 이기지 못할 것입니다." 장군들 역시 똑같은 진실성을 가지고 대답했다. "프랑스 아닌 다른 어느 곳에서도 전쟁에 승리할 수 없을 것입니다." 보다 근본적인, 하지만 밖으로 덜 드러난 주장이 있었다. 장군들은 수백만의 강력한 독일 군대를 무찌를 방법은 오직 영국인들이 수백만의 군대를 양성하는 것, 사실상 대륙식의 군사 강국이 되는 것뿐이라고 주장했다. 비판의 제기자들은 "옛 영국"의 명확한 성격을 유지하고 싶어 했다. 즉 막강한 해군과 작은 규모의 직업 군대다. 그들은 해양력을 사용해 어디에서든 어떻게든 효과적인 행동, 그러니까 기막힌 작전을 수행할 수 있으리라, 즉 돈과 사람을 적게 희생하면서 독일을 패배시킬 수 있으리라 생각했다.

서부전선의 전투 말고 제1차 세계대전에서 계획된 모든 "부수적인 작전"들은 이러한 성격을 지녔다. 이 작전들은 이중적인 의미에서 "묘안"이었다. 매우 기발했다는 점에서 그랬고, 독일 군대는 규모가 동급인 상대만이 무찌를 수 있다는 근본적인 문제를 회피하기 위해 고안되었다는 점에서 그랬다. 물론 부수적인 작전들은 특히 불리한 상황에서 전개되었다. 계획에서나 실행에서나 미숙했다. 그들이단적인 정치인들이 장군들에게 직접적으로 이래라 저래라 하지 못했으므로 그들의 계획들은 프랑스에서의 주된 공세를 대신하는 것이 아니라 추가적인 것이 되어야만 했다. 그것도 어느 쪽에도 군수가 적절히 보급되지 못하는 상황에서 그랬다. 정치인들은 전문적인

사진51-53
전쟁에 등장한 신무기:
독가스(왼쪽), 체펠린(위),
유보트(오른쪽).

조언을 구할 수도 없었다. 모든 것이 뒤죽박죽 이루어졌다. 일례로 지중해에 병력을 이동할 때 소요되는 수송에 대한 계산이 전혀 없었다. 테살로니키나 다르다넬스 등지에 대한 원정을 위해 필요한 장비에 대한 추산도 없었다. 그 정치인들 가운데 아무도 자신들의 "부수적인 작전"을 소리 높여 주장하기 전에 상세한 지도를 들여다본 사람이 없었다. 그들은 확실히 갈리폴리(겔리볼루)에 가파른 절벽이 많고 테살로니키는 산으로 둘러싸여 있다는 사실을 몰랐다. 모든 부수적인 작전들은 "담배꽁초 전략"이었다. 누군가가, 처칠 아니면 다른 누군가가 유럽 지도를 보다가 담배 끝으로 어느 지점을 가리키며 이렇게 얘기했다. "이곳으로 보내주시오."

영국의 동맹국들에게 알려진 바도 없고 어쩌면 심지어 작전을 주창한 사람들도 스스로 인식하지 못한 것일 수 있지만, 부수적인 작전에는 보이는 것 이상의 목적이 있었다. 그 작전들은 모두 유럽 밖이나 변경에서 이루어졌다. 그 작전들은 성공적으로 실행되어도 독일에 별다른 타격은 주지 못하겠지만 대영제국에는 이익을 가져다 줄 것이었다. 작전 계획들이 근거한 마음속 깊은 곳에는 영국이 유럽에서 벌어지는 일에 개의치 않는, 전적으로 제국주의적인 국가로 생각되던 이전 시대의 심리가 있었다. 지금도 영국은 독일을 무찌르는 일은 프랑스와 러시아에 맡기고, 다른 지역에서는 나폴레옹 전쟁 기간 동안만큼이나 많은 곳을 제국에 편입시킬 수 있을 것이었다. 이는 바로 프랑스인들이 의심하던 바였다. 프랑스인들의 불평에 따르면, 자신들은 서부전선에서 피를 흘리며 죽어가고 있는데 영국인들은 큰 희생 없이 아시아에서 전리품을 거두어들이고 있었다. 이러한 의심을 잠재우는 유일한 방법은 영국인들이 더욱 더 많은 병력을 프랑스로 보내고 그곳에서 더욱 완강하게 싸우는 것밖에 없었다. 부수적인 작전들은 병력과 물자가 상시 부족했고, 바로 그런 이유에서 기대한 것만큼의 효과도 얻을 수 없었다. 그러나 이 작전들은 그 자체로 영국에서 대중의 군대가 만들어지고 프랑스에서 대규모 살상이 일어나게 되는 동기가 되었다. 애초에 그러한 일들이 일어나지 않게 하려고 계획된 작전이었는데도 말이다. 이렇듯 전쟁으로 인해, 특히 동맹국들과 함께 수행하는 전쟁으로 인해 일들이 복잡하게 얽혀 버렸다.

　　독일인들은 1915년 동안에는 좀 더 명민하게 행동했다. 슐리펜이 실패할 수밖에 없는 계획으로 독일인들을 곤경에 빠뜨렸으나, 정면 공격 방안을 버린 그 계획 덕분에 독일인들은 적어도 그 이상의 더한 어리석음에서 벗어날 수 있었다. 팔켄하인은 서부에서 연합국의 전선이 뒤집히지 못할 것임을 인정했다. 그러므로 그는 서부에서 방어 태세를 취하면서 대신에 러시아 전선을 일소하기로 결정했다. 사실 그에게는 선택의 여지가 거의 없었다. 오스트리아인들은 심지어 상대가 물자가 바닥난 러시아 군대인데도 버텨내기를 버거워했다. 독일인들이 가서 구해야만 했다. 독일인들은 러시아를 물리쳐 전쟁에서 이탈시키거나, 그렇지 않다면 적어도 러시아 군대가 동쪽 멀리 밀려나 더 이상 중요하지 않게 되길 바랐다. 팔켄하인은 제1차 세계대전에서 양측을 통틀어 유일하게 결정적 승리보다는 축소된 목

사진54 공중전.

표를 바란 장군이었다. 러시아만 패배시키면 서유럽 연합국이 독일에 유리하게 이루어지는 타협을 통한 강화를 받아들이리라 그는 기대했다. 독일 재상 베트만 역시 결정적 승리가 불가능할 것임을 확신했으나, 독일 국민들의 의지를 꺾을까 두려워 감히 자신의 의견을 공공연히 드러내지 못했다. 그는 독일 국민들이 일어나는 일들로 인해 환상이 깨지는 때가 오기까지 조용히 기다렸다. 1915년 동안 독일 정부는 차르 니콜라이 2세Nikolay II에게 현상現狀에 근거해 강화할 용의가 있다는 우회적인 암시를 던졌다. 차르는 응답하지 않았다. 그는 약자가 가지는 완강함으로 동맹국 프랑스에 충실했다. 게다가 그는 다른 모든 통치자들과 마찬가지로 무엇이든 완전한 승리에 미치지 못하는 것을 얻는다면 자신의 권위가 흔들릴까 두려워했다. 그렇게 된다면 그는 진정한 헌법을 용인해야 하든지 혁명으로 퇴위 당해야 할지 모를 일이었다. 그리하여 러시아는 전쟁에 이길 수도 없고 빠져나갈 수는 더더욱 없으면서 이리저리 밀려다녔다.

전략은 실패했지만 교착상태를 타개할 수 있음직한 또 다른 방법이 있었다. 새로운 수단 즉 새로운 무기를 개발하는 것이었다. 그러나 장군들은 이런 대안에 기여하기는커녕 악영향만 일으켰다. 그나마 장군들이 유일하게 내놓은 기발한 계획은 폭격의 강도를 높여 적 방어선에 구멍을 낸다는 것이었다. 따라서 그들은 점점 더 많은 포와 포탄을 요구했다. 그러면서 이러한 폭격이 땅을 죄다 뒤집어놓아 보병들의 진군 속도를 그 어느 때보다 더 늦춰놓을 수 있다는 현실은 깨닫지 못했다. 민간인들과 하급 장교들은 장군들보다 더 잘 해냈다. 영국에서는 발명에 재능이 있는 두뇌들이 보안상 이유로 탱크라는 이름을 붙인 일종의 장갑판을 덮은 트랙터를 만들어냈다.

1916년 솜므 전투에 몇 대가 등장하기는 했지만 1917년까지는 배치할 준비가 된 상태가 아니었고, 게다가 장군들이 제대로 운용하지 못해 별 활약이 없었다. 과학자들은 이미 독가스를 만들어내고 있었고, 1915년 4월 22일 이프르에서 독일인들이 사용했다. 처음으로 사용된 독가스의 효과는 고무적이었다. 그러나 곧 양측이 방독면을 갖게 되자, 남은 건 보병이 겪어야 할 불편함만 늘었다는 현실이었다. 전황의 전개는 더욱 느려졌다. 확실히 공격하는 병사들이 진격하자마자 자신들이 발사한 가스를 막기 위해 방독면을 써야 할 것이라는 점은 아무도 곰곰이 생각해보지 못했다.

전쟁이 발발했을 때, 각국의 군대는 항공기를 몇 대 정도만 보유하고 있을 뿐이었고, 정찰 목적으로 사용했다. 그 뒤 정찰기를 격추시키기 위해 전투기가 만들어졌고, 곧 전투기에 맞서기 위해 더 많은 전투기가 생산되었다. 당시 항공기는 지금보다 느렸고, 목재 버팀대로 결합되어 있었다. 기체가 너무 가벼워서 폭탄은 몇 개가 되었든 적재할 수 없었다. 1918년까지 항공기는 군사적 폭격을 위해서는 사용되지 못했고, 영국인들이 독립적인 폭격 부대를 준비했던 시기는 전쟁이 끝났을 때였다. 반면 독일인들은 1915년부터 영국을 폭격하기 시작했다. 처음에는 체펠린, 즉 비행선을 이용했는데, 덩치가 크고 날렵하지 못한 이 기괴한 병기는 영국인들이 전투기를 띄워 보내기 시작하자마자 손쉬운 표적으로 전락했다. 1916년에는 체펠린을 주력으로 한 폭격이 중단되고 대신 항공기에 의한 폭격이 뒤따랐다. 항공기 폭격은 영국에 커다란 혼란, 그리고 엄청난 적개심을 불러일으켰다. 그때까지 영국인들은 직접 전장의 포화를 겪어본 적이 없었다. 적의 조종사를 붙잡아 보복하거나, 심지어 처형하라는 여론이 들

사진55 경외심을 갖고 새로운 무기를 다루는 유보트의 기관병.

끓었다. 등화관제로 밤에는 온 나라가 캄캄해졌고, 적기가 한 대라도 침투한 것이 발견되면 모든 작업장이 일을 중단해야 했다. 하지만 다른 전쟁을 겪을 나중 세대의 기준에서 보면 이 정도 피해는 사소했다. 제1차 세계 대전 기간 동안 공습으로 사망한 영국인은 1,100명에 불과했다.

독일인들에게는 발명품이 하나 더 있었다. 발명품들 가운데 가장 위협적이었다. 유보트, 혹은 잠수함이라 불리는 이 발명품 역시 사용되리라 예상하지 못했었다. 독일과 영국의 제독들은 잠수함의 역할을 정찰 활동이나, 고작해야 적의 전함을 방해하는 보조적인 역할 정도로만 생각했다. 잠수함을 상선 습격에 사용한다는 발상을 떠올린 사람은 없었다. 독일의 유보트는 함대의 다른 함선과 마찬가지로 순항 거리가 길지 않았다. 영국 제도에 대한 봉쇄를 오래 지속하

는 건 불가능했는데, 특히 유보트가 도버 해협을 통과할 수 없어 반
대편으로 가기 위해서는 스코틀랜드 북쪽으로 우회해야 한다는 점
을 생각할 때 더욱 그랬다. 그럼에도 불구하고 독일인들은 1915년
초에 영국 제도 봉쇄를 선언했다. 해상의 상선 파괴함과 달리 유보트
는 선박을 침몰시키기 전에 사전 경고를 할 수도, 침몰 중인 선박에
서 승무원과 승객을 소개하는 일도 할 수 없었다. 유보트는 선박을
발견하자마자 침몰시키고 선원과 승객이 익사하도록 내버려둘 수밖
에 없었다. 이 때문에 독일의 야만성을 규탄하는 또 다른 격렬한 항
의의 목소리가 나오게 되었다. 독일에 파멸을 가져올 정치적 결과도
있었다. 독일의 가장 큰 전과는 영국의 정기선 루시타니아Lucitania 호
를 침몰시킨 것인데 이 배는 군수물자를 약간 싣고 있었고 또한 승객
가운데 백 명의 미국인이 있었다. 독일인들은 기뻐했다. 이 공적을
기념하기 위한 메달이 만들어졌다. 미국의 여론이 분개했고, 윌슨 대
통령이 강력하게 항의했다. 유보트는 미국이 연합국 편으로 참전하
게 만드는 최고의 프로파간다였다. 몇몇 독일 지도자들, 적어도 베트

사진56 루시타니아 호 침몰을 기념하는 독일의 기념메달.

만은 이를 인식했다. 그들은 또한 1915년에는 유보트 수가 너무 적어 결정적인 결과를 내지 못하리라는 점도 알고 있었다. 그래서 그들은 영국인들이 봉쇄를 완화한다면 유보트 습격을 멈추겠다고 제안했다. 영국인들은 거절했다. 그 뒤 중립을 지키던 미국 국민들이 더 많이 익사하고 나서야 독일은 유보트 습격을 제한했다. 상황을 되돌리기에는 너무 늦은 조치였다. 벨기에 침공 때 "필요하면 법이고 뭐고 그냥 하는 것이다Necessity knows no law"라고 연설했던 베트만이 이번에도 같은 주장을 되풀이해야 했다. 모든 강대국들이 이 원칙에 따라 행동했다. 연합국도 독일과 마찬가지였다. 그러나 연합국, 특히 영국인들은 자신들이 잔인하거나 양심 없이 행동할 때 후회스러워 한다는 인상을 어떻게든 주었던 반면 독일인들은 항상 즐기는 것처럼 보였다.

1915년에는 이런 일들과 그밖의 다른 많은 일에 대한 논의가 진지하게 이루어지지 못하고 얄팍했다. 아직은 프랑스 북동부의 참호선이 두터워지지 않았듯이 말이다. 사람들은 여전히 이 전쟁이 예상과는 완전히 딴판이 되었고 예기치 못한 새로운 성격을 지니게 되었음을 믿으려 들지 않았다. 조프르는 결정적인 승리가 아주 빠른 시일 내에 이루어질 것이라 공언하는 데 주저함이 없었고, 존 프렌치 경은 조프르의 이러한 낙관적인 생각을 따랐다. 그러나 참으로 놀랍게도 1915년을 오래오래 기억하도록 만든 일화는 이러한 유명한 지도자들 가운데 어느 누가 만들어낸 것이 아니었다. 이 일은 가장 무시당하던 교전국인 터키에 의해 발생했다. 1914년 10월 터키, 좀 더 거창한 이름으로 부르면 오스만제국이 독일 편으로 참전했다. 이러한 행동에 합리적인 동기를 떠올리기란 어려웠다. 터키인들은 독일

사진57 사막을 건너는 터키 낙타의 행렬.

이 승리하더라도 전쟁에서 아무 이득도 얻을 수 없었다. 금세라도 무너질 듯한 그들의 제국이 생존할 아주 희박한 가능성도 전쟁에 있는 것이 아니라 전쟁으로부터 완전히 멀어지는 데 있었다. 하지만 지난 한 세기 동안 러시아와 영국이 번갈아 윗사람 노릇을 하며 그들을 괴롭혔고, 이제 한 번에 두 나라에 일격을 가하고 싶은 유혹을 떨칠 수 없었다. 터키인들은 전쟁에 참전하자마자 1912~13년 발칸 전쟁 후 남아 있던 병력 전부를 러시아 공격을 위해 코카서스로 보냈고, 참전과 함께 급조한 병력으로는 수에즈 운하에서 무익한 시위를 벌였다. 코카서스 전투는 끔찍한 작전이었다. 한겨울에 보급도 없이 수행되었다. 수천 명의 사람들이 밤사이에 동사했다. 1915년 1월 터키인들이 비틀거리며 물러났을 때 10만 명 가운데 7만 명을 잃었다.

　러시아인들은 긴박한 상황에 있었다. 1914년 12월의 마지막 날 니콜라이 대공은 영국의 키치너에게 동지중해에서 터키인들의

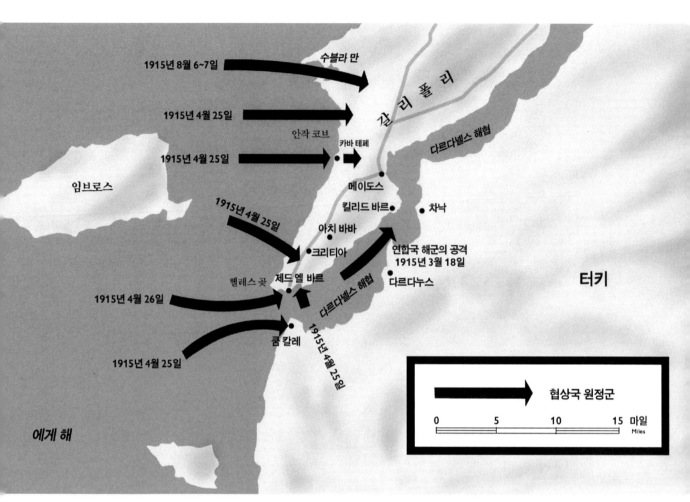

지도4 다르다넬스 해협과 갈리폴리 전역

주의를 분산시킬 양동작전을 펴달라고 필사적인 호소를 보냈다. 하지만 이러한 호소가 정작 런던에 도달할 때쯤에는 무의미해졌다. 터키인들이 코카서스에서 물러나고 있었다. 그러나 키치너는 적극적으로 응했다. 그에게는 러시아를 돕는 것이 서부전선에서 치고받고 싸우는 것보다 소용이 있는 것으로 보였다. 게다가 전쟁 전 이집트의 통치자였던 그는 터키인들이 수에즈 운하를 공격할지 모른다고 무척 쓸데없이 염려했다. 처칠은 훨씬 더 열성적이었다. 여기에 영국의 제해권을 이용해 바다와 육지를 아우르는 대규모 행동을 할 수 있는 기회가 있었다. 처칠과 키치너는 함께 다르다넬스 해협에 대한 공격

(위) **사진58** 파괴당한 갈리폴리, 1915년 2월 25일.
(아래) **사진59** 이안 해밀턴 경과 드 로벅 제독: 갈리폴리의 패장들.

을 촉구했다. 해군의 제1군사위원 피셔도 아무에게도 지지받지 못한 계획인 슐레스비히 원정에 대해 개인적인 야심이 있었지만, 역시 서부전선을 탐탁지 않게 여겼다. 그는 다르다넬스 해협 공격에 대한 믿음이 없었고, 성공하지 못하리라는 참모부의 오래된 의견이 있다는 사실을 참고할 수도 있었을 것이다. 그럼에도 그는 계획을 지지했다. 그것이 아니라면 어쨌든 반대하는 데 실패했다. 자신이 모시는 민간 출신 해군상 처칠에 대한 충성심 때문이었기도 하고 더 큰 이유는 그의 생각에 육군이 여기에 참여하게 되면 서부전선의 중요성이 감소될 것이기 때문이었다.

그러나 키치너는 처칠로부터 해군이 자력으로 다르다넬스 해협을 공략할 수 있다고 장담하는 말을 들었다. 영국 지중해 함대의

사진60 나란히 누운 프랑스군과 독일군의 시체: 죽어서 화해하다.

제독은 그러한 시도가 성공할 수도 있을 것이라고 말하도록 떠밀렸다. 영국 정부는 이 그럴싸한 해결책을 덥석 받아들였다. 서부전선이 아니라 독일 영토 전체를 놓고 독일의 측면을 우회하기 위해 동부에서 해군 위주의 작전을 벌이면서도 가용한 육군 부대들을 프랑스로 보내어 계속 조프르를 달랠 수 있을 것이었다. 2월 19일 영국 해군이 다르다넬스 해협의 외항에 대한 폭격을 시작했다. 저항은 거의 없었다. 영국 해병들은 방해 받지 않고 상륙했다. 몇 달 뒤 더 큰 규모의 군대가 실패를 겪게 될 곳이었다. 이번에는 일개의 사단만으로도 다르다넬스 해협 점령이, 어쩌면 확보가 가능할 수도 있었을 것이다.

영국인들은 시간이 많다고 생각했다. 대규모 함선들이 한 달 동안 에게 해 주변에 머물다 3월 18일이 되어서야 좁은 해협으로 들어갔다. 수역의 기뢰는 싹 제거되었던 것으로 생각되었다. 다시 한 번 항구들에 대한 폭격이 성공적으로 이루어졌다. 오늘날 우리는 당시 터키의 비축 탄약이 고갈된 상태였다는 사실을 알고 있다. 그러니까 다음 날 영국 해군은 저항을 받지 않고 다르다넬스 해협을 건널 수도 있었을 것이다. 하지만 돌아오는 길에 해안과 평행하게 설치된 일련의 기뢰와 마주쳤다. 다른 경우처럼 해안에서 해안으로 이어져 설치된 것이 아니라서 기뢰를 제거하는 소해정이 이 기뢰들을 놓쳤다. 영국 전함 두 척과 프랑스 전함 한 척이 침몰했다. 다른 세 척은 심하게 손상되었다. 모두 오래된 함선들이었고, 폐선을 앞두고 있었다. 대부분의 함선들이 당시 물샐틈없는 호위를 받고 있었지만 사실 그다음 해에 폐선이 될 낡은 함선이었다. 그러나 영국 제독 드 로벡John de Robeck은 더는 함선을 잃는 모험을 하고 싶지 않았다. 그런데 정확히 바로 이때 모험이 필요 없게 되었다. 키치너가 군대를 결국 쓰지 않겠다고 결정했다. 프랑스에 있는 육군이 떠나지 않고 계속 방어 태세를 취해야 한다는, 합리적으로 계산하지 않은 냉정하지 못한 결정이 또 다시 내려졌다. 키치너는 단지 다르다넬스 해협에서 실패가 있다면 영국의 위신이 흔들릴 것이라고 생각했다. 그는 옛날 보어 전쟁 시절 총애하던 이안 해밀턴Ian Hamilton 경을 보냈다. 콘스탄티노플을 획득하라는 명령을 내리면서 "자네가 그렇게 한다면, 작전만이 아니라 전쟁에서도 이기게 될 것일세"라고 말하며 환송했다. 해밀턴은 참모도, 제대로 된 지도도, 그리고 1906년 이후 터키의 방어 상태에 관한 어떠한 정보도 없이 런던을 떠났다. 그에게 할당된 병력은 정규 사단 하나였다. 남아 있는 마지막 사단이었다. 그밖에는 전투 경험이 없는 식민지 출신인 부대와 국방 의용군 부대뿐이었다. 해군력에 대해 그렇게나 떠들어댄 영국군이었지만, 정작 적지 해안에 상륙하는 훈련은 한 번도 해보지 않았고, 이를 위한 장비도 갖추지 않았다. 모든 것이 그날그날 임기응변식으로 이루어져야 했다.

해밀턴은 마침 드 로벡이 3월 18일의 손실로 침울해 있을 때 도착했다. 그는 즉시 작전권을 넘겨받겠다고 제안했다. 해군의 공격은 취소되었고 다시는 재개되지 않았다. 해밀턴은 수송선을 점검하며 물자들이 잘못 적재되었음을 발견했다. 필요 없는 것들이 위에 있었고 필수 물자가 밑에 있었다. 전체 원정군이, 터키인들에게 겁을 준 후에는, 닻을 올리고 알렉산드리아로 퇴각하여 모든 물자를 다시 쌌다. 원정군은 한 달 이상 터키에서 멀리 떨어져 있었다. 이 기간에 터키인들은 모든 가용한 병역 자원을 끌어 모으고 모든 보유 군수품을 이동시켰다. 그 사이 조프르는 서부전선이 등한시되고 있다고 화를 냈다. 그의 화를 잠재우기 위해 존 프렌치 경이 3월 10일 뇌

사진61 가스 공격이 지나간 후: 문명이 또 한 번 승리하다.

브 샤펠에서 공격을 한번 감행했다. 영국 육군에는 예비 포격을 할 만큼 충분한 포탄이 없었다. 그래서 공격은 독일에 대한 기습으로 이루어졌다. 영국 보병이 독일의 방어선을 뚫었다. 전쟁에서 유일하게 한 번 있었던 일이었다. 중요성을 가지는 어띠힌 일도 뒤따르지 않았다. 영국인들은 자신들이 뚫은 구멍으로 들어가길 주저했다. 그들은 증원군을 기다렸고, 영국의 증원군이 도착했을 때 독일의 증원군 역시 도착했다. 구멍이 닫혔다. 영국인들은 무의미하게 공격을 계속했다. 영국이 공격을 그만두자 이번에는 독일인들이 공격했다. 마찬가지로 거의 의미가 없었다. 뇌브 샤펠 전투는 3일 동안 지속되었다. 나중의 기준에서 보면 길지 않은 전투였다. 하지만 이 일은 앞으로 계속해서 반복되어 일어날 일의 예고편과 같았다. 초반의 공격이 성공하지만 그다음으로 나아가지 못하고 맹목적인 공격이 계속되는 것으로 명백한 실패를 고하는 그런 전투 말이다. 이 전투는 영국인들에게 또 다른 중요성이 있었다. 존 프렌치 경은 자신의 실패를 감추기 위해 포탄이 부족했다고 불평했다. 정부 측에서는 고임금을 받으면서 선술집에서 시간을 보낸다는 말이 들리는 군수공장 노동자들을 비난했다. 선술집의 영업시간을 제한하는, 특히 오후에는 술 마시는 사람들을 받지 않도록 강제하는 법이 급히 도입되었다. 그러한 규제가 오늘날까지도 남아 있는데 서머타임Summer Time과 함께 영국인들의 삶에 남아 있는 유일한 제1차 세계대전의 결과다. 영국에서 오후에 한 잔 하고 싶은데 그러지 못해 갈증을 느끼는 사람은, 뇌브 샤펠 전투에서 치렀을 대가를 아직도 치르고 있는 것이다.

조프르는 영국의 실패에도 꺾이지 않았다. 스스로 야기한 비슷한 실패들에도 마찬가지였다. 그는 딱 한 번만 더 공격하자고 계속해서 주장했다. 매번 그 공격이 결정적일 것이라고 확신했다. 이렇게

사진62 트라팔가르 광장에서의 모병 활동.

해서 수행된 — 그걸 전투라고 말할 수 있다면 — 전투들은 그 결과로 전쟁기념관에 수많은 이름들이 새겨진다는 것 외에는 아무런 의미도 없었다. 2월에 프랑스인 5만 명이 희생되었다. 샹파뉴 지역에서 조금 조금씩 땅을 획득하며 5백 야드를 나아가느라 벌어진 희생이었다. 생 미엘에서는 6만 명을 잃었다. 5월에는 아라스 근처에서 12만 명을 잃었다. 영국군은 페스튀베르와 오베르 능선에서 새로운 공격을 시도했는데, 비율로 보면 사상자가 훨씬 더 많은 셈이었다. 프랑스군의 사기는 1914년 8월의 참사로 이미 꺾였고 이제 더욱 떨어졌다. 새로 투입된 영국군이 불어넣은 힘은 약화되었다. 독일인들은 방어에 성공하여 고무되었다. 그들은 딱 한 번 공격했다. 4월 22일 이프르였고 거기서 처음으로 독가스를 사용했다. 이 공격은 사악했을 뿐 아니라 그때가 서부전선에서 제대로 공격을 할 군사력이 독일에게 없던 시기라는 점을 고려하면 어리석기까지 했다. 그래도 공격은 기대한 효과를 봤다. 영국 방어선에 틈이 생긴 것이다. 하지만 늘 그렇듯 독가스가 사라졌을 때는 이미 틈이 메워져 있었고, 독일의 진격도 멈춰졌다. 존 프렌치 경은 반격을 주장하며 사상자 명단을 위로 올려 보냈다. 반대를 표명한 육군 사령관 스미스-도리언Horace Smith-Dorrien은 즉시 해임되었다. 프렌치 경의 참모장이었던 윌리엄 로버트슨 경Sir William Robertson이 그에게 해임을 통보했는데 프랑스식으로 h를 묵음으로 발음하며 "호리스, 당신은 집에 가게 되었소(H)Orace, you're for (h)ome"라고 한 일이 잘 알려져 있다. 프렌치 경은 며칠 뒤 결국 후퇴를 승인해야만 했다. 이 일은 일종의 본보기가 되었다. 살육을 계속한 영국 장군들은 자리를 보존하고 승진도 했다. 반대하는 사람에게는 누구든 해임될 위험이 따랐다. 5월 중반이 되자 공격이 잦아들었다. 인적, 물적 자원이 모두 바닥났다. 결정적인 승리는 그 어느 때보다 아득했다. 이전에는 독일인들이 동부전선으로 대규모 증원군을 보내지 못했던 경우까지는 없었는데 말이다.

그러는 동안 다르다넬스 해협 공격을 위한 해밀턴의 준비가 서서히 진행되고 있었고, 그를 막아내기 위한 터키의 준비 또한 이루어지고 있었다. 해밀턴이 출격 준비를 갖추었을 때 그에게는 다섯 개의 사단이 있었고 터키인들은 여섯 개였다. 그럼에도 불구하고 4월 25일 상륙은 터키인들에 대한 기습이었다. 병력이 모든 지점에서 상륙했다. 때론 손실이 컸고 그밖에 다른 곳에서는 괜찮았다. 해밀턴은 전략을 잘 짜놓았다. 그러나 그는 야전에서 훌륭한 장군이 되기에는 너무 점잖았다. "시인" 그리고 문학가로서의 명성 때문에 그는 더욱 유약해졌다. 그는 양심상 부하들을 몰아치길 삼갔고, 상륙작전 중에는 전함을 타고 해안을 오르락내리락하며 일이 벌어지는 현장과 거리를 두었다. 단 한 번의 기회가 24시간, 어쩌면 그보다 조금 긴 시간 동안 열려 있었다가, 곧 사라졌다. 영국군은 언덕 위로 올라가 닿을 수도 없고 열린 벌판으로 나갈 수도 없이 바위 해안에서 꼼짝 못하고 있었다. 방어하는 터키 측은 바로 그 위에 몸을 숨기고 있었다. 여기서도 또 참호선이 드리워졌다. 프랑스에서보다 상황이 훨씬 더 나빴다. 영국군은 후방이 굳건하지 못했다. 바로 터키의 포탄 사격에 노출된 해안이었고 그 뒤는 바다였다. 모든 것이, 심지어 물까지, 밤에 뭍으로 올려져야 했다. 몸을 가릴 곳이 없었다. 종종 지면이 너무 단단해 효과적인 엄폐물을 찾을 수 없었다. 다르다넬스 해협 공격은 이론적으로는 훌륭한 생각이었다. 그러나 가장 뛰어난 생각이라도 급하고 부적절하게 실행될 때 재난을 가져온다. 존 프렌치 경이 프랑스

사진63
군수공장
여공들을 시찰하는
로이드 조지.

북부에서 헛되이 낭비한 병력과 포탄이 있었다면 다르다넬스 해협을 빼앗고 콘스탄티노플을 손에 넣을 수 있었을지 모른다. 그러나 현실은 이번에도 기동전이 성공하지 못했다는 것이다. 영국인들은 프랑스에서와 마찬가지로 갈리폴리에서도 수렁에 빠졌다.

　　이 두 곳에서의 실망스러운 결과가 영국에서 정치적 위기를 불러왔다. 존 프렌치 경은 모든 것을 포탄의 부족으로 돌렸고, 사령부를 방문한 사람들은 "포탄 스캔들"에 대해 브리핑을 받았다. 이 시절 유력 신문 소유주인 노스클리프Alfred Harmsworth, Viscount Northcliffe는 군수 공급에 책임이 있는 인물인 키치너를 끌어내리기로 결심했다. 그의 공격은 지적한 것마다 근거가 있었음에도 불구하고 대체로 사람들의 동의를 얻지 못했다. 그가 발행하는 『데일리 메일 *Daily Mail*』한 부가 증권거래소 바닥에서 불타는 일도 있었다. 그럼으로써 어쩌다가 진실을 밝힌 대가를 치렀다. 정부 내에서 로이드 조지 역시 키치너에 대한 인내심을 잃었고, 정부 밖에서 보수당 평의원들 또한 그랬다. 5월 중순에 두 번째 위기가 폭발했다. 이번에는 다르다넬스 해협을 둘러싼 위기였다. 이 계획을 전혀 좋아하지 않던 피셔가 동부 지중해로 파견되는 전함의 수가 점점 늘어나자 저항의 수위를 높였다. 결국 그는 예고 없이 사직했다. 격렬한 반대를 나타내기 위한 행동이었다. 수상 애스퀴스는 공개적인 대립을 원치 않았다. 그는 포탄과 다르다넬스 해협에 관한 사실들을 영국 국민들에게 감추기 위해 보수당원들과 연립내각을 구성하기로 결정했다. 사람들이 전쟁에 관한 사실을 알게 되면 나가서 싸우지 않으리라는 그런 입장으로 한 걸음 더 나아간 일이었다. 이렇게 해서 영국 자유당의 마지막 정부가 자욱한 안개 같은 비밀 가운데에서 끝이 났다. 피셔는 사라졌으나 키치너는 아니었다. 그를 쫓아내려고 계획된 보수당의 반란으로 말미암아 오히려 살았다. 그러나 그의 힘은 줄어들었다. 로이드 조지가 군수상이라는 새로운 직책을 맡았다.

사진64 초콜릿부터 신관장치 생산까지 맡게 된 여성들.

이 일은 그 당시 벌어지고 있던 전투보다 중요한 일이었다. 영국 그리고 곧 다른 나라들에게 새로운 종류의 전쟁이 시작됨을 알렸다. 이때까지 영국 국민들은 전쟁을 자신들의 일상적인 삶에 더하여 여유가 있을 때 할 수 있는 추가적인 일로 다루어왔다. 전쟁성은 아직도 평시의 규모로 군수물자를 주문했고, 숙련공 노동조합은 여성과 비숙련공을 "전체 노동의 질을 떨어뜨린다"고 소리 지르면서 공장에 받아들이지 않았다. 로이드 조지가 산업계와 심각하게 맞붙었다. 그는 전쟁성의 장래 수요 추산치를 수용하기를 거부했다. 그는 야전의 장군들도 마찬가지로 존중하지 않았다. 일례로 로이드 조지가 얼마나 많은 기관총이 필요한지 물었다. 헤이그Douglas Haig가 "기관총은 매우 과대평가된 무기입니다. 대대당 둘이면 충분하고도 남습니다"라고 답했다. 키치너는 대대당 넷이면 유용할 것이고 "넷 이상은 사치일 것"이라 생각했다. 로이드 조지는 보좌관들에게 말했다. "키치너의 최대치를 택하게. 거기에 제곱을 하고, 그 결과를 둘로 곱하게. 그리고 얼마인지 답이 나오면 행운을 위해 또 두 배를 하게." 이 무시무시한 셈법의 결과 대대당 기관총 64정이 돌아가게 되었다. 전쟁이 끝나기 전에 모든 영국군 대대는 기관총 43정을 보유했고 더 지급해달라고 요청했다. 또한 전쟁성은 이 전쟁에서 최고의 무기 가운데 하나였던 스토크스 박격포의 생산을 승인하길 거부했다. 로이드 조지는 인도의 통치자 가운데 한 명에게 스토크스 박격포 생산에 돈을 대도록 했다. 때로 로이드 조지는 업자들에게 징발하겠다고 위협해 결과를 얻었고, 때로는 그들이 부풀려진 이익을 취하도록 내버려 두었다. 어떤 방법이든 물자를 생산하기만 하면 되었다. 그는 노동조합을 설득해 전쟁이 지속되는 동안 자신들의 제약 조건들을 내려놓게 했고, 나중에 훨씬 향상된 조건을 제공하겠다고 약속하길 망설이지 않았다. 어찌된 일인지 포탄에 대한 절박한 필요가 더 나은 영국에 대한 비전에 합쳐졌다. 이제 노동조합은 계급 전쟁의 도구가 아니었다. 노동조합 지도자들은 정부, 그리고 고용주의 파트너가 되었다. 물론 늘어난 이익 가운데 자신들의 몫을 받지 못했다는 점을 제외하고 말이다.

　　　로이드 조지는 더 나아가 더 많은 군수공장 노동자를 찾아 나섰다. 그가 군수상이 된 직후에 공격적인 여성 참정권론자들이 자신들의 지도자 크리스타벨 판크허스트Christabel Pankhurst의 지휘 하에 마지막 시위를 벌였다. 그들은 "우리는 일할 권리를 요구한다"라는 표어를 외치며 화이트홀 관청가로 행진했다. 로이드 조지는 그들에게 그 권리를 주었다. 수십만의 여성들이 포탄 공장에 투입되었다. 다른 여성들은 사업체나 정부기관에서 타자수가 되었다. 남성 사무원들이 영원히 사라졌다. 그렇게 많은 수의 여성들이 생계 수입을 버는 것도 처음 있는 일이었다. 여성들은 펍에 가서 스스로 음료를 사마시기도 했다. 공장과 사무실에서 일하는 여성들에게 보다 적절한 복장이 필요했다. 치마는 점점 짧아졌고 더 이상 꽉 조이는 코르셋을 몸에 착용하지 않았다. 많은 이들이 머리를 잘랐다. 여성들은 전차 승무원의 역할을 맡았다. 조금 뒤에는 군이 여성들로 이루어진 보조 부대를 운영하기 시작했고, 여성들은 여군복을 입게 되었다. 여경이 등장했다. 전쟁을 수행하는 다른 국가에서도 영국만큼 급진전되지는 않았지만 같은 일이 일어났다. 전쟁이 끝날 때까지 여성이 있을 곳이 가정이라는 말은 더 이상 사실이 아니었다.

　　　영국에서 전쟁을 보다 더 힘차게 수행하기 위해 정부의 변화

사진65 오스트리아의 뒷문을 두드리는 이탈리아군.

를 꾀했는데, 힘이 붙는 대신 한참 동안 멈추게 되는 결과를 낳았다. 영국 각료들은 원정대가 바위투성이인 갈리폴리 해안에 갇혀 있는 상황을 속수무책으로 지켜보고 있었다. 완전히 빠져나올지, 아니면 병력을 더 투입해서 다시 한 번 시도할지 결정하지 못했다. 프랑스의 군대들은 일시적으로 소진되어 있었다. 그 밖의 다른 곳에서는 계속해서 일이 벌어지고 있었다. 프랑스인늘은 갈리폴리 사태에서 눈을 돌렸다. 그러나 그들은 독일의 측면을 우회할 독자적인 계획을 세워 놓고 있었다. 그들의 첫 번째 제안은 중립국 그리스의 테살로니키로 원정군을 보내는 것이었는데 거기에서 세르비아로 원조를 보낼 수 있을 터였다. 일부의 그리스인들은 참전할 준비가 되어 있었다. 러시아인들이 반대했다. 그들은 그리스인들이 콘스탄티노플로 먼저 가서 그곳을 점령하고 있게 될까 두려워했다. 프랑스인들에게는 다른 생각도 있었다. 이탈리아를 연합국 측으로 참전시키는 것이었다. 그러면 오스트리아-헝가리제국이 공격을 당할 것이고 러시아로부터 떨어뜨려 놓을 수 있으리라 생각되었다. 프랑스인들은 속으로는 앞날을 염려했다. 이탈리아를 끌어들이려는 의도는 동맹국을 얻으려는 것만큼이나 이탈리아를 약화시키려는 것이었다. 전쟁이 시작되었을 때 이탈리아는 이론상 삼국동맹의 일원으로 독일 그리고 오스트리아-헝가리제국과 동맹국이었다. 그런데 갑자기 전쟁이 동맹의 의무를 발생시키지 않는다고 선언하며 동맹에서 이탈해 중립국이 되었다. 양측이 앞다투어 이탈리아의 호의를 얻으려 했다. 독일인들은 이탈리아에게 중립을 유지하면 오스트리아 영토 티롤과 트리에스테를 주겠다고 제안했다. 오스트리아-헝가리 정부가 격렬하게 분노했지만 소용은 없었다. 연합국은 훨씬 더 많은 것을 제안했다. 이탈리아가 참전한다면 티롤과 트리에스테뿐 아니라 북부 달마시아를 주고 소아시아에서의 몫도 내줄 것이었다.

사진66 산악 지역을 힘겹게 올라야 했던 이탈리아 병사들.

이탈리아를 자기편으로 만들려고 값을 올려 부르는 경매는 1914~1915년 사이 겨울 내내 계속되었다. 프랑스인들은 이전에는 모든 "자본가들의" 전쟁에 반대하던 혁명적 사회주의자 무솔리니를 민주주의 수호를 위해 싸우는 선전가로 고용했다. 낭만주의 작가 단눈치오Gabriele D'Annunzio와 미래파 운동의 창시자 마리네티Filippo Tomaso Marinetti는 자기네 문학이론의 연장으로 전쟁을 외쳤다. 이탈리아 국민의 대다수는 무관심했고 내버려두기만을 요구했지만 국민 대다수의 의견을 구하는 사람은 아무도 없었다. 연합국이 이탈리아를 끌어들이는 데 성공했다. 연합국이 구체적으로 제시한 값이 더 컸지만 이탈리아가 넘어온 것이 그 때문은 아니었다. 이탈리아 언론인들과 정치가들은 전쟁 그 자체를 위해 전쟁을 원했다. 이탈리아는 강대국임을 주장했고, 따라서 유럽의 다른 강대국들이 싸우고 있는데 중립을 지키는 것은 불명예스러운 일이었다. 이탈리아는 자신이 스웨덴, 스위스급을 넘어 영국, 프랑스와 동급임을 증명해야 했다. 4월 26일 이탈리아는 영국, 프랑스와 런던 비밀조약을 맺어 한 달 안에 참전할 것을 약속했다. 그리고 반대급부로 많은 보상을 약속받았다. 이탈리아 하원은 다수가 중립에 찬성하고 있었다. 전쟁을 원하는 선동가들이 로마에서 대중시위를 조직했고, 한 무리의 폭도들이 하원 건물의 창들을 부쉈다. 하원은 저항하지 않고 표결로 전쟁에 찬성했다. 5월 23일 이탈리아가 전쟁을 선포했다. 오스트리아–헝가리제국에 대해서만이었다. 감히 독일에 대해 전쟁을 선포할 용기를 내지는 못했고 그렇게 하는 데 1년이 더 걸렸다.

연합국이 이탈리아의 참전으로 기대하던 이점은 거의 실현되지 못했다. 지중해에서 이탈리아 해군과 협력했지만 아드리아 해로 빠져나가는 오스트리아의 잠수함들을 그들에게 맡길 수 없었다. 경제적인 측면에서 이탈리아는 연합군에 상당히 큰 부담이었다. 북동부 프랑스의 거의 모든 탄광이 독일의 방어선 뒤편으로 넘어간 이후부터 영국인들은 이미 프랑스에 석탄 공급을 지속하고 있었다. 이제 영국인들은 이탈리아에도 석탄을 공급해야 했다. 이탈리아 육군은 1912년 리비아 전쟁에서 아직 회복되지 못했다. 병력은 많았으나 장비가 태부족이었고 중화기는 거의 없었다. 오스트리아-헝가리제국을 거쳐 독일로 들어갈 수 있다고 생각되는 뒷문은 사실상 자연에 의해 잠겨 있었다. 이탈리아는 산들로 둘러싸여 있었다. 오스트리아인들은 산을 따라 방어선을 치고 있었고, 이탈리아인들은 평지에서 거슬러 올라가며 오르막 전투를 해야 했다. 이탈리아인들은 또한 마찬가지로 이스트라로 진격하자면 그들 뒤에 돌출부로 튀어나와 있는 남부 티롤로부터의 후면 공격을 두려워해야 했다. 이탈리아 전역은 프랑스 전역에서 벌어진 일의 반복, 그것도 더 나쁜 조건에서의 반복이었다. 아무것도 얻지 못한 무의미한 공격이 이어졌다. 군사 전문가들은 11차례 벌어진 이손초 전투를 예시로 꼽는다. 오스트리아인들이 지키는 산간 장벽을 흔들어 놓으려는 11번의 실패한 시도였다. 물론 오스트리아-헝가리군이 이 교전에 계속해서 투입되어 힘이 분산되었다. 하지만 이탈리아가 중립을 지킬 때도 국경을 지키기 위해 거의 같은 수의 병력이 필요했다. 반면 이탈리아와의 싸움은 합스부르크제국의 많은 민족들의 침체된 사기를 되살려 놓았다. 그들 가운데 러시아에 적의를 가진 민족은 거의 없었다. 모두가 이탈리아가 배신한 데 분개했고 쇠망해가는 제국이 아직 어디선가 승리를 거둘 수 있다는 데 기뻐했다.

이탈리아 정치가들이 급하게 전쟁에 뛰어든 것은 주로 오스트리아-헝가리제국이 곧 러시아에 패배할 것이라는 경보 때문이었다. 이탈리아가 곧장 참전하지 않는다면 너무 늦어버릴 터였다. 반면 영국과 프랑스는 러시아를 도우려는 방책으로 이탈리아의 참전을 재촉했다. 효과적인 방책이 아닌 것으로 드러나기는 했지만 영국과 프랑스가 그렇게 한 데는 그럴 만한 이유가 있었다. 러시아인들은 오스트리아-헝가리군을 상대해야 하는 한에서는 잘 맞서 싸울 수 있었다. 오스트리아-헝가리제국은 차르의 제국보다 훨씬 더 무너져 있었다. 1915년 3월 러시아 육군은 갈리치아에서 공세를 재개했고, 프세미실의 거대한 요새를 차지했다. 러시아의 이 성공으로 1915년에는 동부전선에 집중하겠다는 팔켄하인의 결심이 굳어졌다. 만약 러시아 육군이 충분히 결정적인 패배를 당한다면 팔켄하인은 서부전선에서 더 강한 군사력으로 연합국을 상대할 수 있을 것이고 그 자신이 바라건대 독일에 유리한 쪽으로 연합국과 타협을 통한 평화를 이룰 수 있을 것이다. 3월과 4월 내내 군용열차가 독일을 가로질러 동쪽으로 달렸다. 조프르의 공격은 이러한 병력 이동을 멈추는 데 아무런 기여를 하지 못했다. 곧 독일 최고사령부도 동쪽으로 이동했다. 황제 빌헬름 2세가 명목상 최고사령관이었고, 팔켄하인은 참모총장으로서 실제의 지휘관이었다. 최고사령부의 이동으로 이제까지 제 방식대로 해온 동부 사령관 힌덴부르크와 루덴도르프가 곤경에 처했다. 그들은 이제 명령을 따라야하는 처지가 되었다. 그들은 팔켄하인을 비판하고 대안이 되는 계획을 수립하며 팔켄하인에게 모든 잘못된 일을 뒤집어씌움으로써 대응했다.

동프로이센에 자리 잡고 있는 힌덴부르크와 루덴도르프는

말하자면 동부전선 버전의 슐리펜 계획을 전개하기를 원했다. 그들은 러시아 육군 뒤로 돌아가 포위할 것이었다. 이 계획에는 또 다른 유익이 있었다. 계획이 성취되면 힌덴부르크와 루덴도르프에게 공이 돌아갈 터였다. 팔켄하인은 원래의 슐리펜 계획에서 원의 바깥쪽으로 이동하는 병력이 직선으로 후퇴하는 병력보다 느려서 실패했다는 점을 배웠다. 그의 생각에 독일군이 돌아가는 동안 러시아인들이 빠져나갈 것이었다. 격론 끝에 빌헬름 2세가 팔켄하인을 지지했다. 사단들 전체를 힌덴부르크에게서 떼어 오스트리아-헝가리 육군을 강화하기 위해 남쪽으로 보냈다. 5월 2일 독일과 오스트리아-헝가리 연합군이 골리체에서 28마일의 전선을 따라 공격했다. 러시아 방어선은 수비가 빈약했다. 보병들은 거의 훈련되어 있지 않았다. 심지어 많은 병사들이 소총이 없어 전사한 동료 손에서 빼내서 써야 했다. 러시아 전선이 와해되었다. 제1차 세계대전 전체에 걸쳐 어느 전선에서든 돌파가 정말로 이루어진 것은 이번뿐이었다. 뚫린 전선이 넓고 깊게 갈라져 봉합될 수 없는 정도의 돌파 말이다. 러시아인들은 먼저 갈리치아를 포기했고, 다음으로 폴란드의 대부분을 포기했다. 포로로 붙잡힌 사람만 75만 명이었고 프랑스 전체보다 넓은 영토를 잃었다. 천만에 가까운 민간인이 피난민이 되어 군대들을 따라 긴 행렬을 이루며 이동했다. 그러나 결정적 승리는 없었다. 러시아인들은 불충분할지 몰라도 보급 물자가 있는 쪽으로 후퇴하고 있었다. 독일인들과 오스트리아인들은 보급으로부터 멀어지고 있었다. 러시아인들이 진격할 때 철로가 없어서 힘들었는데 후퇴할 때는 바로 그 철로가 없었기 때문에 살 수 있었다. 팔켄하인이 돌파를 이루어낼 때 공격에 힘을 너무 많이 쏟아 이후로 신속하게 나아가는 것이 불가능해

사진67-69 동부전선의 전쟁과 헌신.

졌다. 전진의 동력이 감소되었다. 9월까지 러시아인들은 새로운 방어선을 구축했다. 300마일 더 동쪽에 세워졌지만 이전과 매일반이었다. 패배에도 불구하고 러시아는 여전히 전쟁에서 싸우고 있었다.

독일인들은 여전히 동부에 거대한 규모의 육군을 두어야 했다. 실상 이제 정복한 폴란드를 통제하기 위한 이유만으로도 더 큰 육군을 유지해야 했다. 더욱이 팔켄하인이 거둔 승리로 타협을 통한 강화를 이루기 위해 러시아와 협상하는 것이 더 어려워졌다. 독일인들도 이전이라면 현상 유지에 만족할 수 있었겠지만, 지금은 새로 정복한 영토의 전부는 아니라도 일부를 지키고 싶어 했다. 여기에 다시, 전쟁이 진행되면서 전쟁이 그 자체로 전쟁 목적을 만들어냈다는 점이 확인된다. 반대편에서 러시아인들은 이제 싸울 목표가 확실해졌다. 신성神聖 러시아 영토의 해방이었다. 러시아 군대의 투지가 실제로 강해졌다. 이 투지를 더 끌어올리기 위해 차르 니콜라이 2세는 (코카서스로 보냈던) 최고사령관 니콜라이 대공을 해임하고 몸소 지휘권

사진70 "V"해안, 갈리폴리.

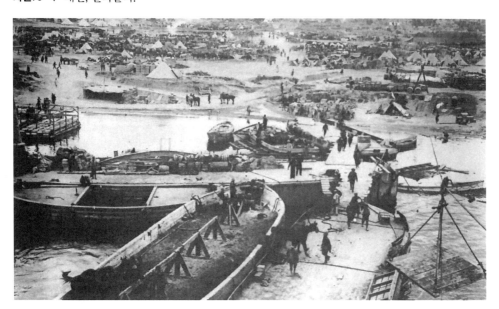

을 행사했다. 엄청난 실수였다. 대부분의 통치자들은 이론상 최고 통수권자였다. 심지어 골프 반바지 차림의 푸앵카레Raymond Poincaré 대통령도 프랑스군의 최고사령관이었다. 그래도 통치자들에게는 군을 방해하지 않을 만큼의 지각이 있었다. 빌헬름 2세는 사령부 근처를 어슬렁거리기는 했지만 모든 것을 참모총장에게 맡겼다. 반면 니콜라이 2세는 지휘할 깜냥이 안 되었으나 지휘권을 누군가에게 위임하려 들지 않았다. 이때부터 러시아군은 지도자도 전략도 없이 표류했다. 독일인들에게는 허울뿐인 위협이 될 따름이었다. 서부전선에서 연합국은 러시아인들이 대패배를 겪고 있을 때 독일인들의 주의를 흩뜨릴 만한 일을 전혀 하지 못했다. 군대들은 5월에 있었던 조프르의 무익한 공세로 지쳐 있었다. 조프르는 여전히 또 한 번 맹공격을 감행하길 몹시 원하고 있었다. 새로 구성된 영국 정부는 전략을 짜느라 자신들끼리 논쟁하고 있었다. 그들은 1916년에 키치너의 새로운 군대들이 대규모로 진용을 갖출 때까지는 더 이상의 공세를 취하는 것에 반대했다. 더욱이 그들은 갈리폴리 공격이 성공적인 결말을 맺지 못한다면 동부전선에서 영국의 위신이 크게 손상될 것이라 생각했다. 7월 5일 영국과 프랑스 각료들의 회의가 샹티이에서 열렸다. 전쟁 중 연합국의 전략을 조율하기 위한 첫 시도였다. 키치너는 프랑스어를 완벽하게 구사하는 유일한 영국인 참석자로 회의 진행을 장악했다. 그는 만사를 자신의 뜻대로 하려는 것처럼 보였다. 프랑스에서 방어하고 갈리폴리에서 공격하는 것이었다. 조프르는 침묵했고 보기에 묵인하는 것 같았다. 사실은 조프르가 이겼다. 회의가 있기 전 조프르와 키치너는 숲에서 조용히 산책을 했다. 키치너는 갈리폴리 공격이 먼저 진행되도록 허락을 받는다면 9월에 서부전선에서 새로운 공격을 지원하기로 약속했다. 조프르는 계약을 맺었다.

　　이제 다르다넬스 해협의 새로운 시도를 위해 모든 것이 준비되었다. 다섯 개의 사단이 추가로 해밀턴에게로 보내져 총 열세 개 사단이 되었다 — 그러나 같은 기간에 열여섯 개나 되는 새로운 사단들이 프랑스 주둔 영국군에 합류했다. 터키인들은 행동이 중지된 긴 시간을 낭비하지 않았다. 그들은 병력을 늘려 열여섯 개 사단으로 만들었다. 해밀턴은 보다 젊고 박력 있는 장성들을 프랑스에서 이동시켜달라고 요청해왔다. 그는 따로 보내줄 장군이 없어 병적의 선임 군번 순으로 데리고 가야 한다는 말을 들었다. 그리하여 런던타워의 부총독인 스톱포드Frederick Stopford 장군이 배치를 받았는데 그는 전시 지휘 경험이 전혀 없었다. 새로운 공격 날짜가 8월 6일로 정해졌다. 다시 한 번 해밀턴은 터키인들을 급습했다. 앤잭 만에서 종대 하나가 산등성이에서 사분의 일 마일 못 미친 곳까지 도달했고 앞에는 터키인들이 스무 명밖에 없었다. 그들은 자리를 잡고 아침을 먹었고, 아침 식사가 끝났을 때 산등성이는 고슴도치처럼 온통 소총으로 뒤덮였다. 수블라 만에서는 2만 명의 인원이 거의 손실 없이 상륙했다. 앞을 가로막은 것은 기관총이 없는 단 천 명의 터키인들이었다. 여기서 스톱포드가 지휘했다. 그는 배에서 내리지 않았다. 대신에 부하들의 성공적인 상륙을 축하했고 낮잠을 자러 갔다. 해안에서 병사들은 휴식을 취하라는 명령을 받았고 해수욕을 하러 갔다. 그들이 승리로 가는 길 앞에 터키인들은 없었다. 해밀턴은 늘 그랬듯 너무 점잖아서 간섭하지 못했다. 다시 한 번 그는 배로 해안을 순찰했다. 끝내 그는 절박해져서 스톱포드를 찾아갔다. 스톱포드는 자고 있었고, 해밀턴은 즉시 진격하라고 촉구했다. 다음 날까지 기다려야만 한다는 답을

사진71 수블라 해안: 이곳에서도 말이 꼭 필요했다.

들고, 해밀턴은 물러났다. 다음 날 해안의 영국 부대들은 참호를 팠다. 8월 8일에야 전진을 시도했지만 이미 터키인들은 상륙한 병사들이 싸우기에 너무도 강해져 있었다. 갈리폴리 공격은 실패했다. 이번에는 돌이킬 수 없는 실패였다. 스톱포트가 소환되었다. 영국군은 도저히 견딜 수 없는 지점에 머물러 있었고, 가을철의 강풍으로 보급도 중단되었다. 해밀턴은 여전히 승리를 이야기했다. 영국 본토에서는 그의 조언이 신뢰를 잃었다. 일부 각료들은 철수하기를 원했다. 다른 각료들은 영국의 위신 손상에 대해 이야기했다. 갈리폴리에서는 병사들이 계속해서 죽어나갔다.

이제 조프르가 영국인들이 지급일을 늦춰 발행한 수표를 제시했다. 그는 영국군이 가을에 프랑스에서 공세를 취할 것을 요구했다. 만류하는 영국 각료들 앞에서 키치너는 "하고 싶어서가 아니라 할 수밖에 없으니까 전쟁을 해야 하는 것이다"라고 대답했다. 그는 어쨌거

사진72 공중에서 바라본 참호 시스템: 이론적인 모습.

나 영국이 전폭적인 지원을 하지 않는다면 조프르가 쫓겨날 것이고
프랑스 정치인들은 강화를 하려 들 것이라고 덧붙였다. 그러니까, 영
국 병사들은 프랑스를 전쟁에 붙들어 두기 위해 죽은 셈이었다. 조프
르는 이번에도 성공을 확신하고 있었다. 이번 작전은 협동 공세 작전
이었다. 오른쪽은 샹파뉴에서 왼쪽은 아라스 근방에서 공격할 예정
이었다. 독일인들은 뫼즈 강 뒤로 후퇴하거나 전선을 완전히 포기해
야 할 것이었다. 프랑스인들은 9월 25일 샹파뉴에서 공격을 개시했다.
그런데 그들이 마주친 것은 깜짝 놀랄 현실이었다. 독일의 최전방을
격파했는데도 아무런 이점이 없었다. 최전방 뒤에는 완벽하게 준비를
갖춘 제2의 방어선이 기다리고 있었다. 최전방의 빈약했던 참호들이
안쪽에서는 점점 더 조밀하게 구축되어 있었다. 전선을 지키는 사람

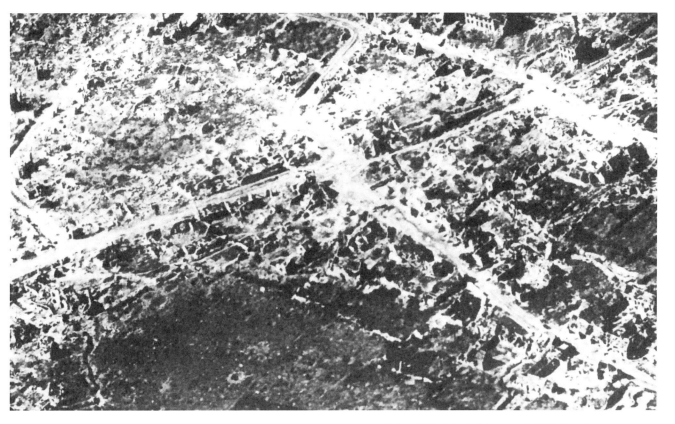

사진73 공중에서 바라본 로스 시: 현실의 모습.

의 수가 최전방보다 더 많았다. 전선 뒤의 진짜 방어가 더 강했고 또한 쉽게 보강될 수 있었다. 이러한 종심 방어로 인해 특출함이 없는 공세 는 무의미한 자멸이 되고 말았다. 삼 일 뒤 프랑스의 공격이 중지되었 다. 돌파를 기다리던 기병 사단들은 또 다시 숙소로 되돌아갔다. 프랑 스의 북부 공격 또한 완벽하게 막혀버렸다.

　조프르는 영국이 로스에서 공격해야 한다고 주장했다. 프렌치 경이 반대했다. 탄전 지대를 가로질러 광부들의 오두막만 있는 황무 지를 통과해 공격하는 것이기 때문이었다. 조프르는 물러나지 않았 다. 로스가 적절한지 아닌지 생각하고 고른 것은 아니었지만, 이제는 로스를 고수했다. 조프르의 지시를 따르라는 키치너의 명령이 프렌 치 경에게 내려졌다. 육군 사령관 헤이그는, 특히 가스가 사용될 것이기에, 승리를 확신했다. 그러나 공격이 예정된 당일에 바람이 거의 불지 않았고, 그나마 부는 바람도 엉뚱한 방향으로 불었다. 그 결과 가스 사용을 주장하던 어느 사단장은 자신의 부하들에게 가스 공격을 했다. 그러나 영국군은 사기가 가득 차 있었다. 우측에서 그들은 독일의 전선을 돌파했고, 두 번째 방어선을 거의 뚫을 찰나였다. 헤이그가 예비 병력을 요청했다. 당연히 헤이그의 성공을 시기한 프렌치 경은 예비 병력을 자신의 휘하에 두고 내놓지 않았다. 병력은 후방 멀리에 있었다. 그들이 이동하자 전선을 떠나 돌아오는 부대들과 엉켜버렸다. 공식 역사는 다음과 같이 말한다. "그것은 마치 런던 시가지에서 행로를 미리 치우고 교통을 통제하지 않고서 런던 시장의 행렬을 밀고 나가는 것과 같았다." 이런 혼란을 틈타 독일인들이 반격해왔다. 이번에는 영국인들이 돌파 당할 위기에 처했다. 그러고 나서 다시 교착 상태에 빠졌다. 영국인들은 잠시 숨을 고른 후 프랑스인들을 만족시키기 위해 공격을 재개했다. 프랑스인들 자신은 싸움을 멈추고 있었다. 11월 초 공세가 잦아들었다. 결과는 암울했다. 연합국이 얻은 전략적인 이득이 전혀 없었다. 있다손 치더라도 너무나 제한적인 규모였다. 영국인들은 5만 명이 넘는 병력을 잃었다. 독일인들은 2만 명이었다. 프랑스인들은 19만 명을 잃었다. 독일인들은 12만 명이었다. 그럼에도 조프르는 여전히 기가 살아 있었다. 독일군이 완전히 패배하지 않았지만 그래도 소진되어 가고 있다고 확신했다. 독일군은 조만간 모두 제거될 것이었다. 그러는 동안 훨씬 더 많은 영국인과 프랑스인들이 죽게 될지라도 말이다.

가을에 서부전선에서 있었던 공세는 여타 지역에서 독일인들의 주의를 흩어놓지도 못했다. 터키의 지위는 갈리폴리에서 영국의

사진74
불가리아 군주
"여우 같은" 페르디난트와
오스트리아 황제 카를 1세의
대공 때 모습.

사진75 후퇴하느라 지친 세르비아 병사들.

실패에도 불구하고 위태로웠다. 터키의 군수물자가 바닥나고 있었고, 세르비아가 중간에 있는 한 독일인들이 새로운 물자를 보낼 수도 없었다. 팔켄하인은 따라서 세르비아를 전쟁에서 제거해 콘스탄티노플로 가는 길을 열고자 결심했다. 대규모의 독일 병력이 동부전선에서 이동했다. 또한 불가리아가 끌어들여졌다. 연합국이 불가리아의 호의를 얻으려는 경매에 참여했다. 불리한 점이 있었다. 불가리아는 1912~3년의 발칸 전쟁 이후 세르비아가 획득한 마케도니아를 탐내고 있었다. 연합국은 세르비아에게 양보하라고 재촉할 수 있을 뿐이었고, 세르비아는 그러고 싶은 마음이 없었다. 1915년 9월, 불가리아의 군주인 "여우 같은" 페르디난트Ferdinand I of Bulgaria가 비밀리에 독일의 동맹이 되었다. 그런데도 영국 정부와 프랑스 정부는 세르비아에 보낼 원조에 대해 호언하는 발표를 했다. 실행하기보다 말하기가 더 쉬운 법이었다. 10월 5일 영국 사단 하나와 프랑스 사단 하나가 중립국 그리스의 테살로니키에 상륙했다. 독일의 벨기에 침공과 마

사진76 테살로니키에 도착한 프랑스 보병들.

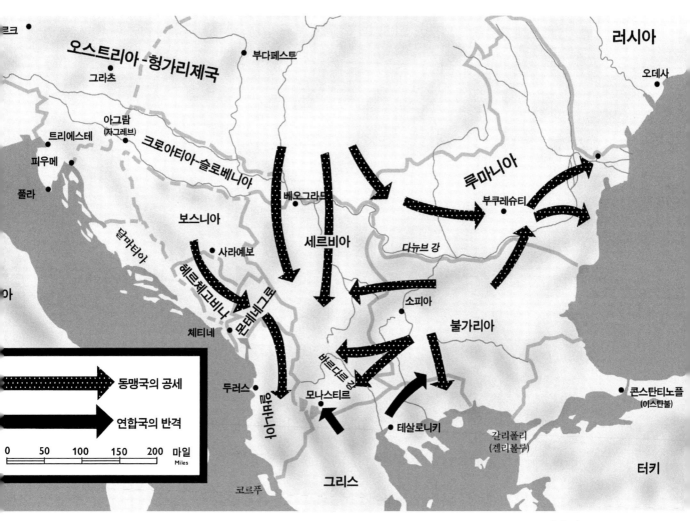

지도5 발칸 반도.

찬가지로 실행된 방식이 파렴치한 행동이었다. 이틀 뒤에 독일 군대
와 오스트리아-헝가리제국 군대가 다뉴브 강을 건넜다. 10월 11일
불가리아인들이 마케도니아를 침공했다. 테살로니키에서 지휘를 맡
은 사라이Maurice Sarrail는 바르다르 강까지 전진하려고 애썼다. 불가리
아인들은 상대하기에 너무 강해서 그는 뒤로 밀려났다. 세르비아군
은 무너졌다. 남은 병력이 페타르 1세Petar I를 들것에 싣고 알바니아
의 산악지대를 넘어 후퇴했다. 그들은 바다에 닿았고 코르푸 섬에 피
신했다. 1916년 초에 그들은 테살로니키에서 연합국에 합류했다. 그

동안 오스트리아인들은 몬테네그로를 정복하고 알바니아를 격파해 마지막 승리를 기록했다.

연합국의 테살로니키 원정은 목적을 달성하는 데 실패했다. 영국인들은 철수를 제안했다. 이번에는 프랑스가 남아 있을 것을 주장했다. 조프르는 사라이를 위험한 경쟁자로 보았고, 그를 계속해서 겉돌게 만들려 했다. 사라이는 뛰어난 장군은 아니더라도 "훌륭한 공화주의자"였다. 영국인들이 마지못해 묵인했다. 새로운 병력이 테살로니키로 보내졌다. 전쟁이 끝나기 전까지 보내진 총병력이 거의 오십만 명에 달했다. 그들은 다른 전역에 참여할 의도가 전혀 없는 불가리아 군대를 묶어놓는 것 말고는 아무런 유용한 역할을 하지 못했다. 독일인들은 테살로니키를 자신들이 가진 가장 큰 포로수용소라고 불렀다. 적절한 말이었다. 오십만의 연합국 군인들이 그곳에 갇혀 밖으로 나가지 못하고 있었다. 포로로 잡는 수고조차 필요 없었다. 다르다넬스에 대해서는 무슨 일을 해야 할까? 해밀턴은 새로운 시도를 하길 바랐다. 그러나 그는 소환되었다. 키스Roger Keyes 준장이 해전을 벌여 해협을 공략할 것을 제안했고, 전장에서 그가 보좌하는 제독이 동의했다. 영국 정부는 승낙하지 않았다. 찰스 먼로 경Sir Charles Monro이 상황을 조사하기 위해 프랑스에서 파견되었다. 도착한 지 24시간이 안 되어 그는 즉각적인 철수를 권고했다. 키치너는 다른 대안이 없다는 것을 알고 있었지만 동의할 마음이 없었다. 다시 한 번 영국 각료들 사이에 논쟁이 벌어졌다. 어떤 이들은 철수 작전에 엄청난 사상자가 발생할 것을 두려워했고 다른 이들은 키치너를 쫓아내길 바랐다.

마침내 애스퀴스가 훌륭한 해결책을 찾아냈다. 키치너 자신이

(위) **사진77** 코르푸에 도착한 세르비아 병사들.
(아래) **사진78** 참담한 패배를 경험한 세르비아 국왕 페타르 1세.

다르다넬스에 검열을 위해 파견되는 안이었다. 그가 결코 돌아오지 못하리라는 막연한 기대에서였다. 대부분의 각료들이 이제 모든 실패의 책임을 키치너에게 돌렸던 것이다. 매우 부당한 일이었다. 그러나 여론을 위해서는 그를 상징적인 인물로 계속해서 자리에 둘 필요가 있었다. 애스퀴스 부인의 표현에 따르면 매우 효과 좋은 "벽보 선

사진79 퇴각 전 소각되는 갈리폴리 "A"해안의 군수물자 보관소.

전물"[1]이었다. 키치너는 자신이 권력에서 밀려나고 있다는 것을 알
았지만, 충성스럽게도 동부 지중해로 떠났다. 그곳에 가서는 그 역시
갈리폴리에서 철수해야 한다는 데 동의했다. 그러나 그는 근동에 머
물러 있기를 거부했다. 런던에 돌아왔을 때, 키치너는 애스퀴스가 자
신의 등 뒤에서 군사에 관련해 혁명적인 일을 꾀해왔다는 것을 알았
다. 이제까지 키치너는 전쟁상으로서 전문 보좌관도 없이 각료들에
게서 극히 일반적인 조언을 들으며 홀로 지상에서의 전쟁을 수행해
왔다. 애스퀴스는 윌리엄 로버트슨 경을 프랑스에서 불러들여 완전
히 새로운 기초 위에 제국총참모장으로 삼았다. 로버트슨은 전략에

---

1   65쪽의 사진 38에서 보듯 키치너의 모습이 등장한 자원병 모집 벽보 선전물이 효과적
이었음을 상기시키는 말이다.

관해 정부의 유일한 조언자가 되었고 장군들에게 전략적 지시를 내릴 수 있는, 혹은 군대들의 이동을 명령할 수 있는 유일한 사람이 되었다. 이제부터 키치너와 후임 전쟁상은 병력을 충원하는 일 이외에 전쟁과 무관하게 되었고, 그 일마저도 곧 빼앗기게 되었다. 이 년 이상 로버트슨은 최고 지휘권을 가졌다. 이후에 때로 민간 각료들로부터 괴롭힘을 당하기는 했다. 그러나 이 시기의 대부분 동안 그는 전략에 관해 모든 것을 마음대로 할 수 있었다. 조프르가 가장 막강했을 때보다는 약간 덜 자유로웠고, 어느 때의 루덴도르프보다도 자유로웠으며, 제2차 세계대전 중 어느 나라의 어느 장군보다도 대단히 많이 자유로웠다.

사진80
키치너 경과
그를 전쟁상에 머무르게 만든
윌리엄 로버트슨 경.

윌리엄 로버트슨 경은 사병에서 출발한 최초의 영국 장군이었고, 규율이 몸에 배어 있어 까다로운 태도를 지니고 있었다. 이단적인 제안에는 늘 "나는 그렇게 들어본 적이 없습니다"라는 불변의 답으로 응수했다. 그는 로이드 조지에게 이렇게 말했던 적도 있었다. "당신께 전략을 설명하는 것은 시간 낭비입니다. 제 설명을 이해하시려면 제가 가진 경험도 있어야만 할 것입니다." 로버트슨은 전쟁을 어떻게 승리로 이끌지 전혀 알지 못했다. 그가 가진 생각은 프랑스에서 승리해야 한다는 것뿐이었다. 이유는 간단했다. 프랑스가 결전의 장소인 까닭은 영국군의 태반이 프랑스에 있었기 때문이었고, 영국군의 태반이 프랑스에 있는 까닭은 프랑스가 결전의 장소였기 때문이었다. 조프르와 마찬가지로 로버트슨은 연합국이 두둑한 지갑을 가진 도박사라고 주장했다. 여기서 지갑의 돈이란 인명을 뜻했다. 조만간 독일의 자원은 연합국보다 먼저 바닥날 것이었다. 틀린 계산이었다. 독일은 1918년 공세를 취함으로써 스스로 소진될 때까지는 입대 연령에 도달한 장정을 신병으로 받은 수가 병력 손실을 채우고도 남았다. 그럼에도 로버트슨은 프랑스에서 공세를 취할 것을 계속해서 주장했다. 성공하리라는 기대는 없었지만 말이다.

로버트슨이 임명됨으로써 갈리폴리에 대한 최종 결정이 내려졌다. 갈리폴리는 "부수적 작전"에 불과했고 주主전장인 프랑스에서 병력을 빼내가는 일이었다. 로버트슨은 즉시 끝내야 한다고 주장했다. 12월의 마지막 며칠 동안 수블라 만과 앤잭 만에서 철수가 이루어졌다. 1916년 1월 8일 헬레스 곶에서도 철수했다. 철수는 어쨌든 완벽한 성공이었다. 엄청난 양의 물자를 놓고 왔지만 인명 손실은 한 명도 없었다. 갈리폴리 원정은 뛰어난 전략적 계획이 부적절하게 준

사진81 황소로 이동하는 메소포타미아의 터키 포병부대.

비되고 부적절하게 추진되어 끝까지 간 끔찍한 예였다. 원정이 성공
했다면 무엇을 얻을 수 있었을지 추측해보는 것은 무익한 일이겠지
만, 아마도 터키가 전쟁에서 이탈할 것이고, 러시아에 물자를 지원할
수 있는 효과적인 수송경로가 확보될 것이며, (가능성이 크지 않지만)
어쩌면 독일에 대항하는 새로운 전선이 열릴 수 있을지도 몰랐다. 원
정의 실패로 일어난 결과는 좀 더 분명했다. 처칠이 부당하게도 원정
과 관련된 일 전체에 대한 책임을 지고 내각에서 나갔다. 그는 제1차
세계대전 내내 잃어버린 신망을 끝내 되찾지 못했다. 흑해로 들어
가는 해협들이 막혔다. 러시아가 서방의 동맹국들과 단절되었다. 북
극권의 결빙 지역에 있는 아르한겔스크와 무르만스크 두 항구를 개
발하려는 필사적인 노력이 있었다. 군수물자를 그곳에 쌓아 놓았지
만 러시아 철도 시스템의 결함으로 거기서부터 이동하는 것이 불가
능했다. 물자의 대부분이 러시아가 전쟁에서 떨어져 나갈 때까지 창
고에 쌓여만 있었다. 더욱이, 갈리폴리의 실패로 로버트슨같이 서부

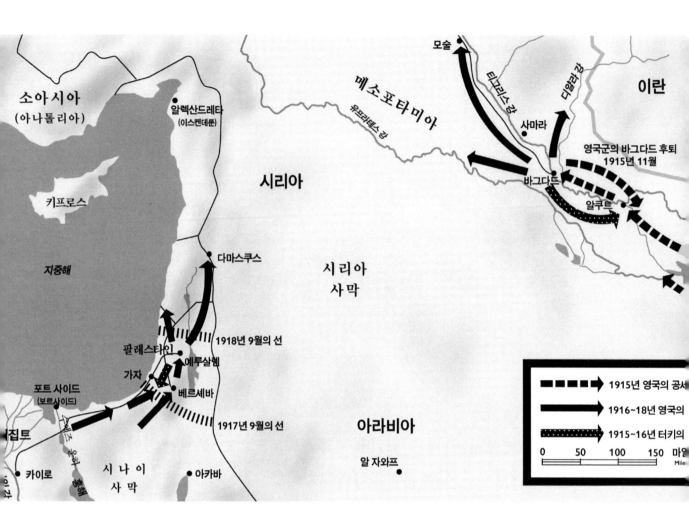

지도6 메소포타미아 전역.

전선에 모든 역량을 집중해야 한다고 믿는 사람들의 주장이 반박할
수 없는 결정적인 것이 되었다. 독일의 측면을 우회하려는 시도가 모
두 중단되었다. 부수적 작전들은 로버트슨의 반대에도 계속되었지
만, 효과라 할 만한 것은 내지 못했다. 터키제국은 무너지고 있었으
나, 두 개의 영국 군대에게 다른 곳에 눈 돌릴 틈을 주지 않았다. 하나
는 팔레스타인에 있었고 다른 하나는 메소포타미아였다. 확실히 수
에즈 운하를 지켜야만 했다. 마찬가지로 확실히 수에즈 운하를 지키
려면 그 너머로 진격해야만 했다. 그러나 거기에 시나이 사막이 있
었다. 시나이 사막 또한 건너가야 했다. 그리하여 영국인들은 팔레스

타인으로 진격했고, 갈수록 병력이 훨씬 더 많이 필요해졌다. 메소포
타미아 원정 또한 무엇을 지키기 위한 수단으로 시작되었다. 이번에
지켜야 할 것은 페르시아에 있는 영국 수중의 유정이었다. 이곳에서
도 유프라테스 강 상류로 계속해서 나아가고 싶은 마음이 들었을 것
이다. 갈리폴리 철수가 이루어진 바로 지금, 메소포타미아에서 성공
을 거두면 동부전선에서 영국의 위신을 회복하는 무언가를 하게 되
는 것이리라 느껴졌다. 진격이 결정되었다. 이 진격은 1916년 4월에
대참사가 되었는데, 타운센드Charles Townshend가 알쿠트에서 포위당
해 항복할 수밖에 없었던 그 일이었다. 그 후, 또 다시 떨어진 영국의
위신을 회복할 수 있는 무언가가 또 필요하게 되었다. 전쟁이 끝나기
전, 60만 명의 병력이 메소포타미아에서 교전하고 있었다. 팔레스타
인에서는 50만 명이었다. 테살로니키의 50만 명은 말할 것도 없었다.

사진82
육군원수 더글라스 헤이그 경:
신의 도움에 의지한 그는 백작이
되어 의회로부터 십만 파운드를
받았다.

분명히 이들은 대영제국을 위한 미래의 과실을 거두고 있었다. 그러나 테살로니키에서 마지막에 일어난 일 말고는 독일의 패배에 도움이 된 것은 없었다.

1915년의 실패에 타격을 입은 지도자가 키치너만은 아니었다. 존 프렌치 경 역시 희생양이었다. 그가 시도한 공격에 소득이 없었다. 설상가상으로, 그는 로스에서 예비 병력을 운용하는 데 있던 혼란을 헤이그의 잘못으로 돌렸는데, 사실 그 대부분은 프렌치 경 자신의 실수 때문이었다. 헤이그는 프렌치의 결점을 시시콜콜 설명하고 다니는 데 열심이었다. 그는 애스퀴스 및 다른 저명한 민간인들을 자신의 본부에서 호화롭게 대접하면서 프렌치에 대한 험담을 늘어놓았다. 오랫동안 가깝게 지냈던 국왕에게도 계속해서 서신을 적어 보냈다. 조지 5세Geroge V는 "누구라도 헤이그처럼 행동한다면 학교에서 고자질쟁이라고 불렸을 것"이라고 말했다. 그럼에도 불구하고 헤이그는 자기 마음대로 했다. 1915년 12월 프렌치가 소환되고 헤이그가 프랑스 주둔 영국군의 최고사령관이 되었다. 그리고 전쟁이 끝날 때까지 그 자리에 있었다. 헤이그는 외모가 훤칠했고 엄격하게 임무에 헌신했다. 어떻게 전쟁에 이길지 프렌치만큼이나 알지 못했지만 그에게는 이길 수 있다는 확신이 있었다. 신의 도움으로 그의 편에 있는 모든 부족한 것이 채워질 것이었다. 이 흔들리지 않는 확신이 그가 왕실에서 가지는 영향력과 합쳐져 온갖 계속되는 실패에도 살아남을 수 있게 만들어주었고 결국에는 승자로 부상할 수 있게 해주었다. 헤이그가 단지 궁정의 가신일 뿐인 것은 아니었다. 그는 철도 시간표에 통달하고 있어 동시대 어느 장군보다도 사단 배치에 능숙했다. 그의 전략적 판단은 서부전선의 틀 안에서는 합리적이었다.

사진83 영양부족 상태의 프랑스 장군들, 가운데가 조프르.

전략적 판단을 성공으로 이끄는 기술적 수단을 전쟁이 거의 끝날 때까지 갖지 못했지만 말이다. 그의 뒷 세대라면 그가 방어 태세를 취하며 전차가 등장하기를 기다렸어야 한다고 생각할지 모르겠다. 그러나 1917년 이전에는 프랑스인들이 이를 용납할 수 없었을 것이다. 영국 대중은 훨씬 더 화가 났을 것이다. 그의 방어적 전략으로 타협을 통한 평화를 이야기할 기회가 열렸을 수도 있을 것이었다. 그러나 이렇게 하는 데 대해 민간 각료들마저도 비판적이었다. 헤이그는 굳은 결의에 차 있었고, 그가 한 일은 해야만 했던 일이다. 그가 성공하지 못했지만, 그보다 나은 어느 누가 그의 자리를 떠맡을 수 있을 것 같지 않았다.

프랑스에서도 지도자들이 낙마했다. 세르비아를 돕지 못하고 불가리아의 참전을 막지 못한 것이 분노를 일으켰다. 외상 델카세Théophile Delcassé가 사임했다. 비비아니의 "신성 연합" 정부가 무너졌다. 또 다른 그저 그런 정치가들의 무리가 대단한 웅변가 브리앙을 수상으로 해서 이전 정부를 대체했다. 표면의 아래에서는 보다 심각하게 일이 돌아가고 있었다. 하원은 전쟁 수행에 관해 모든 발언권을 거부당하길 원치 않았다. 하원 의원들은 전선을 방문하고 장군들마다 돌아가며 심문했으며 전쟁을 혼자 결정하려는 조프르의 주장에 반기를 들었다. 조프르는 탁월한 장군과는 거리가 멀었지만 솜씨 좋은 정치꾼이었다. 그는 자신의 밑에 있는 몇몇 부하들을 현란한 솜씨로 내쳤고, 찾아온 각료들의 말을 인내심 있게 경청했다. 더욱이 그는 자기 자신의 존재를 정당화하는 멋진 구실을 만들어냈다. 자신만이 프랑스의 동맹국들을 압도할 수 있는, 특히 영국인들을 서부전선에 충실하게 하는 위신과 영향력을 지니고 있다고 했다. 그의 비판자들은 이 주장을 수용했다. 이렇게 흥미로운 방식으로, 조프르를 거의 신뢰하지 않던 프랑스인들이 그를 최고사령관 자리에 계속 두면 연합국 국가들이 만족할 수 있다 생각하여 그렇게 했다. 조프르에 대한 믿음이 역시 그다지 크지 않았던 연합국 국가들은 조프르가 바라는 바를 따르면 프랑스인들이 만족할 수 있다 생각하여 그렇게 했다.

전선의 반대편에서 독일 지도자들은 좀 더 성공적이었고 비판을 덜 받았다. 팔켄하인은 러시아인들에게, 단지 규모로만 따지면, 역사상 가장 큰 전투에서 승리했다. 그는 세르비아를 격파했고 콘스탄티노플로 가는 길을 열었다. 그러나 그 또한 곤경에 처했다. 그는 제1차 세계대전의 최고사령관들 가운데 유일하게 완전한 승리를 기대하지 않았다. 그는 1915년 말의 독일이 전쟁 시작 때보다 최종 승리에 가까워진 바가 전혀 없다고 판단했다. 한 번도 의심 없는 확신에 가득 찬 적이 없다는 사실이 그에게는 치명적이었다. 사실 그는 전시에 자기 생각만을 고집하기엔 너무나 분별 있는 사람이었다. 더욱이 그에게는 원한에 맺힌 적들이 있었다. 그가 동부전선에서 얻은 승리는 큰 대가를 치렀고, 그 결과 힌덴부르크와 루덴도르프가 그에게 등을 돌렸다. 그 두 사람은 다른 누군가의 계획을 따라야만 하는데 분노했다. 특히 훨씬 남쪽 전선에 부대들을 보내놓고도 승리에 대한 공을 자신들이 인정받지 못했을 때 그랬다. 그들은 팔켄하인에게 러시아를 즉각적으로 전쟁에서 떨어내 버리지 못했다는 비난을 퍼붓고 그를 내쫓기로 결의했다. 그들에게는 막대한 자산이 있었다. 힌덴부르크는 독일 국민에게 승리의 상징이 되어 있었다 — 키치너와 조프르는, 말하자면, 둘을 합쳐 고작 하나 취급이었다. 힌덴부르크는 사임한다고 으름장을 놓기만 하면 되었다. 그러면 팔켄하인이 나갈 것이었다. 그러한 때가 아직 오지 않았으나 다가오고 있었다. 팔켄하인은 힌덴부르크, 루덴도르프와 다투며 또 한 해를 맞을 수는 없었다. 그는 1916년에는 커다란 노력이 서부전선에 경주되어야 할 것이라고 결심했다. 기술적 이유들을 들어 정당화했으나 실은 끔찍한 두 경쟁자들로부터 벗어나기 위한 결심이었다. 1915년 늦은 가을, 빌헬름 2세와 최고 사령부를 실은 열차가 다시 한 번 서쪽으로 달려갔다.

그리하여 1915년은 기이한 양상을 만들어냈다. 팔켄하인을 제외하면 어떤 장군도 내세울 만한 큰 성공을 거두지 못했으나, 모든 나라에서 역설적으로 팔켄하인을 제외하면 군 지도자들이 명성이 높아졌다. 키치너, 조프르, 힌덴부르크는 각 나라에서 승리를 향한 의지를 상징하는 인물이 되었다. 신문과 선정적으로 글 쓰는 이들에 휘둘리는 여론이 그들을 신적인 존재로 만들었다. 충성스런 국민이라면 이들 최고 군 지도자들에게 의심 없는 믿음을 가져야만 했다. 거의 모든 이들이 그랬다. 지금까지는 전쟁에 참여하고 있는 모든 국가들에서 불만이나 낙담의 기미가 거의 보이지 않았다. 아일랜드에는 영국이 위험에 처할 때 아일랜드에게 기회가 온다고 믿는 소수의 민족주의자들이 있었고, 오스트리아–헝가리제국의 체코인들은 전쟁에 대한 열의가 없기는 했다. 이곳저곳에서 몇몇 사회주의자들과 급진주의자들이 타협을 통한 강화로 전쟁이 종료되어야 한다는 생각을 내비쳤다. 그러나 아무도 그들의 말에 귀를 기울이지 않았다. 완전한 승리에 미치지 못하는 어떤 종결도 국가의 명예에 대한

사진84 부역자들: 독일인들 밑에서 일한 폴란드 섭정왕국의 평의회.

참을 수 없는 모욕이라 생각되었다. 그러나 민족들은 여전히 자신들이 자유와 가족의 안전을 위해 방어 전쟁을 치르고 있다고 생각했다. 전투는 대부분 자기 나라 영토나 동맹국의 영토에서 벌어졌다. 독일인들만 넓은 점령 지역을 유지하고 있었다. 동쪽으로 폴란드, 서쪽으로 벨기에와 프랑스 북동부였다. 폴란드는 이전에 러시아에 의해 탄압받았고 이제 독일인들의 통제를 받았는데, 폴란드인들은 별반 차이를 느끼지 못했다. 무엇인가 달라진 것이 있다고 한다면 나아진 것이 하나 있었다. 확실히 독일인들은 폴란드를 "해방"시켰다고, 독립된 폴란드인의 국가를 다시 만들어주겠다고 말했다. 벨기에는 제1차 세계대전 중 유럽에서 "저항군resistance"이 있었던 유일한 지역이었다. 이마저도 작은 규모일 뿐이었다. 독일인들은 너무나 공고하게 자리 잡고 있었다. 게릴라전을 할 여지는 전혀 없었고, 저항군의 파괴 행위도 매우 적었다. 고작 할 수 있는 거라곤, 아직 벨기에가 사라지지 않았다고 주장하는 것뿐이었다. 그들은 많은 동정을 받았다. 특히 중립국인 미국으로부터였다. 나중에 대통령이 된 허버트 후버Herbert Hoover는 영국의 봉쇄를 통과하도록 허락을 받아 식량과 구호물자를 마련했다. 곧 이 구호물자를 독일인들이 사신들을 위해 전용한다는 비판이 일었고 영국의 봉쇄가 재개되었다. 벨기에의 저항마저도 전혀 견고하지 못했다. 저항은 전부 프랑스어권인 왈룬에서만 일어났다. 플랑드르인들은 독일인들을 해방자에 가깝게 생각했으며, 전쟁이 종료되어 연합국이 돌아왔을 때도 열렬한 환호를 보내지 않았다.

　모든 나라에서 민간 통치자들이 옆으로 밀려나 있었다. 그리고 종종 군 지도자들의 뒤에서 숨어 있게 된 것에 기뻐했다. 그들이 장군들에 대한 국민들의 열렬한 지지와 한마음인 것은 아니었다. 많은 각료들이 예전 방식으로 계속 전쟁을 수행해서 승리를 거둘 수 있을지 의구심을 가졌다. 그러나 그들은 그렇지 않다면 무엇을 해야 할지 어찌할 바를 몰랐다. 그들은 은밀히 무보직 장성들이 지휘관들을 비판하는 데 귀를 기울였다. 그러나 한 무리의 장군들을 다른 무리로 대체하여 전쟁 수행 방식이 근본적으로 바뀌리라 믿기는 힘들었다. 어떤 민간인 정치가도 제2차 세계대전시의 처칠과 루스벨트Franklin Roosevelt처럼 전쟁 지휘를 떠맡을 것을 고려하지 않았다. 많은 각료들이 자신들이 전쟁에 가장 잘 기여하는 일은 군인들이 싸우고 있을 때 밖으로 물러나 있는 것이라 믿었다. 영국에서 애스퀴스가 그렇게 생각했고, 독일의 베트만도 마찬가지였다. 좀 더 현실적인 사고를 하는 몇몇 각료들은 군수품 생산에 관여했다. 이른바 후방에서의 전쟁이었다. 영국에서 로이드 조지는 단순히 후방 전쟁이라 불리는 것 이상의 일을 해냈다. 그는 공장 노동자들의 지원을 얻으려 노력했고 그들이 파업을 하지 않게 하려고 애썼다. 7월에는 그의 연설을 접한 사우스 웨일즈의 광부들이 파업을 그쳤다. 글래스고에서는 조금 덜 성공

사진85 허버트 후버(오른쪽 인물), 벨기에에 식량 원조를 제공했으나 유용되었음을 발견했다.

사진86 약간 걱정스러운 표정의 로이드 조지, 란디드노 부두에서.

적이었는데, 1915년 성탄절에 모인 3천 명의 노조 간부들이 그의 말을 듣길 거부했다. 사회주의 계열의 신문 『포워드Forward』가 당시 상황을 정확히 묘사한 기사를 써서 정간을 당했다.

이 해 가장 커다란 정치적 발전은 영국에서 의무 복무를 향한 걸음을 내딛은 일이었다. 병력 자원이 부족해서 일어난 일이 아니었다. 오히려, 아직도 무장시킬 수 있는 것보다 많은 자원자들이 나오고 있었다. 의회와 정치인들은 자신늘이 선생 지원을 위헤 무언가를 능동적으로 하고 있다는 인상을 주길 원했고, 징집이 그 방법으로 보였다. 대중은 65만 명의 "군기피자"가 숨어 있다고 아우성쳤다. 1916년 1월 의무 복무 제도가 독신 남성을 대상으로 실행되었다. 이는 전통과의 엄청난 단절이었다. 영국이 해군력에 의존하는 대신 대륙 군사 강국들과의 직접 경쟁에 뛰어든 것이다. 자유당이 이 문제를 놓고 분열할 것으로 예상되었으나 징집 문제에는 불평불만이 거의 없었다. 모병제가 중단되었다. 하지만 의무 복무제는 실망스러운 것으로 드러났다. 65만 명의 군기피자가 세상에 나오는 대신에 산업계에서 핵심적인 일을 담당하는 남성들이 군면제를 요구한 것이 150만 건에 달했다. 또한 징집 제도로 양심적 병역 거부자가 나오게 되었다. 전부 다 해서 5, 6천 명이니 수적으로는 소수였으나, 이들을 가리키는 "conchie"라는 새로운 단어가 생겼고, 또한 높은 도덕적 근거에서 전쟁을 반대하는 것이 가능하다는 생각을 사람들이 처음으로 분명히 가지게 되었다. 이 전쟁이 무엇에 관한 것이냐 다투는 논쟁이 마침내 시작되고 있었다. 독일에서는 거의 같은 때, 즉 1915년 12월에 약 20명의 사회민주주의자들이 공식 정당에서 뛰쳐나와서 전시 채권의 추가 발행에 반대표를 던졌다. 1916년 초에 사회민주당은 공식적으로 둘로 분리되었다. 어쨌든 제한적인 범위의 사람들 사이에서라도 전쟁에 대한 반대가 일어났다.

하지만 정부들은 이제까지 방어 전쟁이든 그 외의 다른 것이든 전쟁 목적을 규정하는 데 그렇게 멀리까지 나가지 않았다. 아직까지는 승리 그 자체가 전쟁의 목적이었다. 만약 독일이 승리한다면 그들은 분명 서쪽과 동쪽에서 쟁취한 정복지의 일부를 계속 가지려 할 것이었다. 연합국이 이긴다면 그들은 자신들의 국가 영토를 회복할 것이었다. 아직은 아무도 독일의 분할을 말하지 않았다. 독일을 패배시키는 것조차도 지금은 먼 이야기였다. 유럽 밖의 땅에 관해서는 좀 더 윤곽이 명확한 목적들이 있었다. 터키의 장래에 관해 토론이 이루어져야 할 끝없는 문젯거리들이 있었다. 독일인들은 세르비아를 정복해 콘스탄티노플로 가는 길을 열었다. 정말로 독일이 만든 길은 곧장 바그다드까지 중단 없이 뚫렸다. 지도에서 보면 매우 인상적이었다. "베를린에서 바그다드까지"라는 구호가 현실이 된 것처럼 보였다. 진보적인 시각을 가진 어느 진취적인 독일인은 미래가 중부 유럽에 놓여 있다고 선언했다. 연합국 국가들의 많은 사람들은 독일이 주도면밀하게 설계한 이러한 종류의 계획에 직면하고 있다고 생각했다. 실상 거기에는 별것이 없었다. 독일인들은 얼마간의 군수물자를 터키에 보냈다. 터키가 전쟁을 계속하기에 딱 충분한 만큼이었다. 하지만 발칸 반도와 소아시아를 통과하는 철도는 언제 좌초될지 몰랐다. 경제적 연합의 근간이라는 역할을 맡기에는 너무 더뎠고 준비도 빈약했다. 독일인들은 터키로부터 값나가는 물자를 빼내온 적이 전혀 없었다. 또한 독일인들은 자신들의 경제 체제와 오스트리아–헝가리제국의 체제를 맞추는 데도 실패했고 동맹국인 오스트리아–헝가리제국에서 혼란이 커지고 있는 데도 이를 대수롭지 않게 지켜보기만 했다. "중부유럽Mitteleuropa"은 신화였고, 몇몇 학자들의 지리학적 몽상이었다. 그것은 독일의 전쟁 목적이 아니었고, 전쟁을 수행하는 방법조차도 아니었다.

연합국은 오스만제국 문제를 좀 더 심각하게 생각했다. 동맹국 가운데 강대국 세 나라, 즉 프랑스, 러시아, 영국은 거의 한 세기 동안 이 문제를 놓고 대립했고, 때로 전쟁을 했다. 곧 그들 시이에 또다시 의심이 일어날지 모르는 상황이었다. 러시아인들은 1915년 초 서쪽 동맹국들이 다르다넬스 공격을 계획하고 있을 때 경보를 울렸다. 그들은 콘스탄티노플과 해협을 보장받아야 한다고 단호하게 요구했다. 영국인들은 자신들이 이집트에 대한 통제를 계속할 수 있는 한 반대하지 않았다. 프랑스인들은 반대했으나 양보해야 했다. 1915년 4월에 보장이 주어졌다. 이것이 비밀 조약들 가운데 첫 번째 것으로 알려졌을 때 많은 의혹과 실망이 생겼다. 훗날 비판가들은 러

142

시아가 콘스탄티노플을 갖도록 하기 위해 영국과 프랑스가 전쟁에서 싸웠다고 주장할 수 있을 것이었다. 물론 사실이 아니었다. 보장은 이후 다툼을 피해보려는 바람에서 주어졌고 전쟁의 대가로 주어진 것이 아니었다. 그러나 사악해 보이기는 마찬가지였다. 영국인들과 프랑스인들은 또한 오스만제국의 나머지 부분이 장래에 어떻게 될지 결정지으려 노력했다. 프랑스인들은 프랑스 병사들이 서부전선에서 싸우다 죽어나가고 있는데 영국인들은 아시아 지역 터키 전부를 가져갈 계획을 세우고 있다고 불평했다. 근거가 없지 않은 이러한 의심을 잠재우기 위해 영국인들은 프랑스인들이 시리아를 가지게 될 것이라 약속했다. 불행하게도 다른 영국 요원들이 시리아를 포함해 아랍 지역의 터키 영토를 독립된 민족 국가로 만들어주겠다고 약속함으로써 아랍인들을 전쟁에 끌어들이고 있었다. 어떤 방식으로든

사진87
트라팔가르 광장에서 열린 평화집회에서 연설하는 키어 하디Keir Hardie. 전쟁이 그의 마음을 찢어놓았다.

사진88 다트무어 지역의 밭을 가는 양심적 병역거부자들.

지, 아시아 지역 터키는 문서상으로 분할되어 있었다. 다툼을 피하려는 것이었으나 전쟁 목적으로 오해하기 쉬운 또 하나의 계획이었다. 이는 어쩌면 1915년의 가장 기묘한 결과였다. 갈리폴리 원정이 실패했고, 더욱이 이로써 터키제국이 다시는 결정적인 전역戰域이 될 수 없었다. 그러나 동시에 갈리폴리 원정으로 인해 비밀 분할 조약이 생겨나게 되면서 연합국이 위대한 원칙을 위해서가 아니라 터키에서 전리품을 얻기 위해 싸운다는 인상을 주었다. 확실히 그러한 생각은 사실이 아니었다. 그럼에도 불구하고 위대한 원칙을 적용하는 것은 어렵다는 점, 또한 제국의 이익을 늘리는 것은 쉽다는 점이 드러났다. 모술의 유정油井은 엄연히 존재했다. 하지만 정확히 어떻게 해서 전쟁을 끝내고 세계가 안전해져서 민주주의를 지킬 수 있을 것인가?

3장

1916년

강대국 넷이 독일에 대항해 전쟁을 치르고 있었지만, 아직까지 동맹은 거의 이름뿐이었다. 정보를 교환하지 않았고, 계획을 조율하지도 않았다. 미국에서 영국 요원들과 프랑스 요원들이 미국의 물자를 얻으려고 앞다투어 달려들었다. 그러나 상황을 바꾸려는 노력이 생겼다. 1915년 12월 6일, 연합국 국가가 모두 모인 군사 회담이 최초로 열렸다. 조프르가 샹티이에 있는 자신의 사령부에서 회의를 주재했다. 그는 대단한 인물이 되어 있었다. 연합국 국가들 가운데 중심적 위치를 차지했을 뿐 아니라 프랑스 육군의 최고사령관이었다. 연합국 회의는 다음 해를 위한 광범한 전략적 결정 하나를 내렸다. 세 곳의 주요 전선에서 독일에 대한 동시적인 공격이 있게 될 것이었다. 서부전선, 동부전선, 그리고 이탈리아 전선이었다. 그러나 이 결정이 내려진 뒤로도 별다른 일이 뒤따르지 않았다. 시간 계획을 제대로 교환하는 일도 없었다. 이탈리아인들은 독일인들의 힘을 분산시키기

사진89
로이드 조지에게 공세 계획을 설득하는
더글러스 헤이그 경, 동의하는 조프르,

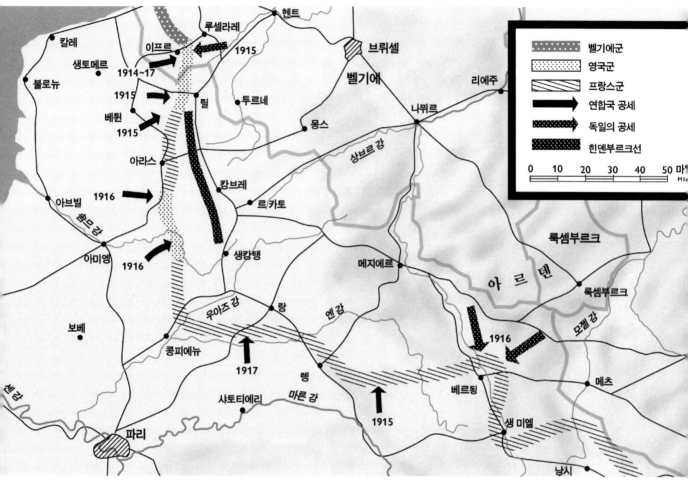

지도7 서부전선: 1915~1917년

에 충분할 만큼 대규모로 공세를 취할 수 없었다. 러시아인들은 장기 계획을 세울 수 있는 처지가 아니었다. 그러나 조프르는 흔들리지 않았다. 그는 서부전선 외에는 실상 관심이 없었고 거기서 원하던 것을 얻었다. 바로 이제부터는 서부전선이 영국 전략의 초점이 되리라는 것이었다. 이제까지 항상 프랑스 전략의 초점이었듯이 말이다.

12월 29일, 조프르는 이제 막 프랑스 주둔 영국군의 사령관이 된 헤이그와 개인적인 만남을 한 번 더 가졌다. 일찍부터 헤이그는 존 프렌치 경이 수행한 공격들을 신랄하게 비판해왔다. 그러나 일단 최고 사령부에 들어오자 시각이 바뀌었다. 그는 공세가 성공할 수 있으리라는 견해에 설득되었다. 키치너가 병사들을 모집해 보내에 따라 프랑스에 있는 영국군은 점점 커져 강력한 군대가 되었다. 1916년 초에 프랑스에는 38개의 영국군 사단이 있게 되었다. 프랑스인들이 95개 사단이 있었고, 여기에다 벨기에인들까지 합쳐 총 139개 사단이 되었다. 독일은 117개였다. 7월까지 영국군 사단 19개가 더 건너왔다. 헤이그가 항상 선호하는 전략적 아이디어가 있었다. 플랑드르 지역을 공격해 독일인들을 북쪽에서부터 측면 공격하는 것이었다. 조프르는 이 아이디어를 좋아하지 않았다. 그는 영국인들이 자신의 지휘 하에 있지 않다면 열심히 싸울 것인가를 의심했고, 그런 이유로 연합 공격이 필요했다. 따라서 조프르는 영국의 전선과 프랑스의 전선이 만나는 지점인 솜므를 가리켰다. 기이한 선택이었다. 얻을 것이 크지 않고 급소로 겨눠야 할 곳도 없었다. 독일군은 이곳에서 패배해 몰리더라도 오히려 자신들에게 유리하게 병참선이 확보되어 전선을 짧게 만들며 후퇴할 수 있었다. 조프르는 상관하지 않았다. 중요한 것은 영국인들을 치열한 전투에 끌어들이는 일이었다. 아마도 조프르는 지난해 독일인들의 골리체 돌파 같은 무언가를 연출하기를 원했을지 모르겠다. 격렬한 전투 자체로도 충분하다고 생각했다는 것이 더 그럴듯할지도 모르겠다. 그러면 더 많은 독일인들을 죽일 수 있을 테니까 말이다. 헤이그는 자신의 계획을 고수하지 않았다. 그는 키치너가 명령을 내린 대로 조프르의 전략을 충실하게 따랐다.

조프르와 헤이그는 시간이 많다고 생각했다. 그들은 새해가 중반이 되어 영국 병사들이 더 잘 훈련될 수 있을 때까지 기다릴 셈이었다. 그 때가 되면 40개의 프랑스 사단이 솜므의 남쪽을, 25개 영국 사단이 북쪽을 공격하고, 독일의 방어선이 엄청난 양의 포탄으로 붕괴될 것이었다. 보병들이 비어 있는 독일 진지들을 점령하고 기병들이 그곳들을 지나 앞으로 나아갈 것이었다. 그런데 이 계획은 결코 실행되지 않았다. 팔켄하인 역시 계획이 있었고 먼저 한방을 날렸다. 그는 전쟁의 승리가 동부전선으로부터 올 것이라 생각하지 않았다. 동부에서 승리하면 할수록 독일은 러시아로 더 깊이 빨려 들어가기만 하고 러시아 군대들은 파괴되지 않은 채 남아 있을 것이기 때문이었다. 그가 빌헬름 2세에게 말하길, 영국이 독일의 숙적이며 독일에 대한 대항 세력의 핵심이었다. 무제한 잠수함 작전으로써만 영국의 무릎을 꿇릴 수 있을 것이었다. 그러나 독일인들에게는 유보트가 충분치 않았고, 또한 중립국 미국을 화나게 할까 봐 움츠러들었

사진90
브리앙: 처음에는 승전을,
나중에는 타협을 통한
강화를 위해 노력했다.

사진91 페탱 원수(쉬어 자세로 있는 이)와 베르됭의 프랑스 장군들.

다. 따라서 영국인들에게서 대륙의 동맹국을 떼어놓아야 할 것이었
다. 팔켄하인은 프랑스인들이 전장에서 입은 큰 손실과 예비 병력 감
소에 관해 무언가 알고 있었다. 그래서 그는 프랑스를 고사시키자고
제안했다. 그러면 프랑스가 전쟁에서 떨어져 나갈 테고, 영국인들을
타협을 통한 강화에 끌어들일 수 있을 것이었다. 이것은 전략이 아니
라 소모 정책이었다. 조프르와 윌리엄 로버트슨 경의 정책과 같았지
만 좀 더 과학적으로 계산했다. 팔켄하인은 어느 지점에서 승리해야
전략적 우위를 달성할 수 있을지를 알려고 애쓰지 않았다. 그가 원하
는 것은 프랑스인들의 자존심을 흔들어놓을 수 있는 상징적인 목표
였다. 목표는 분명했고, 팔켄하인을 기다리고 있었다. 바로 그 유명
한 베르됭 요새였다.

베르됭은 프랑스 전선에서 난처하고 쓸데없이 튀어나온 부분의 맨 앞에 있었다. 객관적으로 본다면 어떤 면에서도 베르됭이 없어야 프랑스의 지위가 더 강화될 수 있을 것이었다. 전쟁 초기 리에주와 나뮈르가 순식간에 함락된 것을 보고 조프르는 요새가 쓸모없다는 생각을 굳혔고, 베르됭에서 포를 거둬들였다. 프랑스 사람들은 이 사실을 몰랐다. 그들에게 베르됭은 여전히 독일인들이 들어오는 길을 막아 국가를 방어하는 근간이었다. 조프르는 베르됭이 공격당할 것이라는 경고를 무수히 받았다. 베르됭의 방비가 부실하다는 경고도 많았다. 심지어 베르됭에는 참호선이 하나뿐이었다. 파리에서는 전선에서 돌아온 의원들이 의회에서 경고했다. 이제 전쟁상이 된 갈

사진92-93 베르됭 요새의 프랑스 병사들.

사진94 독일의 것이었다가 프랑스의 것이 된 참호.

리에니가 조프르에게 이러한 보고의 진실이 무엇인지 물었다. 조프르는 정보 제공자들을 처벌해야 한다며 누구인지 이름을 대라고 대응했다. 베르됭 요새를 강화하려는 시도는 전혀 없었다. 1916년 2월 21일 베르됭 내주교 관저에 14인치 포단이 하나 날아와 터졌디. 독일의 공격이 시작되었음을 알리는 신호이자, 1916년을 특징짓는 엄청난 규모의 폭격 가운데 첫 번째였다. 전례가 없을 정도로 대량의 포탄이 쏟아져 프랑스 전선이 초토화되었다. 프랑스의 뫼즈 강 동쪽 방어가 약해지기 시작했다. 조프르는 지원을 거의 하지 않았다. 그는 독일의 공격을 심각하게 여기지 않았다. 어쨌거나 그는 자신이 나중에 실행할 솜므 공격을 준비하는 데 방해를 용납하지 않을 것이었다.

프랑스 수상 브리앙은 침착할 수 없었다. 그는 의회의 비판으

사진95 베르됭을 타격하는 독일의 포.

로부터 조프르를 보호해왔지만 베르됭이 무너지면 내각이 무너지리라는 것을 잘 알고 있었다. 2월 24일 저녁 브리앙은 차를 타고 샹티이로 달려갔다. 조프르는 이미 침대에 잠들어 있었다. 브리앙이 그를 깨우라고 재촉했다 — 전쟁 동안 유일무이한 경우였다. 참모 장교들이 베르됭 요새에는 중요성이 없다고 설명하려 애썼다. 사실 그들로서는 베르됭이 없어지는 편이 기쁠 것이었다. 평소에는 매우 부드러운 브리앙이 버럭 화를 냈다. 그는 "귀관들은 베르됭을 잃는 것을 패배라 생각하지 않는 모양이네만, 다른 모든 사람들은 패배라고 생각할 걸세. 베르됭을 내준다면 귀관들은 겁쟁이가 되고 말걸세. 그리고 나는 귀관들을 모두 내보내겠어"라고 호통을 쳤다. 조프르는 여전히 잠에 취해 있는 것처럼 보였고, 부하들이 대신 벼락을 맞았다. 눈을 크게 뜬 그가 나지막이 말했다. "수상 말씀이 맞습니다. 동의합니다. 베르됭에서 퇴각하지 않을 겁니다. 끝까지 싸울 겁니다." 기이한 장면이었다. 조프르가 이제까지 없었던 분별 있는 결정을 내리려던 찰나였는데, 역시 전에 없이 정치 수반이 개입했고, 조프르는 잘못된 결정을 내렸다. 프랑스인들은 팔켄하인의 덫에 걸렸다.

　방어를 주장하던 유일한 프랑스인 페탱이 베르됭의 지휘를 맡았다. 격전이었다. 2월 21일부터 6월말 전투가 잦아들 때까지 자그마치 78개 사단이 베르됭이라는 도축장의 기계 속으로 빨려들어 갔다. 독일인들은 자신들의 방어선 뒤로 병참선을 확보하고 있었다. 프랑스인들의 유일한 도로인 "신성한 길"은 독일의 폭격에 노출되었다. 이 도로를 매일 대형트럭 3천 대가 오갔다. 자동차가 없었다면 베르됭이 지켜지지 못했을 것이다. 그러나 베르됭은 실로 프랑스 군대의 희생으로 지켜졌다. 베르됭 방어는 프랑스인들의 투지를 산산조각 내 거의 폭동의 지경까지 내몰았다. 여기까지는 팔켄하인의 계산이 맞은 것으로 판명되었다. 그러나 독일인들 또한 엄청난 대가를 치렀다. 베르됭이 지킬 만한 가치가 없다고 프랑스 여론을 설득하는 것이 불가능한 것처럼 베르됭을 빼앗는 것이 중요하지 않다고 독일 여론을 설득하는 일이 곧 불가능해졌다. 독일인들은 자신들이 엄청난 목표를 위해 싸운다고 생각했고 더 이상 비용을 괘념치 않았다. 명목상 독일 황태자가 베르됭 공격군을 지휘했는데, 그는 황실의 영예를 위해 눈부신 성공을 거두기를 원했다. 팔켄하인이 비용 대 편익을 내세워 프랑스인들을 포격으로 괴멸시키자고 설득해도 소용이 없었다. 곧 독일군 또한 파괴의 아수라장으로 무참히 빨려들어 갔다. 독일의 사상자가 늘어갔다. 프랑스 측은 상대적으로 사상자가 많이 늘어나지 않았다. 전투가 잦아든 6월 말까지 프랑스인들은 31만5천 명의 사상자를 냈고 독일인들은 28만1천 명이었다. 서부전선에서, 방어보다 공세가 희생이 적었던 유일한 공세였다. 희생의 규모가 엄청나긴 매한가지였지만 말이다.

전쟁에서야 늘 분별없는 일이 벌어지지만 베르됭은 그런 일들 가운데서도 가장 말도 안 되는 일이었다. 베르됭에서 양측은 문자 그대로 싸움을 위한 싸움을 벌였다. 목표물을 획득하거나 잃는 것이 아니라 오로지 인명 살상을 위해, 영예를 얻기 위해 싸웠다. 베르됭 전투는 특히 고강도의 대립이었다. 4개월 중 얼마간은 무려 115개 사단이 5마일을 좀처럼 넘지 않는 좁은 전선에서 밀고 밀리며 싸웠다. 요새의 오래된 성채들은 중시되지 않았지만 기묘하게도 전투가 집중되었다. 성채 안의 병사들은 최대 규모의 폭격만 아니라면 견뎌낼 수 있었고, 종종 성채 안에서 전투가 진행되었다. 그 결과는 거의 팔켄하인의 예상에 근접했다. 프랑스 군대의 사기가 꺾였고, 많은 단위 부대에서 폭동이 일어나기 직전까지 갔다. 그래도 프랑스인들은 베르됭을 사수했고, 그 결과 베르됭에서 싸우지 않은 많은 이들의 사기가 북돋워졌다. 페탱은 "독일인들이 이곳을 지나가지 못할 것이다"라고 외쳤고, 실제로 독일인들은 베르됭을 지나가지 못했다. 따라서 베르됭은 프랑스의 승리인 것으로 보였다. 베르됭 방어로 페탱은 명성을 얻게 되었다. 전쟁이 시작되었을 때 대령이었는데 베르됭 전투 후에 프랑스의 원수가 되었고, 마침내 프랑스의 국가수반이 된 것도 오로지 베르됭 덕이었다.

격렬한 전투의 와중에 조프르가 동맹국들에게 도움을 청하는 고통스러운 외침을 전했다. 헤이그는 전선에서 영국인들이 맡는 부분을 확장하는 데 동의했다. 그는 수없는 논쟁 끝에 다음 공세의 날

짜를 8월 1일에서 7월 1일로 앞당기는 데 동의했다. 그 이상은 앞당기지 않을 것이었다. 이탈리아인들이 공세를 취하겠다고 약속했고, 이손초 전선에서 공격을 몇 차례 실행했다. 오스트리아 사령관 콘라트는 남부 티롤에서 이탈리아의 배후로 쳐들어갈 기회를 잡았다. 5월 15일에는 이탈리아인들도 도움을 요청했다. 만약 베르됭에서 팔켄하인이 무익하게 소모하고 있는 사단들 중 일부를 콘라트가 지원군으로 받을 수 있었더라면, 오스트리아인들은 북부 이탈리아 평원으로 진격해 들어가서 이탈리아 군대들을 쳐부술 수 있었을 것이다. 사실 이탈리아인들도 지원이 절박했다.

오직 러시아만이 도와달라는 요청에 응할 수 있었다. 1915년 대퇴각으로 러시아의 전략적 지위가 향상되었다. 전선이 짧아졌고 더 나은 병참 수단을 이용할 수 있었다. 러시아 군대도 눈에 띠게 달라졌다. 병력 손실을 대체하는 것이 항시 용이해졌다. 군수 공장들이 전시체제로 돌아가게 되어 충분한 양의 물자를 공급했으며, 전쟁이 시작되었을 때보다 군대가 장비를 더 잘 갖추게 되었다. 물론 이러한 일들은 막대한 희생을 치르면서 달성된 것이었다. 모든 것이 군대를 위해 희생되었다. 전쟁 전에 러시아는 내규모로 밀을 수출했디. 농민들이 징집되어 전선으로 나감에 따라 이제 도시마다 식량이 부족해졌다. 행정기관은 너무나 자질이 없고 부패해서 배급을 제대로 계획하고 실행할 수 없었다. 러시아의 철도 시스템이 전선으로 식량과 물자, 특히 200만 마리의 말을 먹이는 사료를 나르는 데 전적으로 사용되었다. 그 밖에 다른 곳에서는 철도가 거의 붕괴 직전의 상태였다. 굶주림이 늘어갔고 그에 대한 불만이 쌓여갔다. 눈에 띠는 지도자들이 없었지만 파업이 계속되었다. 그러나 차르 니콜라이 2세가 여전

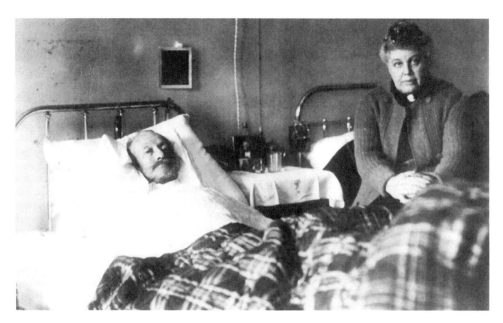

사진96 부상당해 누운 브루실로프 장군.

히 전제 군주로 모든 개혁 제안을 거부하고, 이들을 진압하는 경찰과 코사크 기병에 의존했다.

러시아 일반 참모부도 1916년의 계획이 있었다. 대부분의 다른 계획들과 마찬가지로 적의 가장 강한 지점에 대한 공격이 중심이 되었다. 독일인들이 오스트리아인들보다 더 위협적인 상대였으므로 러시아의 공세는 독일인들을 향해 맞추어졌다. 러시아 군대 하나가 북쪽에서 공격하고 다른 하나가 중앙에서 바르샤바를 향하도록 했다. 두 공격 모두 제1차 세계대전 동안 다른 곳에서 기울였던 노력과 같은 노력을 들였고, 러시아인들이 늘 그렇듯 허둥지둥 실수투성이였다. 엄청난 수의 병력이 집중적으로 투입되었고, 적의 방어선을 파괴하기 위한 폭격이 계속되었으며, 러시아의 계획을 담은 문서 사본이 적의 수중에 들어갔다. 독일인들은 최대한의 경고를 받았고 모든 대비조치를 했다. 공세는 실패였다. 심지어 베르됭에 대한 독일군의 압박을 경감하지도 못했다. 러시아 병사들은 아무 목적도 없이 산화했다. 러시

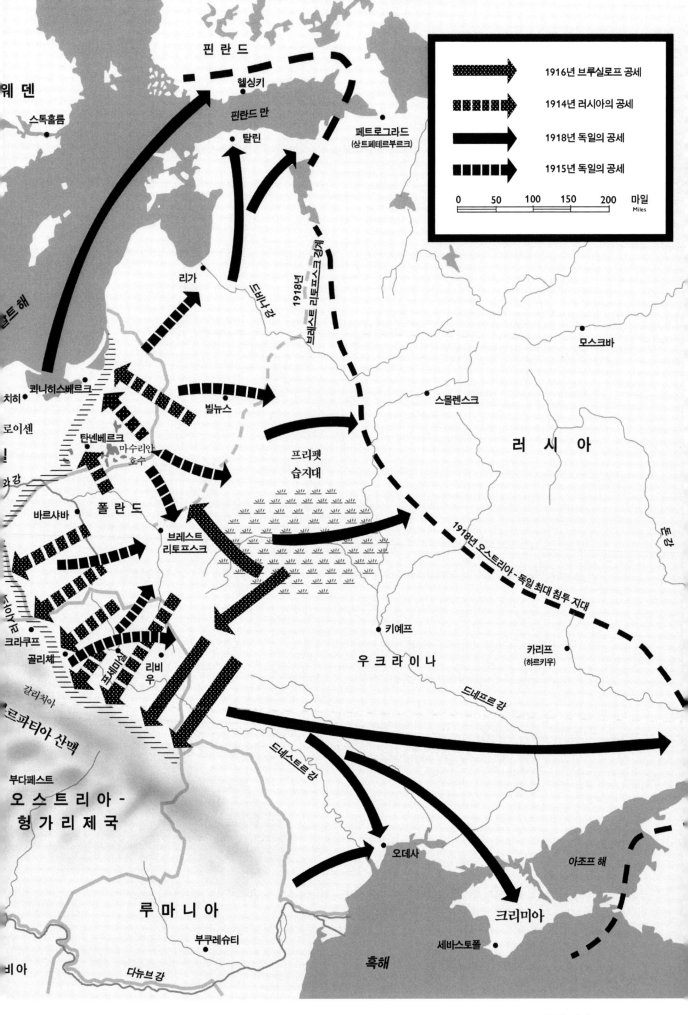

지도8 동부 전선.

아인들은 독일인 한 명이 죽을 때 다섯을 잃었다. 이탈리아에서 도움을 요청하는 또 다른 호소가 왔을 때, 러시아인들은 준비를 갖추어 공격할 형편이 아니었다. 남부 사령관 브루실로프Aleksey Alekseyevich Brusilov는 준비도 하지 않고 행동하려 했다. 그는 이전 계획에서 자신이 빠진 데 대해 분개해 있었다. 이제 그는 새로운 전략을 우연히 찾았는데, 어떤 의식적인 노력에 따라서라기보다 그렇게 찾는 것 말고 다른 길이 없었다. 병력이 집중되지도 않았고, 예비 폭격도 없었고, 따라서 적에게 경고가 될 만한 일도 없었다. 6월 4일 브루실로프의 군대가 그저 어디든 틈을 찾아 스무 곳의 서로 다른 지점을 공격했다. 그러자 오스트리아-헝가리의 전선이 무너졌다. 삼 주 안에 러시아인들은 25만 명을 포로로 잡았다. 하지만 브루실로프에게는 예비 병력이 없었다. 예비 병력은 모두 북쪽에 있었고, 러시아의 철로가 대부분 동서로 나 있고 남북을 연결하지 않아서 예비 병력이 시간 안에 이동할 수 없었다. 게다가 본부에 있는 브루실로프의 동료들이 그의 성공을 시샘했다. 반면 팔켄하인은 베르됭으로 보내려 했던 일곱 개 사단을 이리로 보냈다. 브루실로프가 더 앞으로 진격하려 시도했을 때 독일의 강한 저항에 부딪쳤다. 그 뒤에는 독일인들의 반격이 이어졌다. 브루실로프는 후퇴했고, 나중에 가서 큰 대가를 치렀다. 그의 공세로 남쪽에 있는 러시아 군대들이 100만의 사상자를 냈다.

　　"브루실로프 공세"는 그럼에도 눈에 띄는 성취였다. 제1차 세계대전에서 장군 개인의 이름이 붙은, 유일하게 성공적인 작전이었다. 공세가 성공한 것은 기존 규칙을 따르길 거부했기 때문이었다. 진격선을 유지하면서 더 밀고 들어가려 하자 기존의 규칙을 따르게 되었고 공세는 실패로 돌아갔다. 독일인들은 1918년에 공세를 취했

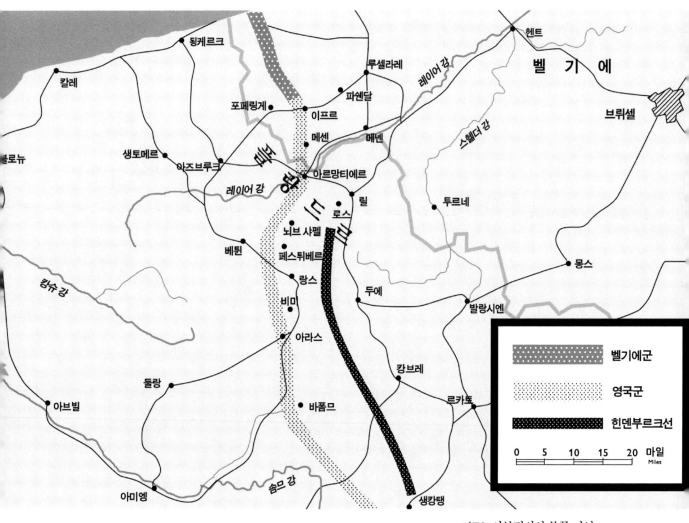

지도9 서부전선의 북쪽 지역

을 때 브루실로프의 성공에서 교훈을 얻었으나, 그의 실패를 반면교
사로 삼지 못하고 그의 실수를 따라했다. 브루실로프 공세는 커다란
정치적 결과를 가져왔다. 브루실로프 공세로 오스트리아-헝가리제
국이 마침내 싸울 의지를 상실했다. 통합, 단결, 충성심이 사라졌고,
이때로부터 오스트리아-헝가리제국은 독일의 힘으로 전쟁에 붙어
있게 되었다. 브루실로프 공세로 무너진 것이 합스부르크가만은 아
니었다. 러시아의 로마노프가 또한 파멸하게 되었다. 갈리치아에서
러시아가 입은 손실은 다음 해 혁명의 길에 이르게 만든 마지막 한방

이 되었다. 브루실로프로서는 차르와 본부가 자신을 지원하지 못한 것을 용서할 수 없었다. 두 해가 지나 그는 트로츠키Leon Trotsky 휘하에서 더 행복하게 복무했다.

아마도 브루실로프 공세는 베르됭에 가해지는 압박을 들어내는 데 도움이 되었을 것이다. 그러나 어쨌거나 압박은 줄어들고 있었다. 팔켄하인은 늘어나는 독일군 사상자를 보며 낙담했다. 6월 중순에 그는 베르됭 전선에 대한 보급을 중단했다. 이후로 전투는 저절로 줄어들었다. 영국의 솜므 공세가 베르됭을 구하기 위해 시작되었다고 종종 주장되곤 한다. 이는 사실이 아니다. 영국의 공세가 시작되기 전에 베르됭에서 공격이 멈추었다. 솜므 공세를 준비하느라 베르됭에서 공격이 중지되었을지도 모르지만 말이다. 솜므 공세의 근본 동기는 전혀 다른 것이었다. 헤이그가 전쟁을 승리로 이끌 수 있는 지점이 그곳이라 믿게 되었기 때문이다. 참모총장 윌리엄 로버트슨 경은 생각이 달랐지만, 병적상 헤이그의 후배라서 헤이그의 열의에 반대하지 않고 충실히 따랐다. 조프르도 그러한 믿음을 공유하지 않았다. 그는 오로지 소모전에 믿음을 갖고 있었고, 솜므에 대해서는 그러한 믿음이 더욱 컸다. 영국인들이 연합국 측이 치러야할 비용을 감당해줄 것이라는 점에서 그랬다. 공세를 책임지고 있는 제4군 사령관 로린슨Henry Rawlinson에게도 이러한 믿음이 없었다. 그 역시 자신의 의심을 억눌렀고 그러고 나서 똑같은 엄격함으로 부하들의 의심 또한 억눌렀다. 보통의 영국 병사들은 대부분 예전에 전투에 참여했던 경험이 없어서 자신들이 커다란 승리를 앞두고 있다고 생각했다. 이러한 근거 없는 믿음이 병사들과 그들이 한 번도 본 적 없는 총사령관 헤이그를 묶어주는 끈이었다.

사진97
전선으로 이동하기를 기다리는
솜므의 영국 병사들.

사진98 솜므에서 탈취한 독일 참호에 자리를 잡는 영국 병사들.

솜므에는 더 이상 전투가 벌어지는 교전지로서의 목적이 없었다. 대단히 멀리까지 진격한다 해도 아무런 전략적인 목표도 얻을 수 없을 것이었다. 솜므는 1915년 12월에 선택되었는데, 오로지 영국인들과 프랑스인들이 이곳에서 나란히 함께 싸울 수 있다는 이유에서였다. 프랑스인들에게는 남아 있는 사단이 거의 없었다. 원래는 40개의 프랑스 사단과 25개의 영국 사단이 예정되었는데 동수로 바뀌어 양측에서 25개 사단을 투입하기로 했다. 이후 베르됭에서 전력 소모가 계속되자 프랑스가 분담하는 병력이 5개 사단으로 줄었다. 이 5개 사단의 지휘관 포슈Ferdinand Foch는 모든 사람들 가운데 이번 공세에 가장 회의적이었다. 더욱이 솜므는 공격 목표로서 특히 적절치 않았다. 독일인들이 이곳의 모든 고지를 점령하고 있었고, 공격하는 병사들은 몸을 숨긴 적을 상대로 오르막 전투를 치러야 했다. 사실은 이 지역에서 상당 규모의 전투가 벌어진 적이 없었기 때문에,

독일인들은 오랫동안 방어에 주의를 기울이지 않았다. 그러나 영국 군 수뇌부는 프랑스인들이나 독일인들과 달리 자신들의 병력을 계속 행동하게 만들어 대비상태를 유지해야한다고 생각했다. 아무 전략적 목적이 없는 이러한 습격은 인명을 소모할 뿐 아니라 독일인들로 하여금 방어를 강화하도록 자극했다. 그러므로 사실상 영국인들은 자신들이 공격하려고 계획하던 지점을 적이 보강하게 만들었다. 1916년 여름까지 독일의 최전선이 철조망으로 단단히 보호되었다. 그 뒤에 있는 두 번째 방어선 역시 튼튼했다. 석회암 지대여서 참호를 파기 쉬웠고, 독일인들은 40피트 깊이로 대피호를 만들어 최대 규모의 폭격에도 견딜 수 있도록 현대적인 시설을 갖추어 놓았다. 어느 나라의 군대가 오더라도 이러한 방어선을 뚫을 수 있을 것이라고 생각하기 힘들다.

영국 군대는 다량의 중화기를 보유하고 있었다 — 적어도 전투가 시작되기 전에는 그렇게 생각했다. 하지만 현실에서는 포탄이

사진99 돌파를 위해 대기하는 영국 기병.

사진100 야간 사격: 전쟁이 만든 예술적 광경.

종종 바닥났다. 영국 보병은 의욕이 있었지만 다른 것은 많지 않았다. 이들은 키치너의 부름에 응한 사람들이었고 징집된 이는 거의 없었다. 급하게 아주 기본적인 훈련을 받았을 뿐, 정확히 사격을 하지도 못했고, 흩어져서 작전을 수행하지도 못했다. 배운 것이라곤 오로지 일직선으로 앞을 향해 가는 것뿐이었다. 그들은 주로 총검을 사용하라고 명령을 받았다. 실제 전장에서 솜므의 영국 보병은 자신들이 싸우는 상대를 본 적도 없었고 총검은 이미 항복한 사람을 죽일 때만 쓰였을 뿐이었다. 초급 장교들 역시 자원자들이었고 훈련받은 지 얼마 되지 않았다. 그들도 열정 말고 다른 것은 거의 없었다. 그들은 스스로를 무모하게 위험 앞에 내던지라고 배웠다. 이로 인해 장교의 사상자가 종종 다른 계급보다 여섯 배나 더 많았다. 그들은 또한 명령에 무조건적으로 복종하고 절대로 자신의 판단대로 나서지 말라고 배웠다. 이 대규모의 자원병 군대는 제1차 세계대전에서 가장 엄격한 군대였고, 가장 호된 규율과 가장 심한 처벌이 있는 군대였다. 이들은 이전의 실패로부터 아무것도 배우지 못했다. 어떻게 해서 그 실패를 대규모로 반복할 수 있는지를 배웠을 뿐이었다. 프랑스에 대실패를 가져온, 심지어 1914년 8월 실패의 원인이 된, 공세가 승리를 이끌 것이라는 맹목적인 믿음을 똑같이 가지고 있었다. 헤이그에게 딱 한 번 반짝하고 분별력이 돌아온 때가 있었다. 그는 포격으로 적의 방어가 일소되었는지 확인하기 위해 소규모 정찰대를 보낼 것을 제안했다. 로린슨이 휘하의 병사들의 자질이 안 된다고 제안을 거부했다. 헤이그는 공격이 즉각적인 성공을 거두지 못하면 중단해야 한다고도 명령했다. 이 역시 지켜지지 않았다. 헤이그에게는 의심이 전혀 없었다. 그는 기병대가 첫날 오후에 바폼에 이르는 개활지를 휩쓸고 지나갈 수 있다고 확신했다.

솜므 전투는 18마일 전선에 닷새 동안 대규모 포격을 퍼붓는 것으로 시작되었다. 적의 철조망과 제1방어선 파괴가 포격의 목적이었다. 그러나 그러는 대신 포탄 구덩이가 땅을 전부 헤집어놓아 질서

사진102 운하의 다리를 건너는 영국군: 운하는 어디로 갔는가?

있게 착착 전진하는 것이 불가능해졌다. 더욱이 포탄 구덩이가 파괴된 참호를 대신해 기관총을 쏠 수 있는 엄폐물 역할을 했다. 로린슨은 새벽이나 심지어 더 어두울 때 공격하자고 제안했다. 우측의 프랑스인들은 자신들의 포격이 효과를 충분히 거두었음을 보고자 했고, 따라서 낮 시간에 공격하자고 주장했다. 로린슨이 동의했고, 공격 시각이 오전 7시 30분으로 정해졌다. 공격일이 되었을 때 프랑스인들은 두 시간을 지체했고, 그리고 나서 독일인들을 기습했다. 이 끔찍한 날에 이룬 한 차례의 성공이었다. 7월 1일, 13개 영국 사단이 함께 전진했다. 병사들은 영국측 철조망을 헤치며 나아갔고, 그리고 나서 견고하게 전열을 갖추고는, 앞으로 나아가려 애썼다. 신속하게 전진해야 승산이 있었지만 병사들은 66파운드의 장비에다 때로는 야전 무전기, 전서구, 곡괭이, 삽 등 그 이상의 많은 것들을 짊어졌다. 지원 포격은 요청할 수 없었다. 공격 시각에 포격이 자동적으로 멎었고, 독일의 제1방어선이 파괴되었건 아니건 포화가 제2방어선을 향해

사진101 솜므의 영국군: 승리의 대가.

옮겨졌다. 강한 지점을 건너뛰면서 취약 지점에 집중할 방법이 없었다. 영국군의 전열이 일제히 진격하든지, 아니면 전혀 움직이지 말든지 해야 했다. 영국인들이 무인지대를 통과하려고 애쓸 때 독일인들은 대피소에서 나와 기관총에 인원을 배치할 충분한 시간이 있었다. 빗발치는 탄환이 전장을 가로질러 끊임없이 날아왔다. 영국군 제1열이 흔들리다가 무너져 내렸다. 제2열이 뒤따랐고, 제3열, 그러고 나서 제4열이 쓰러졌고, 모두 아무 성과를 거두지 못했다. 이른 오후가 되었을 때 생존자들은 아군 참호로 후퇴했다. 남쪽 지역에 작은 점령 지역을 만들었을 뿐이었다.

　7월 1일, 영국군에서 6만 명의 사상자가 발생했고 그중 2만 명이 죽었다. 제1차 세계대전 중 영국이나 그 밖의 나라 군대가 하루 동안 입은 것 중 가장 큰 손실이었다. 프랑스인들은 적에게 입힌 손실보다 적은 손실을 입으며 목적을 달성했다. 영국인들과 함께 공격하는 왼쪽 측면이 위험에 처할 수 있다는 두려움만 없었다면 프랑스인들은 앞으로 더 나아갈 수 있었을 것이다. 이제 어떻게 해야 할까? 헤이그 휘하의 장성들은 너무나도 승리를 확신하고 있었기에 공격 중단 결정을 직시할 수 없었다. 그들은 심지어 스스로에게도 진실을 숨겼다. 공식사에 쓰인 것을 보면, "포로로 잡힌 병력의 수가 계속 보고되었지만 다수의 사상자가 난 것은 보고되지 않았다"고 되어 있다. 로린슨은 성공을 거둔 몇몇 지점을 이용해보려 하지 않았다. 특히 프랑스인들과 함께라면 더욱 그랬다. 대신 그는 모든 전선에 걸쳐 좀 더 일률적으로 공격할 것을 명령했고, 매일 똑같은 비극적인 이야기가, 규모는 줄어들었지만 반복되었다. 그러나 단순한 기습 공격에는 여전히 상응하는 좋은 결과가 기다리고 있었다. 로린슨이 야간 공

격을 시도하기로 결심했고, 긴 논쟁 끝에 헤이그로부터 허락을 얻어
냈다. 7월 14일 새벽 3시 25분, 대략 2만 명의 병력이 단 5분의 포격
후에 공격을 개시했다. 밤 동안 안전하게 쉴 수 있다고 생각했던 독
일인들은 자고 있다가 습격당했다. 제2방어선에서 너비 5마일 가량
에 침입을 허용했다. 모든 영국 장군들이 바라마지않던 구도가 바로
이곳에 구현되었다. 기병대의 돌파가 계획되었고, 3개 사단이 준비
되었다. 그들은 진흙과 포탄 구덩이에 발이 묶여 이후로 시간이 오래
걸렸다. 저녁 7시에 영국 보병은 서부전선에서 유일무이했던 장면을
목격했다. 기병대가 나팔을 불며 번쩍거리는 창을 들고 옥수수 잎이
물결치는 들판을 달리며 교전했다. 이 빛나는 광경은 독일의 기관총
이 사격을 개시하자 산산이 사라져버리고 살육의 현장이 되었다.

　　　이 일이 있은 후 전투는 아무런 목적 없이 끈질기게 계속되었
다. 9월 15일 헤이그는 제 모습을 갖출 때까지 기다리라는 전문가들
의 촉구에도 불구하고 사용 가능한 몇 대의 전차를 투입하기로 결심
했다. 사전 시험을 거치지 않은 이 전차들 중 일부는 고장이 났고, 몇
대가 독일의 방어선을 뚫었으나 뒤따르는 보병이 없었다. 이로써 앞
으로 전차를 투입해 진정으로 강공을 펼치는 일이 놀랍지 않게 되었
다. 그러나 독일인들은 이 경고에 주의를 기울이지 않았다. 이제 가
을비가 내리고 있었다. 전장은 뒤엎어져 진창이 되었다. 11월 13일
마지막 공격이 있었다. 그리고 나서 전투 — 그런 것을 전투라 부를
수 있다면 — 는 암울하게 끝을 맺었다. 돌파는 없었고, 전선이 여기
저기서 5마일 가량 앞으로 움직였다. 너머에 있는 독일의 방어선은
그 어느 때만큼 튼튼했다. 영국인들은 42만 명의 사상자를 냈고, 프
랑스인들은 거의 20만이었다. 독일인들은 대략 45만 명을 잃었을텐

사진103 전투가 지나간 후의 솜므.

데, 만약 헤이그만큼이나 고집 센 팔켄하인이 빼앗긴 참호 지대를 탈
환하라고 명령하지 않았더라면 사상자가 더 적었을 것이다. 수년이
지나고 영국의 공식사 편집자가 신기한 재주를 부려 독일 사상자 수
를 65만 명까지 부풀렸다. 이 수치는 공격 측이 방어 측보다 피해가
적었음을 나타내는데, 사람들이 경험한 실제 현실과는 정반대였다.
이런 종류의 허황된 수치들을 진지하게 고려할 필요는 없다.

전략적 관점에서 솜므 전투는 돌이킬 수 없는 패배였다. 그래
도 솜므 전투로 독일군의 사기가 꺾였다고 여겨시긴 한다. 진투 수행
능력을 크게 손상시킬 정도까지는 아니었지만 의심할 바 없이 그랬
다. 독일의 투지만 꺾인 것은 아니었다. 영국의 투지 또한 꺾였다. 이
상적인 사고가 솜므에서 사라졌다. 열의에 찼던 자원병들에게서 열
의가 없어졌다. 그들은 자신들이 싸우는 목적에 대한 믿음을 잃어버
렸고 지도자들을 더는 믿지 못했으며 전우애를 제외한 모든 것에 대
한 믿음을 상실했다. 이제 전쟁에는 목적이 없었다. 전쟁 자체를 위
한 전쟁이 계속되었다. 누가 더 오래 버티는가를 시험하는 경쟁이

었다. 전쟁 초기 영국 군인의 상징은 루퍼트 브룩Rupert Brooke[1]이었는데, 이제 포탄 구덩이에 웅크리고 더 나은 피할 곳을 찾는 모습의 1915년의 퇴역 군인 올드 빌Old Bill[2]이 그 자리를 차지했다. 용감하게 뛰어들어 어찌할 바를 모르는 병사들, 실수를 연발하는 고집 센 장군들, 아무것도 얻은 것이 없는 상황. 솜므는 장래의 세대들이 제1차 세계대전 하면 머릿속에 떠올리는 모습이 되었다. 솜므 전투가 끝나자 사람들은 전쟁이 끝없이 계속될 것이라 결론지었다.

　　이러한 것들이 1916년의 군사 기록이다. 다른 한편으로 전쟁은 대규모 산업이 되었다. 총포와 포탄의 생산량은 상상 못할 정도였다. 이 총포와 포탄으로 기동전이 되살아나기는커녕 불가능해졌다. 죽어간 사람들의 희생에는 아무런 목적이 없었다. 사람들을 제정신으로 돌아오게 하는 결과만 낳았을 뿐이었다. 거대한 포성은 바다에서도 들려왔지만 결정적인 결과를 가져오지는 못했다. 1916년에 유럽 수역에서 현대적인 함대 둘이 붙은 것은 한 번뿐이었다. 연초에 독일 해군 지휘권에 변화가 있었다. 대양 함대를 맡은 쉐어Reinhard Scheer는 전투를 하고 싶어 했다. 그는 영국 함대가 우세하다는 것을 알고 있었으나 영국 배들을 고립된 해전에 끌어들여 균형 같은 것이 달성될 때까지 영국의 힘을 소모시킬 수 있기를 희망했다. 따라서 그는 공격적으로 북해로 밀고 들어갔다. 영국인들은 독일의 모든 움

1　영국의 시인으로 제1차 세계대전에 해군으로 자원했다. 죽음의 공포에도 이상을 노래하는 그의 시와 더불어 유복한 환경, 재능, 외모, 때 이른 죽음으로 그의 이미지가 형성되었다. 66쪽의 옮긴이주 7번을 참조할 것.

2　만화가 베른스파더Bruce Bairnsfather가 잡지 『더바이스탠더 The Bystander』에 연재한 만화 "Fragments from France"의 주인공이다.

(위) **사진104** 솜므에서 영국의 운송수단.

(아래) **사진105** 곤경에 처한 초기 전차.

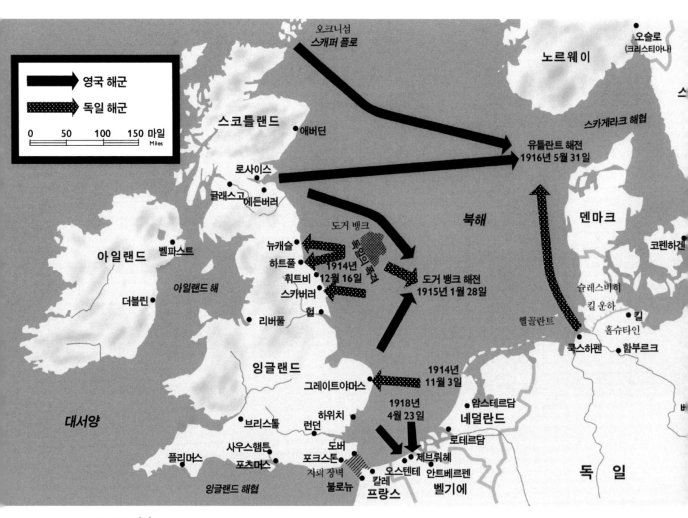

지도10 해전.

직임을 파악하고 있었다. 전쟁 초기에 러시아인들이 발트 해에서 독일 해군 장교의 시신을 발견했다. 시신은 독일 암호첩의 사본을 지니고 있었고 러시아인들은 이를 영국인들에게 전달했다. 연합국 간의 협력을 보여주는 드문 행동이었다. 그때부터 영국인들은 독일의 무전을 모두 해독할 수 있었다. 5월 31일 중요한 날이 왔다. 쉐어가 덫을 놓았다. 히퍼Franz von Hipper 제독이 순양전함들을 이끌고 앞서가서 영국 배들을 유인해 본 함대로 끌고 오기로 되었다. 영국인들은 미리 경고를 들은 상태였다. 스캐퍼 플로 항으로부터 젤리코John Rushworth

Jellicoe가 독일인들을 스스로 놓은 덫에 빠뜨리기 위해 영국 대함대를 이끌고 남쪽으로 내려왔다. 해군력이 이정도로 전개된 적은 이전에 한 번도 없었다. 영국 측 전력은 드레드노트급 전함 28척과 순양전함 9척이었고, 독일 측 전력은 드레드노트급 전함 16척과 순양전함 5척이었다. 모두 250척의 함선에 적어도 25명의 제독이 참가하고 있었다. 이상하게도 이 모든 일의 결과는 별로 없었다.

처음에는 모든 일이 계획대로 진행되었다. 영국 순양전함들을 지휘하는 비티David Richard Beatty가 이른 오후에 히퍼와 붙었다. 영국 함선 2척이 침몰했지만 비티는 독일 본 함대를 향해 밀고 나아갔다. 쉐어는 일대 기회가 왔다고 생각했다. 비티가 방향을 돌렸다. 겉보기에는 도망치는 것처럼 보였다. 쉐어가 두 시간 동안 추격했다. 오후 6시 15분 영국 본 함대가 수평선으로 모습을 드러내 적과 거리를 두고 전열을 갖추었다. 대형 함포들이 포격을 시작하기 직전 쉐어는 덫이었음을 깨달았다. 그도 6시 30분이 지나자마자 방향을 돌렸다. 젤리코는 추격을 시도하지 않았다. 그는 독일 함선을 침몰시키는 것보다 영국 함선을 보존하는 것이 더 중요하다는 교리를 확고하게 세워 놓고 있었고, 추격 도중 자신의 배늘이 독일의 기뢰나 잠수힘과 맞닥뜨리게 될 것이라 생각했다. 사실 전투 현장에는 기뢰도 잠수함도 없었다. 맞았건 틀렸건 젤리코는 방향을 돌렸다. 전투는 끝난 것처럼 보였다. 반시간 뒤 쉐어의 배들이 갑자기 다시 나타나 영국 진영의 중심을 때렸다. 왜 그랬는지 아무도 모른다. 아마도 쉐어가 뒷면을 뚫고 지나가기를 바라서 그랬을 것이다. 전투는 대략 15분 동안 재개되었다. 그러고 나서 쉐어가 다시 방향을 돌렸고, 젤리코도 그렇게 했다. 영국인들은 이제 독일인들과 귀환로 사이에 있었다. 통신은 두

절되어 있었다. 젤리코는 독일이 지나갈 길을 추측해볼 수 있을 뿐이었는데 그 추측이 틀렸다. 그러나 런던에서 해군성이 독일의 무전을 해독했고, 쉐어가 택할 경로를 젤리코에게 알렸다. 이 통보를 젤리코가 받지 못했다. 어쩌면 그가 무전 같은 최신 발명품을 믿지 못해서였을 수도 있다. 쉐어는 영국인들의 뒷면을 지나 빠져나갔고 무사히 귀환했다. 젤리코는 빈 바다 위에 있는 자신을 발견했고, 귀환했다. 이것으로 유틀란트 해전이 종료되었다.

사진106 주력함 아이언듀크Iron Duke 호 위의 젤리코: 어느 날 오후 당할 수 있었던 패배를 면했다.

(위) **사진108**
교전 중인 독일 함대.

(오른쪽) **사진107**
쉐어 제독.

     승자는 누구였을까? 영국인들은 배를 더 많이 잃었다. 순양전함 3척, 순양함 3척, 구축함 8척을 잃었고, 독일인들은 전함 1척, 순양전함 1척, 경순양함 4척, 구축함 5척을 잃었다. 영국의 포가 독일보다 열세였고 장갑판에도 문제가 있었다. 적어도 1척의 순양전함이 폭발한 이유는 불꽃이 탄약이송장치를 지나 탄약에 옮겨 붙었기 때문이었다. 게다가 결정적 순간에 독일 함대가 영국 함대로부터 도망쳤다. 그리고 젤리코의 눈에는 이것이 제일 중요했다. 그는 독일 함대를 파괴해서 전쟁에서 이길 수 있으리라 생각지 않았다. 그는 자신의 함대를 보존하지 못한다면 패배할지 모른다고 생각했다. 많은 영국인들이 이 교리를 받아들이지 않았고, 이듬해 젤리코는 좀 더 공격적인 비티로 교체되었다. 그러나 비티 역시 지휘권을 넘겨받자 조심스러워졌다. 그도 독일인들이 나오지 않는 한 대함대는 항구에 머물러 있어야만 한다고 인식했다. 독일인들은 두 번 시험 삼아 등장하더니 그러고 나서 적절한 때 후퇴했다. 영국과 독일의 함대는 서로 비등했다. 영국인들은 여전히 멀리서 봉쇄 작전을 수행하고 있었고, 전 세계에서 물자를 들여오고 있었다. 진짜 위험은 독일이 유틀란트 해전에서 자신들이 승리했다고 생각한 데 있는 것이 아니라 이 해전에서 졌다고, 적어도 같은 종류의 전투를 또 치른다 해도 얻을 것이 없다고 생각한 데 있었다. 독일 조선소들은 군함이 아니라 잠수함을 건조하도록 체제를 전환했다. 독일 수병들은 함선에서 임무가 해제되어 잠수함전을 위해 훈련받았다. 독일 해군 제독들과 육군 장군들 모두 1916년의 실패에서 무제한 잠수함 작전이 독일의 결정적인 방책이라는 교훈을 끌어냈다. 전략적 관점에서 이것이 1916년이 남긴 결과였다.

민간인들은 전쟁이 자신들에게 더 가까이 다가오고 있다고 느꼈다. 더 이상 생면부지의 전쟁 영웅들만 사상자 명단을 채우지 않았다. 누군가의 친구, 그리고 친척이 명단에 올랐다. 또한 그해 사람들의 삶을 바꾸어 놓은 것 중 오래도록 계속된 일이 하나 있었다. 당시에는 일광절약이라 불렸고 현재는 서머타임이라 부르는 그것이다. 이는 성서에서 여호수아Joshua가 기도로 해와 달을 멈춘 것보다 더 대단한 일이었다. 어제와 같은 시각에 하늘 위의 태양을 어제와 다른 위치에 있게 만든 것인데, 실제는 아니었지만, 어쨌거나 사람들이 그렇다는 가정 하에 행동하게 만들었다. 태양의 위치를 바꾼다는 생각을 할 정도였지만, 사람들은 여전히 자유 선택의 이념과 "경제학 법칙"의 작용을 부정하거나 수정을 가하길 꺼렸다. 1916년 5월 마침내 영국인들까지 미혼이건 기혼이건 모든 사람에게 병역 의무를 부과하는 제도를 받아들여 모든 나라에서 징집이 이루어졌지만, 어느 나라에서도 민간 부문의 노동력을 어떻게 이끌어가겠다는 생각이 없었다. 또한 물가가 어디서나 상승했지만, 이를 어떻게 해보려 하지 않았다. 당시 생존해 있던 사람들이 기억하는 한 물가와 환율은 안정적이었었다. 이것이 깨지자 사람들은 지금 무슨 일이 벌어지고 있는지 이해하지 못했다. 사람들은 정부가 세금을 걷어서가 아니라 종이쪽에 불과한 지폐를 발행해 지출함으로써 인플레이션이 오게 되었음을 알지 못했고, 대신 인간의 사악함 — 매점매석꾼이나 노동조합의 탐욕 — 에 비난의 화살을 퍼부었다. 몇몇 나라에서는 식량 배급이 이루어졌다. 다른 곳에서는 "돈이 있는 사람이 가져가는 분배"

사진109 먹을거리를 찾아 쓰레기더미를 뒤지는 베를린의 여성들.

가 이루어졌다. 식량 가격 상승은 그냥 내버려두었다. 독일인들은 이전부터 자신들에게 식량이 부족한 이유가 영국인들이 "봉쇄로 굶주림을 가져왔기" 때문이라는 이야기를 퍼뜨리기 시작했다. 하지만 독일은 전쟁 전에 식량을 수입한 적이 없었다. 진실은 독일인들 자신이 초래한 굶주림이었다는 것이다. 수백만의 사람들이 들판을 떠나 군대로 가서 복무했다. 높은 가격을 받으니 농민들은 가축을 시장에 내다 팔았다. 그렇게 해서 물자가 부족해졌다. 1916년에는 작황이 좋지 않았고, 뒤 이은 겨울은 냉혹했다. 순무가 가장 주요한 식량이었다. "순무로 겨울을 난 일"이 많은 이들에게 가장 강렬한 전쟁의 기억이었다. 영국인들은 이러한 어려움을 면했다. 영국은 식량 배급이 전혀 없었다. 영국인들이 겪은 최악의 경험은 밀가루에 호밀과 옥수수 나중에는 감자가루가 섞인 일이었다. 이 일로 전쟁 배앓이 증후군이라는 것이 생겨났다. 고통스럽기는 했지만 상상의 병일 뿐이었다.

이러한 고난에도 불구하고 불만을 적극적으로 표출하는 일은 드물었다. 러시아를 제외하면 대부분의 나라에서 노동조합 지도자들이 산업을 원만하게 가동하는 데 정부에 협력했고, 노동자들은 임금이 올라 조용했다. 교전국의 몇몇 사회주의자들이 스위스에서 만나서 모든 나라의 노동자 계급이 나서서 전쟁을 끝내자고 호소했다. 제국주의 전쟁을 내전으로 전환시키자고 한 레닌에게는 충분히 극단적인 주장이 아니었다. 노동자들은 둘 다 관심을 갖지 않았다. 압박 받던 민족들의 원한도 큰 혼란을 가져오지 않았다. 종종 오스트리아-헝가리제국 군대의 체코 부대들이 러시아 전선에서 적절한 때를 찾아 이탈했는데, 이는 민족적 이상에 따른 것이라기보다 착한 병사 슈베이크같이 오스트리아-헝가리제국 군대에 끌려온 체코 군인

에 대한 전우애였다. 2월에 파리에 있던 몇몇 체코 망명자들이 국민
회의를 설립해 자기 민족의 독립을 선언했다. 국민회의는 연합국 측
으로부터 관심을 얻지 못했고, 오스트리아-헝가리 정부에는 더 그랬
으며, 본국의 체코인들은 국민회의에 가장 무관심했다. 체코 민족의
대표였던 마사리크Tomáš Garrigue Masaryk 교수는 자신이 런던 킹스 칼
리지King's College에서 교수직을 얻는 데 애스퀴스가 동의했을 때 일이
잘 풀리고 있다고 생각했다. 그러나 마지막 순간에 애스퀴스가 취소
했다. 약소 민족들이 자유를 얻기까지는 더 기다려야 했다.

　　　한 약소 민족이 1916년에 자유를 위한 투쟁을 벌였다. 지역을
떠나 전쟁 중에 일어난 유일한 민족 봉기였다. 아일랜드는 전쟁 전에
거의 내란의 지경까지 이르렀었다. 아일랜드인 대다수가 자치를 요
구했고, 얼스터의 소수파는 내전의 희생을 치르고서라도 이에 저항
할 태세였다. 그러나 전쟁이 시작되자 거의 모든 아일랜드인이 약소
국 벨기에의 중립 침해에 대항한다는 명분을 열렬히 옹호했다. 그러
는 동안 자치는 지연되었다. 아일랜드인들은 가톨릭교도이건 신교
도이건 영국군에 징집되었다. 독일의 지원을 받아 반란을 일으키고
자 일찍이 조직되었던 얼스터 의용군은 공식 부내 단위로 편입되었
다. 반면 반란까지는 아니고 자신들의 법적 권리를 주장했던 아일랜
드 의용군은 무시당했다. 얼스터의 붉은 손이 군의 공식적인 상징이
되었고, 켈트족의 악기인 하프 문장紋章은 아직 채택되지 않았다. 아
일랜드 의용군 일부가 이에 분개했다. 14만 명 가운데 대략 1만 명이
이탈해 반란을 준비했다. 그들 역시 이전의 얼스터 의용군처럼 독일
의 지원을 얻으려 했다. 한때 콩고 주재 영국 영사로 일했던 로저 케
이스먼트 경Sir Roger Casement이 먼저 미국으로, 그 뒤에는 독일로 갔다.

(위) **사진110** 독일 총을 아일랜드로 몰래 운반하는 영웅들.

(아래) **사진111** 아직은 사람들을 움직이지 못한 구호, "아일랜드를 위해 싸우자".

그는 독일에 잡혀 있는 아일랜드인 포로들을 아일랜드 군단으로 편입시키려 했으나 거의 성과가 없었다. 그는 독일인들에게 봉기를 위한 무기와 인력을 투입해달라고 재촉했다. 독일 관리들은 보수적이고 점잖아 그러한 위험한 생각을 좋아하지 않았고, 또한 아일랜드를 공격하는 것이 비현실적이라 생각했다. 그럼에도 1916년 부활절로 봉기의 날짜가 잡혔다. 마지막 순간에 케이스먼트가 독일인들이 자신을 속이고 있고 실질적인 지원을 할 의도가 없음을 알아차렸다. 그는 동료들에게 반란을 시도하지 말라고 타이르기 위해 독일을 떠나 독일 잠수함을 타고 아일랜드로 왔다. 그러나 독일의 지원 가능성이 없음을 알려주지는 못했다. 그는 상륙해 인적 없는 해변을 홀로 서성거리다가 몇 시간 안 되어 체포되었다.

아일랜드에서도 사람들에게는 확신이 없었다. 아일랜드 의용군의 참모총장 존 맥닐John MacNeill은 처음에는 사임했다가, 생각을 바꿔 봉기를 취소하라는 명령을 내렸다. 십만 명 가운데 대다수가 집으로 돌아갔다. 더블린에서 몇몇 지도자들이 그대로 봉기를 진행하기로 결심했다. 그들은 가까스로 2천 명을 끌어 모았고, 겨우 20명의 수비대가 지키고 있을 뿐인데도 행성의 중심인 더블린 성을 점령하는 데 실패했다. 1916년 부활절 다음 날 그들은 중앙우체국에 본부를 설치하고 아일랜드 공화국을 선포했다. 닷새 동안의 전투가 뒤따랐다. 영국군의 포격으로 더블린 중심의 상점가들이 해를 입었다. 아일랜드인들은 그 주 금요일에 항복했다. 반란군은 자국에서 지지를 얻지 못했었는데, 많은 이들에게 영국 군대에서 복무하는 친척이나 친구들이 있었다. 영국 정부는 유혈 진압으로 반란군들을 영웅으로 만들었다. 공화국을 선포하는 데 서명한 일곱 사람이 모두 총살되었

사진113 바리케이드를 치고 지키는 더블린의 공화주의자들.

다. 그 중 한 명은 전투에서 중상을 입어 일어설 수 없어 의자에 앉은 채로 총살당했다. 의용군 사령관들도 법적으로 영국 국적 소지자가 아닌 데 발레라Eamon de Valera 한 명을 제외하고 모두 총살당했다. 케이스먼트는 런던으로 이송되어 대반역죄로 기소되었다. 2년 전 얼스터에서 대반역죄에 대한 변호에 앞장섰던 법무상 스미스Frederick Edwin Smith가 기소를 지휘했다. 케이스먼트는 유죄 판결을 받고 사형 선고를 받았다. 사형 집행을 유예해달라는 요구가 들려왔으나, 영국 정부는 이러한 요구를 잠재우기 위해 케이스먼트가 동성애자임을 보여주는, 아마도 진짜로 그가 쓴, 일기 구절들을 유포했다. 요구는 사그라들었고, 케이스먼트는 교수형에 처해졌다. 그런 가운데 수천 명의 아일랜드인이 재판도 받지 않고 영국에 있는 강제수용소로 보내졌다. 약소 국가의 자유를 위해 싸우고 있다는 영국의 주장에 꼬리표로 따라붙은 아이러니한 사실이었다. 그럼에도 불구하고 그 일로 양심

사진112
영국의 통치가 확립된 아일랜드.

의 가책은 느끼지 않았다. 영국 정부는 다른 모든 정부들과 마찬가지로 자신들의 대의가 옳다는, 그리고 좀 더 급히 이루어야 할 일인데, 틀림없이 승리하리라는 흔들림 없는 확신을 여전히 내보였다.

이렇게 겉으로 보이는 모습 뒤에서 장군들과 정치인들은 서로를 점점 더 의심하는 눈초리로 바라보았다. 거의 모두가 최고 지휘권에 약간의 변화를 준다면 전쟁 수행이 더 잘 될 것이라 믿었다. 가장 먼저 나가야 할 사람은 키치너였다. 그는 사안들에 대한 실제적인 영향력을 이미 모두 상실했다. 그는 러시아를 방문하도록 떠밀렸는데, 6월 5일 순양함 햄프셔Hampshire 호를 타고 가다가 오크니 제도 앞바다에서 기뢰에 걸렸다. 키치너와 거의 모든 승무원들이 물에 빠져 숨졌다. 슬프고도 한편으로는 숭고한 죽음이었다. 이전 전쟁들과 제2차 세계대전에서는 장군들, 심지어 원수들도 위험을 무릅써야 했고 작전 중에 전사하기도 했다. 이들은 제1차 세계대전 때는 고난을 겪지 않았다. 키치너 빼고 모두가 그랬다. 키치너는 양측을 통틀어 군의 뛰어난 인물들 가운데 비참한 최후를 맞은 유일한 이였다. 애스퀴스는 전쟁이 끝나면 키치너를 기념하는 기념비를 세우겠다고 공표했다. 그러나 전쟁이 끝났을 때 사람들은 키치너를 잊었다. 기념비는 세워지지 않았다. 대중에게 이름난 상징적 인물로서 그의 자리를 차지한 사람은 없었다. 로이드 조지가 그를 이어 전쟁상이 되었는데, 키치너에게서 권력을 빼앗으려고 만들어진 장치들이 자신에게도 불리하게 작동하고 있음을 알았다. 로버트슨이 참모총장으로서 여전히 전략의 방향을 결정하는 최고 지휘관이었고, 이것이 로이드 조지가 최고 지휘권에 변화를 주어야겠다고 결심을 굳힌 이유가 되었다.

다음으로 몰락할 인물은 팔켄하인이었다. 그는 유능한 군 지

사진114 힌덴부르크선.

도자였으나 — 사실 다른 지도자들보다 조금 더 유능한 정도였지만 — 매력이 없었다. 베르됭과 솜므의 상대적인 실패를 가리려면 좀 더 명성 있는 인물이 필요했다. 마지막 타격이 된 것은 브루실로프 공세의 성공에 고무된 루마니아가 8월 27일 독일에 대항해 참전한 일이었다. 연합국이 헝가리 영토를 주겠다는 통 큰 약속으로 루마니아를 꾀어낸 일로 팔켄하인이 비난을 받을 이유는 없었다. 그러나 독일 여론을 위해서는 극적으로 사기를 진작시킬 일이 필요했다. 싱징적 인물이 바로 대기하고 있었다. 거대 목상까지 세워진 힌덴부르크였다. 힌덴부르크는 제국 사령부에 급히 소환되어 참모총장이 되었고, 루덴도르프를 지휘 명령권자로 곁에 두었다. 팔켄하인은 루마니아 전역 수행의 책임을 맡았는데, 너무나 성공적으로 해내 독일 군대들이 1916년이 끝나기 전에 사실상 루마니아 전체를 침략했다. 그러나 독일의 점령 전에 영국 요원들이 대부분의 유정을 파괴했기 때문에 독일은 전쟁이 끝날 때까지 루마니아에서 거의 원유를 얻지 못했다.

힌덴부르크, 아니 오히려 힌덴부르크를 통해서 말하는 루덴도르프는 멀리 동부전선에 있으면서 팔켄하인에 대한 비판을 계속 쏟아냈었다. 루덴도르프는 최고사령부가 탄넨베르크에서 승리했던 부대들을 서부로 배치한다면 승리할 수 있을 것이라 확신했다. 그런데 거기서 루덴도르프는 팔켄하인이 겪은 어려움을 처음으로 알게 되었다. 식량 부족의 곤란함이 그를 짓눌렀고, 사실상 무너진 오스트리아–헝가리군이 거기에 어려움을 더했다. 그는 지체하지 않고 자신의 권한을 크게 만들었다. 노동조합 지도자들과 좋은 관계를 맺고 있던 장성인 그뢰너Wilhelm Groener를 불러 전쟁성을 설치했다. 이 기구는 전쟁 수행을 위해 독일의 민간 인력을 동원했는데, 명목상 18~60세까지 모든 남성의 노동력을 동원할 수 있었으나 실제로는 더 높은 임금을 주는 방식에 의존했다. 루덴도르프는 또한 오스트리아–헝가리

사진115 루마니아에서 승리한 팔켄하인(오른쪽에서 네 번째).

군이 독일 사령부의 지휘에 종속되도록 만들었다. 이때부터 합스부르크제국은 군사적인 관점에서 더 이상 독립 국가가 아니었다.

이러한 조처에도 서부전선에서 루덴도르프가 전역을 수행하기가 수월해지지 않았다. 그는 팔켄하인이 감히 시도하지 못했던 전략 변경을 실행하기 위해 곧장 힌덴부르크의 명성을 이용했다. 루덴도르프는 참호선 1야드를 더 나아가기 위한 싸움을 중단했다. 그리하여 독일군은 뒤로 물러났고, 손실을 줄였다. 루덴도르프는 더 나아가 독일의 전선을 단축하기로 결심했다. 서부전선의 마을과 들판은 프랑스인들에게는 감정적인 가치가 있었지만 독일인들에게는 아니었다. 겨우내 독일 후방의 각군은 무작정 그은 것이 아니라 전략적 이점을 위해 체계적으로 새로 설정된 "힌덴부르크선"을 준비하는 데 힘을 쏟았다. 이 작업은 연합국의 방해를 받지 않고 착착 진행되었다. 대피호를 만들어 장비를 넣었으며, 기관총 배치를 위해 콘크리트로 사격진지를 만들었고, 거의 전선 코앞까지 경량 철도망을 부설했다. 루덴도르프는 이러한 방식으로 적은 수의 사단을 가지고도 성공적인 방어를 기대할 수 있었다. 그러나 러시아가 겉보기에는 흔들리지 않고 전쟁에서 이탈하지 않고 남아 있어 결정적인 승리를 꿈꿀 수 없었다. 오직 독일을 방어할 수 있었을 뿐 그 이상은 불가능했다. 따라서 그 역시 팔켄하인과 해군 제독들이 오래도록 주장해온 정책으로 돌아왔다. 무제한 잠수함 작전이었다. 그는 힌덴부르크의 명성이 주는 힘을 더해 설득했다.

그리하여 독일의 정책 방향을 놓고 일대 충돌이 벌어졌다. 재상 베트만은 처음부터 결정적 승리에 대한 믿음이 없었다. 그의 의도는 항상 타협을 통한 강화를 제안하는 것이었으나, 다른 이들 — 장군들, 제독들, 독일 국민들 — 이 승리는 불가능하다는 그의 견해에 동의하는 쪽으로 돌아올 때만 그렇게 할 수 있었다. 그는 사실 힌덴부르크의 명성으로 타협을 통한 강화가 쉬워질 수 있겠다는 계산으로 힌덴부르크와 루덴도르프의 임명을 지지했었다. 베트만의 이 계획은 부메랑이 되어 돌아왔다. 도리어 잠수함전을 실행하는 쪽으로 힌덴부르크의 명성이 이용된 것이다. 잠수함전에 대해서도 베트만은 확신이 없었다. 그는 육군 장군들을 믿지 못했던 만큼이나 해군 제독들에 대해 회의적이었다. 오히려 그는 무제한 잠수함 작전이 미국을 전쟁으로 끌어들이게 될까 극히 두려워했다. 무제한 잠수함 작전으로 과연 교착 상태가 끝날 터였다. 그것도 독일에게 불리한 쪽으로 말이다. 베트만은 재상으로서 자신의 권위를 사용할 도리가 그냥 없었다. 권위가 거의 없었던 것이다. 모든 나라의 다른 민간 지도자들처럼 베트만은 전쟁을 향한 대중의 열의를 식지 않게 하기 위해 의도적으로 장군들의 명성이 쌓이도록 했다. 이제 이러한 명성이 너무 강해져 그가 어찌할 수 없었다. 무제한 잠수함 작전을 막는 것은 그의 힘을 넘어서는 일이었다. 그의 유일한 희망은 잠수함 작전이 시작되기 전에 독일에게 만족스러운 강화를 이루어내는 일뿐이었다. 그러나 강화는 승리만큼 그 내용이 유리해야만 했다. 영국을 굶주림으로 몰고 가서 결정적 승리를 이루겠다고 약속하던 해군 제독들이 반발하지 않을 정도로 말이다.

또 다른 어려움이 있었다. 결정적 승리가 불가능하리라 믿었던 사람들마저도 — 모든 교전국에 그런 사람들이 있었는데 — 적이 결정적 승리를 얻는 것도 불가능하다고 믿었다. 그들이 주장하길, 교착 상태로 인해 타협을 통한 강화를 바라볼 수밖에 없었다. 그

사진116 부쿠레슈티의 한 교회를 나서는 육군원수 마켄젠August von Mackensen: 신께 또 감사드리자.

리고 이는 서로 간에 양여를 수반하는 현상現狀으로의 복귀를 의미
했다. 그런데 무엇이 현상이란 말인가? 연합국은 전쟁이 시작되기
전인 1914년 6월의 상황을 현상이라 생각했고, 독일인들의 눈에는
1916년 가을의 상황이 현상이었다. 연합국은 전쟁 전의 국경을 시작
점으로 여겼고, 독일인들은 현재의 참호선을 시작점으로 생각했다.
연합국의 시각으로는 독일 군대가 침략에 대한 처벌을 받지 않고 자
신들이 끼친 손해를 보상한 후에 귀향하도록 한다면 관대한 타협일
것이었다. 타협에 대한 독일인들의 생각은 전시에 정복한 것 가운데
일부를 계속 보유하고 나머지를 포기하는 대가를 얻는 것이었다. 교
착상태로 타협이 더 가까워지리라 예상되었지만 실제로는 타협이
더 멀어졌다. 양측 가운데 어느 편도 패배의 위협을 느끼지 않는 한
상대가 제시하는 타협안을 수용하지 않을 터였다. 승자는 타협을 생

사진117 불붙은 원유로 연기에 덮인 콘스탄차.

각할 필요가 없으니까. 만일 교전국 정부들 중 어느 하나라도 국내의 불만과 혁명으로 위협을 받고 있다고 생각했다면 상황이 달랐을지도 모르겠다. 기묘하게도 이 시점에서는 오스트리아-헝가리제국 말고 어느 나라 정부도 국내적인 위협을 느끼지 않았고, 오스트리아-헝가리제국은 독일의 통제에 꽉 묶여 있어 독자적인 행동을 할 수 없었다. 오히려 정부들, 더더구나 개개의 정치가들은 약속했던 결정적인 승리를 얻지 못할 경우 자신들의 지위가 위태로울 것만을 염려했고, 그래서 심지어 결정적인 승리가 이루어질 것이라고 더 이상 믿지 않는 이들도 계속해서 결정적인 승리를 약속했다.

독일이 희망하는 것 가운데 최상은 전면적인 강화가 아니었다. 가장 좋은 것은 연합국 가운데 어느 한 나라를 떼어놓고 나서 승기를 잡는 것이었다. 팔켄하인은 프랑스를 떨어져나가게 하려고 했다가 실패했다. 베트만은 러시아를 협상을 통해 이탈시키려 했다. 프랑스보다는 훨씬 가능성이 높아 보였다. 러시아 황제와 반동적인 각료들은 서유럽 국가들을 위한 결정적 승리에 관심이 없었고, 세계를 안전하게 만들어 민주주의를 지키는 데는 더더욱 관심이 없었다. 독일로서는, 정치적인 것을 고려하지 않고 수치만으로 계산하면 동유럽의 땅을 획득해서 얻을 것이 거의 없었다. 거의 없었다고 말하는 것이 좀 그렇지만 어쨌든 독일이 서유럽에서 얻고자 했던 산업적 이익과 비교하면 그랬다. 베트만은 시험 삼아 1914년의 국경 뒤로 후퇴하겠다고 제안했다. 러시아 정부가 답하려던 찰나에 루덴도르프가 끼어들었다. 그는 자신과 힌덴부르크가 정복한 동유럽 영토를 포기하려 하지 않았다. 만약 포기한다면 힌덴부르크의 명성이 어떻게 되겠는가? 게다가 그는 앞으로의 작전을 위해 더 많은 병력을 찾는 데 혈안이 되어있었고, 폴란드인들이 독립을 약속 받는다면 독일 편에 들어와 열성적으로 싸우리라 생각했다. 1916년 11월 폴란드에 약속이 주어졌다. 이로써 러시아와 타협을 통한 강화를 이룰 가능성이 완전히 사라졌다. 그러나 약속을 해준 보람이 없었다. 폴란드인들은 독일의 약속을 신뢰하지 못했다. 루덴도르프가 기대했던 15개 사단이 아니라 고작 1,400명만 지원했다. 이렇듯 기묘하게 동부전선의 독일 병사들은 폴란드의 독립을 위해 계속해서 싸워야 했다. 더 바르게 말하면, 그들은 폴란드인들도 독일인들도 믿지 않은 독립 약속을 위해 싸웠다.

베트만은 무제한 잠수함전, 그리고 그에 따른 미국의 개입이 더욱 가까이 다가왔음을 느꼈다. 그의 마지막 수단은 강화 협상을 제안하는 것이었다. 어떤 결과를 바라고 하는 것이 아니라 협상을 하는 동안만이라도 미국을 중립국으로 붙들어 놓기 위해서였다. 12월 12일 독일 정부가 연합국에 협상을 막연하게 제안하는 강화 각서를 내놓았다. 독일의 강화 조건은 명기되지 않았다. 베트만은 로렌 지역의 프랑스 철광 지대, 벨기에에 대한 경제적 지배, 벨기에령 콩고, 그리고 독일 보호하의 폴란드 왕국을 요구하려 했다. 오스트리아-헝가리제국을 위해 발칸 반도에서 양보를 얻어야 할 것은 말할 것도 없었다. 독일 장군들은 그보다 훨씬 많이 요구하려 했다. 그들은 1914년에 독일이 프랑스와 러시아로부터 공격당했으니 미래의 안전을 담보하기 위해 대규모의 양여가 있어야 한다고 주장했다. 연합국은 협상 제의를 즉각 거부했다.

겉으로 드러나지는 않았지만 연합국 측 몇몇 국가에서도 1916년 가을 동안 강화가 꽤 거론되었다. 그러나 강조점이 상당히 달랐다. 독일에서 다수의 주도적인 인물들이 결정적인 승리가 불가능함을 인정했고 따라서 전쟁을 끝내기 위해 감수할 만한 조건이 무엇일지 질문했다. 연합국 측 사람들은 "승리가 불가능한 건가?"라는 첫 번째 질문에서 더 나아가지 못했다. 루덴도르프와 달리 연합국의 장군들은 여전히 자신만만했다. 헤이그는 1917년 안으로 플랑드르 지역에서 최종적인 승리를 이룰 것을 장담했다. 로버트슨은 승리를 의심하는 질문이 있다는 것 자체를 놀라워했다. 조프르에게는 소모전에 대한 변함없는 믿음이 있었다. 그가 예상하길 이제부터는 주로 영국인들이 적을 살상하며 가장 큰 희생을 치르게 되겠지만 말이다. 그러나 조프르가 최고사령관의 권한을 휘두를 수 있을 날도 끝나가고 있었다. 프랑스 하원에서 의원들이, 사상자가 대규모로 발생하고 있는데 조프르는 거기에 관심이 없다고 성토했다. 수상 브리앙은 자신이 살기 위해 조프르를 제거해야겠다고 결심했다. 운명은 생각지도 못한 낯선 후임자를 만들어 놓았다. 10월말 전투가 끝난 것처럼 보였을 때 베르됭 지역 사령관인 니벨Robert Georges Nivelle이 독일을 기습했고, 프랑스인들이 한 해 동안 잃었던 거의 모든 영토를 매우 적

사진118 승리의 비책이 있다고 생각한 니벨 장군.

은 희생으로 탈환했다. 그는 하루아침에 국가적 영웅이 되었다. 니벨은 승리의 비책을 알아냈노라 공표했다. 그것이 무엇인지는 말하지 않고 말이다. 유혹을 거부하기 힘들었다. 조프르는 한 층 더 높은 지위로 영전했다. 프랑스 육군의 대원수가 되었고, 그러면서 더 이상 전쟁에 영향을 줄 수 없었다. 그를 대신해 니벨이 서부전선에서 최고 사령관의 자리를 맡았다. 브리앙이 영리한 노림수를 둔 것이다. 아무런 소란 없이 조프르가 배제되었다. 그러나 그 대가로 브리앙은 오히려 조프르보다 더 결정적인 승리밖에 모르는 새로운 사령관을 상대하게 되었다. 다른 프랑스 장군들은 거의 예외 없이 프랑스 군대들이 새로운 공격을 수행할 수 없다고 주장했지만 말이다. 따라서 브리앙은 타협을 통한 강화의 문제를 심지어 말하고 다닐 형편도 안 되었다.

영국에서는 좀 더 진지한 논의가 있었다. 몇몇 민간 각료들은 장군들의 신념을 함께 가지길 거부했다. 런시먼Walter Runciman과 맥케나Reginald McKenna 같은 자유당원들은 영국이 경제적으로 붕괴할 지경이라 생각했다. 상원의 보수당 지도자 랜즈다운 후작Lord Landsdowne, Henry Charles Keith Petty-Fitzmaurice은 훨씬 더 나아가, 전쟁이 몇 해만 더 계속된다면 유럽 문명의 근간이 견디지 못하고 붕괴할 것이라고 주장했다. 그 누구도 공공연히 말하지는 못했던 내용이었다. 반면 로이드 조지는 적들을 "한방에 날려버릴 것"을 촉구하며 열의에 찬 대응으로 반박했다. 영국인들은 위대한 도덕 원칙들을 위해 싸우고 있었다. 적어도 대부분의 영국인들이 그렇게 생각하고 있었다. 이러한 원칙들은 타협을 통한 강화가 아니라 독일의 완전한 패배로 분명하게 드러날 수 있을 것이었다. 로이드 조지는, 현재와 같이 연합국 사이에 협조가 없고 전쟁을 위해 국가자원을 가차 없이 동원할 수 없는 상황이 지속된다면, 전쟁을 승리로 이끌 수 없다고 생각했다. 그는 11월에 파리에서 열린 연합국 회의에 참석해 동행했던 모리스 행키Maurice Hankey에게 "우리는 이 전쟁에 지게 될 걸세"라고 침울하게 말했다. 로이드 조지는 전쟁 수행에 좀 더 박차를 가할 것을 결심했다. 보수당 지도자 보너 로Bonar Law가 그를 지지했다. 로이드 조지가 가진 애초의 생각은 애스퀴스가 명목상의 지도자로 계속 수상을 맡고 전쟁 지휘를 자신에게 맡겨달라고 요구하는 것이었다. 애스퀴스는 처음에 동의했다가 마음을 바꿨다. 그는 자신을 "없어서는 안 될 사람"이라 생각했고, 따라서 내각 총사퇴를 감행하면, 로이드 조지를 배제하거나 혹은 그를 완전히 길들인 후 다시 조각할 수 있다고 생각했다.

하지만 계산이 빗나갔다. 일단 내각 사퇴로 물러나자 애스퀴스는 돌아올 수 없었다. 평의원들 역시 보수당 자유당 할 것 없이 "전쟁 수행에 박차를 가하기"를 원했고, 누가 이끄는가에 대해서는 신경을 쓰지 않았으며, 로이드 조지가 이끌 때 전쟁 수행이 더 힘을 받으리라 인식했다. 보너 로가 비버브룩Max Aitken, 1st Baron Beaverbrook의 설득으로 보수당원들을 데려왔다. 크리스토퍼 애니슨Christopher Addison이 120명의 자유당원들을 "몰아" 왔다. 로이드 조지는 노동당의 지지를 얻음으로써 특히 효과적인 한 수를 두는 데 성공했다. 노동당은 하원에서 소수에 불과했으나 공장 노조의 협력을 함께 가지고 온 셈이었다. 1916년 12월 5일 로이드 조지가 수상이 되었다. 그는 자신을 포함해 보너 로, 밀너Alfred Milner, 커즌George Curzon, 헨더슨Arthur Henderson과 함께 다섯이서 전시 내각을 구성했다. 부처 간 알력에 영향 받지 않고 전쟁 승리에만 전념할 사람들이었다. 로이드 조지는 사업가들과 노조 지도자들을 각료로 불러들였다. 애스퀴스와 이전 자유당 각료들은 사임하고 야당이 되었다. 1915년 5월 전시 연립내각이 구성된 이래 비어 있던 공식적인 야당의 지위였다. 그들은 여전히 전쟁 지지를 약속하고 있었다. 어쨌거나 결국 애스퀴스와 그레이가 영국을 전쟁으로 끌고 들어왔고, 로이드 조지는 마지막 순간까지 반대했었다. 그럼에도 자유당원들은 할 수만 있다면 기를 쓰고 로이드 조지를 힘들게 했다. 하지만 로이드 조지는 의회 평의원들의 지지만 받은 것이 아니라 영국 국민들로부터 더 큰 힘을 얻었다. 그는 대중에게 인기 있는 인물이었고, 전쟁의 승리를 가져올 수 있는 사람이었다. 실제로도 전쟁에서 그가 이겼다.

로이드 조지가 최고 권력을 쥐게 됨으로써 런던에서 타협을 통한 강화에 대한 이러쿵저러쿵 시끄러운 이야기가 은연중에 멎었다. 직접적으로 의도되었던 것은 아니었다. 아무도 그런 논의가 있었음을 공개하지 않았다. 그러나 전쟁 수행을 더 잘하겠다고 약속함으로써 로이드 조지는 이길 수 있다, 그리고 이겨야 한다는 원칙을 전적으로 따르게 되었다. 타협을 통한 강화는 자연히 논의의 대상에서 배제되었다. 베트만의 12월 12일 평화 각서는 로이드 조지에게 매우 유리한 때에 나온 것이었다. 수상으로서 하원 의원들을 처음 만나는 자리에서 그는 베트만을 비난하는 데 시간을 다 썼고, 그럼으로써 그가 왜 애스퀴스를 끌어내렸는지 설명해야 하는 거북한 일을 회피할 수 있었다. 반면 애스퀴스는 로이드 조지를 비판하면 베트만을 지지하는 모양새가 되어버려 그럴 수 없었다. 새 내각은 베트만의 책략을 잘 물리쳤다는 인상을 주며 부상했다.

강화 논의가 수면 밑으로 완전히 사라진 것은 아니었다. 저 멀

사진119 최고 권력을 향해 가는 로이드 조지와 처칠: 성공의 희열.

리 미국에서 윌슨 대통령은 전쟁이 시작되던 날부터 자신이 양측 사이의 공정한 중재자로 등장하게 될 날을 고대해왔다. 그는 "승리 없는 평화"를 원했고 미국이 이를 보장할 것이었다. 따라서 그는 영국의 봉쇄 작전이 독일을 자극하고 독일의 잠수함이 영국을 더 심각하게 도발해도 중립을 지켰다. 루시타니아 호가 침몰한 뒤에도 워싱턴에서 들리는 위협적인 소리라고는 바쁘게 딸깍대는 대통령 집무실 타자기 소리뿐이었다. 그리고 나서 바쁘게 움직였던 것이 통했다. 독일인들이 해상 교전 규칙을 준수하는 데 동의했다. 1916년 가을이 되자 윌슨은 베트만처럼 독일인들의 무제한 잠수함전이 또 다시 다가오고 있음을 알았다. 지금이 중재를 시도할 마지막 기회였다. 윌슨은 또한 군사적 교착 상태가 교전국들을 타협으로 이끄리라 기대했다. 그러나 상황이 여전히 어떻게 될지 모르는 동안에는 그가 자유롭게 행동할 수 없었다. 그는 "우리를 전쟁에서 빠지게 해준 사람"으로

1916년 11월 재선될 때까지는 선거운동에 전력했다. 그 후 문서 초
안을 잡기 위해 좀 더 지체했다가 12월 18일이 되어서야 윌슨이 교
전국들을 초청해 각자의 목표를 말하도록 요청했다. 어쩌면 "그 목표
들이 타협 불가능한 것은 아닐 것"이었다. 하지만 초청이 너무 늦게
이루어졌다. 독일에서 루덴도르프의 권위가 높아짐은 말할 것도 없
이, 영국에서 로이드 조지가, 프랑스에서 니벨이 부상함으로써 모든
주요 교전국들이 타협의 기조에서 돌아섰다. 양측 모두 윌슨의 제안
에 선택할 수 있는 여지가 거의 없다고 분개했다. 독일인들은 자신들
이 이미 타협을 제안했다는 이유로 윌슨의 초청을 간단히 거절했다.
사실 그들은 자신들의 조건이 윌슨을 화나게 할 것임을 알고 있었고
이에 대해 아무 말도 하지 않았다. 과연 윌슨이 독일의 조건을 나중
에 알게 되었을 때, 실제로 그렇게 되었다.

　　독일인들은 단지 미국이 중립을 지키도록 하는 데 신경을 쓰
고 있을 따름이었다. 하지만 연합국은 미국을 자신들 편으로 끌어들
이기를 소망했다. 그래서 좀 더 긍정적인 답을 보내야 했다. 그들이
정말로 믿고 있는 도덕적 우위를 미국의 이상주의를 만족시킬 수 있
는 방식으로 분명하게 보일 수 있는 답이어야 했다. 영국과 프랑스
정부는 급히 자신들이 무엇을 위해 싸우고 있는지 밝혀내야 했다. 그
들은 1917년 1월 10일에 답을 내놓았다. 점령한 모든 영토 — 벨기
에, 세르비아, 루마니아, 서부 러시아, 북부 프랑스 — 에서 철수하고
비용을 내 복구하라고 독일에게 요구하는 것은 쉬운 일이었다. 그러
나 그들은 이러한 요구 이상으로 독일에게 어떻게 해야 하는지 독일
을 패배시키는 것 말고는 알지 못했다. 그들은 따라서 막연하게 "정
당화할 수 없는 공격에 대해 육상과 해상의 국경을 보장하는 것과 같

은 완전한 안보와 국제적 합의"를 이야기했다. 미국의 정서에 호소하기에는 이것으로 충분치 않았다. 연합국은 어떤 위대한 원칙을 또한 펼쳐보여야 했다. 그들은 "민족 자결"이라는 말에서 그러한 원칙을 찾았다. 이 원칙은 알자스 로렌에 관련해서가 아니면 독일에 영향을 주지 않았다. 연합국은 러시아 황제가 자신들의 동맹인 한에서는 폴란드를 언급할 수 없었다. 따라서 원칙은 오로지 오스트리아-헝가리제국과 오스만제국에만 해당되었다. 연합국은 "이탈리아인들의 해방을 요구했고, 마찬가지로 슬라브인들, 루마니아인들, 체코슬로바키아인들을 외국의 지배에서 해방하라"고, 또한 "터키인들의 압제적인 유혈 통치 아래 있는 사람들에게 자유를 주라"고 요구했다. 이는 매우 특별한 결과였다. 연합국은 독일과 싸우고 있었다. 독일의 동맹국이라는 점에서 말고는 오스트리아-헝가리제국 그리고 터키와 다툴 일이 없었다. 그러나 그들은 이제 오스트리아-헝가리제국과 터키제국의 분할을 자신들의 실제적인 전쟁 목표로 삼아버렸다. 전쟁이 시작된 1914년에는 아무도 그런 전쟁 목적을 머릿속에 넣고 있지 않았다. 대중의 의견을 구한 적도 없었고, 대중은 이러한 일을 위해 자신들이 싸우고 있다는 말을 들었을 때 어리둥절해 했다. 이전에는 전쟁 목적을 승리를 쉽게 달성하기 위해 선택했었다. 그러나 연합국의 요구는 승리를 더 어렵게 만들었다. 오스트리아-헝가리제국, 심지어 터키를 독일 편에서 떼어내는 것이 더 어려워졌기 때문이다. 그렇게 할 수 있다면 승리에 분명 도움이 되었을 텐데 말이다. 이상적인 전쟁 목표는 틀림없이 미국 여론에 영향을 주었다. 그러나 미국이 참전한 것은 독일의 잠수함 때문이었지 여론의 변화 때문이 아니었다.

200

사진120 베를린에서 연설하는 카를 리프크네히트: 전쟁을 반대하는 외로운 외침.

　　어쨌거나, 일종의 에필로그 같은, 1917년 1월 10일의 연합국의 각서로 타협을 통한 강화에 관한 모든 논의가 끝났다. 나중에 사람들은 종종 1916년 가을을 돌이켜보면서 옛 유럽이 무너지기 전 전쟁을 끝낼 수 있는 기회를 놓쳤다고 한탄했다. 역사가는 이러한 "일어날 수 있었던 일"을 다루지 않는다. 역사가가 할 수 있는 최대한은 왜 기회를 살리지 못했는지에 대해 넌지시 의견을 제시하는 것뿐이다. 모든 나라에서 막강한 영향력을 가진 몇몇 사람들이 여전히 전쟁에서 이길 수 있었다고 확신하고 있었다. 독일 제독들은 유보트가 출정하자마자 여섯 주 안에 영국을 무릎 꿇리겠다고 공언했고, 루덴도르프가 그들을 지원했다. 영국에서 로이드 조지는 자신이 전쟁을 위해 나라 전체를 움직일 수 있다고 하는 극도로 강한 자신감이 있었다. 헤이그와 로버트슨은 어떻게 이룰지는 몰랐지만 승리를 확신했다. 프랑스 정부는 니벨과 그의 강력한 비책에 현혹되었다. 물론 그들의 사고에는 현실 인식뿐 아니라 희망이 개입되어 있었다. 장군들과 정치가들은 너무 자주 승리를 약속하다 보니 승리할 수 있다고 믿게 되었다. 게다가, 승리를 이야기하면 대중의 박수를 받았다. 타협을 통한 강화를 주장하는 사람들은 모임이 해체되고 그들이 발행하는 신문이 불에 타는 일을 겪었다. 독일에서 칼 리프크네히트Karl Lieb-knecht가 투옥되었고, 영국에서는 버트란드 러셀Bertrand Russell이 갇혔다. 의심할 바 없이 참호 속 병사들은 어떤 조건이 되었든 전쟁이 끝난다는 말을 듣는다면 기뻐했을 것이다. 그러나 전쟁이 승리로 끝나지 않았다는 것이 밝혀지면 격렬한 항의가 뒤따랐을 것이다. 결정적 승리를 거둔 후인 1918년에도 "상대에 너그러운" 강화에 대해 영국과 프랑스에서 수많은 항의의 외침이 있었다. 전쟁에서 싸우려면 여론을 자극할 필요가 있었고, 그 결과 과열된 여론으로 전쟁 지속이 꼭 필요하게 되었다. 모든 나라에서 통치자들은 전쟁을 지속하면 닥칠 결과보다 전쟁을 끝내면 부딪칠 결과를 더 두려워했다.

만일 전면적 타협을 위한 강력한 근거가 있었다면 상황이 달랐을지 모른다. 그러나 그런 근거가 없었다. 근본적으로 양측은 동일한 목적을 위해 싸웠다. 안보를 강화해 또 다른 전쟁이 없게 하는 것이 목적이었다. 그들은 이 목적을 서로 부딪치는 조건들로 바꿔놓았다. 독일인들은 장래 프랑스와 러시아의 공격을 불가능하게 만드는 영토의 양보를 요구했는데, 연합국은 독일의 요구대로 영토를 내어주면 장래 독일의 공격이 더 명백해진다고 생각했다. 연합국은 침략 — 독일의 침략을 의미한다 — 이 성공할 수 없다는 것을 확실히 보여줌으로써 안보를 얻으려 했는데, 그렇게 하려면 독일군의 결정적 패배가 있어야 했다. 연합국에 따르면 오로지 도덕 원칙들을 확립함으로써만 앞날이 안전해질 수 있었는데, 독일의 시각에서 이 원칙들은 독일이 다른 유럽 국가들에 종속된다는 것을 의미했다. 이러한 차이는 좀 더 한정적인 조건으로 정의될 수 있다. 영국인들은 완전한 패배가 눈앞에 보이지 않는 한 독일의 벨기에 철수와 원상태로의 복구가 있어야 만족할 수 있었을 것이며, 마찬가지로 독일인들은 완전한 패배를 눈앞에 두지 않는 한 그들이 그렇게 쉽게 정복한 벨기에를 포기하는 대가가 충분치 않다면 벨기에에서 떠나지 않으려 할 것이었다. 한 발 떨어져서 보면, 군사적 교착 상태로 타협하려는 마음이 일어나야만 했다. 그러나 반대의 일이 일어났다. 양측 모두 "상대가 우리를 패배시킬 수 없다면 왜 타협을 해야만 하는지" 질문했다. 오로지 승리만이 안보를 보장하는 듯 보였고, 사람들은 또 다른 전쟁의 가능성을 확실히 제거하기 위해 계속해서 전쟁을 수행했다.

4장

1917년

만약 1917년 초로 나폴레옹이 돌아온다면, 그는 자신을 놀라게 할 만한 것 혹은 자신이 이해하지 못할 것이 전혀 없음을 발견할 것이다. 그의 시대와 별반 다르지 않은 유럽 국가들이 규모만 좀 커졌을 뿐 아주 같은 종류의 전쟁을 치르고 있었다. 그는 차르와 황제들과 심지어 자유주의 정치인들까지 알아보았을 것이다. 그러나 만약 그가 아주 조금 늦게 1917년 말에 온다면 그는 상황을 이해하지 못하고 어리둥절해 할 것이다. 유럽의 한쪽 끝에는 완전히 새로운 사상과 통치 체제인 볼셰비즘이 있었다. 그리고 유럽의 다른 한쪽 끝에는 미국이 있었다. 유럽에서 떨어져 있는 이 나라는 전통적인 강대국들을 모두 합친 것보다 더 강력해질 기세로 유럽에 개입하기 시작했다. 1917년에 유럽의 역사는 이전의 의미로 보면 종료되었다. 이제부터는 세계사의 시대였다. 1917년은 정치 행동의 전통적인 기준을 깨고 나간 두 사람, 레닌과 우드로 윌슨의 해였다. 두 사람은 지상의 낙원,

사진121
본분을 다하는 이튼Eton 학교 학생들.

즉 유토피아를 설파했다. 이 시점이 바로 우리가 사는 세계가 탄생한 때였다. 근대적 인간의 존재에 엄청난 변화가 생긴 극적인 순간이었다.

새로운 인물들과 새로운 방법들에 의해 1917년의 방향이 시작부터 설정되었다. 그러나 처음에는 그 방향이 사람들이 이미 따라가던 대세에서 조금 변화된 흐름에 불과했다. 1917년의 새로운 인물들은 로이드 조지와 루덴도르프였다. 두 사람 다 완전하고 최종적인 승리, 한방에 날려버릴 공격을 약속했다. 두 사람 다 이러한 완전하고 최종적인 승리를 달성하기 위해 새로운 방법들을 사용하고 싶어 했다. 전쟁은 명백히 영국과 독일의 결전이 되었다. 두 나라의 동맹국들은 할 수 있는 만큼만 노력을 다할 뿐이었다. 물론 참호 속 병사들이나 식량 배급을 타기 위해 줄을 선 아낙네들은 아무런 변화도 알아차리지 못했을 것이다. 그들에게 전쟁은 이전이나 지금이나 힘겹게 계속되었다. 하지만 변화가 있었다. 열정이 식었고, 조직 혹은 조직화하려는 노력이 커졌다. 루덴도르프와 로이드 조지 둘 다 필요하다면 모든 것을 전쟁으로 돌렸다. 영국의 해운업이 정부의 통제 하에 들어갔다. 노동력이 군수 공장으로 돌려졌다. 지방 농업 위원회 조직이 식량 재배를 관리했다. 로이드 조지는 연합국의 모든 자원을 공동의 통제 하에 공동으로 쓸 수 있어야만 전쟁에서 이길 수 있다고 생각했다. 이러한 일의 추진을 위해 대규모의 연합국 회의가 로마에서 열렸다. 결과 없는 거창한 말잔치일 뿐이었다.

로마 회의를 소집할 때 로이드 조지에게는 좀 더 구체적인 목표가 있었다. 그는 전쟁이 벌어지는 주 전역戰域을 프랑스의 서부전선에서 다른 곳으로 옮기기를 원했다. 그는 그곳에서 더 많은 살육을 벌

사진122 이탈리아 최고 사령관 카도르나, 산악철도에서.

여 무언가를 성취할 수 있다고 생각하지 않았다. 무엇보다 그는 영국군 총사령관 헤이그를 신뢰하지 않았고, 영국군의 다른 장군들도 형편없기는 매한가지라고 생각했다. 그러나 또한 그는 하원의 지지자들이 헤이그 해임에 반대해 자신에게서 돌아설 것을 두려워했다. 더욱이 헤이그는 국왕 조지 5세의 비호를 받고 있었다. 이때 조지 5세는 로이드 조지에 대항하는 제스처로 헤이그를 육군의 원수로 올려놓았다. 로마에서 로이드 조지는 이번 해에 이탈리아 전선에 주력해야 할 것이라고 제안했다. 이탈리아 최고 사령관 카도르나Luigi Cadorna가 반대했다. 프랑스군과 영국군 사령관들을 두려워한 것이다. 어쩌면 결정적 작전을 도맡아야 할 책임을 훨씬 더 두려워했는지도 모르겠다. 로이드 조지는 실망한 채로 씁쓸히 로마를 떠났다. 한방의 성공적인 공격을 약속했는데 이탈리아 전선에서 이러한 공격을 벌이는 계획이 관련된 모든 사람들로부터 거부당했던 것이다. 승리를 향한 자신의 바로 그 열의로 로이드 조지는 결국 서부전선에 묶여버렸다.

니벨의 대공세 계획이 이미 영국 전시 내각의 안건에 올라와 있었다. 로이드 조지는 니벨의 계획이 마음에 들지 않았다. 그래서 로마 회의에서 그 계획을 쳐내려고 애썼지만 실패했다. 니벨이 계획 채택을 다시 한 번 촉구하기 위해 런던으로 왔다. 헤이그도 왔다. 그 역시 니벨과 마찬가지로 프랑스에서 공격을 실행하는 것이 시급했다. 니벨은 용모가 준수하고, 젊고, 힘이 넘쳤다. 다른 장군들과 달리 그는 자신의 생각을 명확하고 잘 정돈된 문장으로 표현했고, 영어를 잘 구사했다. 로이드 조지는 점차로 출구를 발견했다. 그는 영국 장군들을 믿지 못했지만 프랑스 장군들은 신뢰했다. 그러므로 서부전선에서 공세가 있되, 니벨 혼자 지휘해야 할 것이었다. 헤이그가 최종적으로 니벨의 지휘를 따르기로 했다. 이렇게 기묘한 방식으로, 서부전선에 반대하던 로이드 조지가 잠깐 동안이지만 누구보다 강력한 서부전선의 찬성론자가 되었다. 니벨에게 프랑스군뿐 아니라 영국군의 지휘권을 갖는 계획에 대해 준비하라는 말이 은밀하게 전달되었다. 영국 전시 내각은 참모총장 윌리엄 로버트슨 경에게 묻지 않고 이 계획을 승인했다. 그는 특별히 긴히 논의할 것이 없고 내각 회의에 참석할 필요가 없다는 말을 들었을 뿐이다. 그러는 동안 헤이그는 의심하는 것 없이, 니벨의 계획에 맞든 맞지 않든, 새로운 공세에 대해 나름대로 준비를 서둘렀다.

2월 26일 칼레에서 영국-프랑스 회의가 열렸다. 명목상으로는, 영국군이 담당하는 전선에 이르는 철로를 개선하는 문제를 논의하기 위해서였다. 로이드 조지가 순진하게도 니벨에게 어떻게 협력

할지 그 방법을 제시하라고 요청했다. 니벨은 영국 전시 내각이 이미 승인한, 헤이그가 자신의 명령을 받도록 하는 계획을 내놓았다. 로버트슨이 폭발했다. "헤이그를 불러오시오." 이 두 장군은 영국군을 외국인의 지휘 아래 두는 것에 격렬하게 항의했다. 헤이그의 반대가 훨씬 강했는데 니벨보다 고참이기 때문이었다. 결국 계획에 물을 타서, 이번 공세에만 그렇게 하기로 하고 헤이그는 자신의 군대가 위험에 처했을 때 런던에 호소할 수 있도록 허락받았다. 사실상 로이드 조지가 자기 뜻을 관철했다. 프랑스에는 지휘권이 단 하나 있고, 그 지휘권은 더글러스 헤이그 경의 것이 아닌 셈이었다. 그렇게 서두르고 언쟁하는 가운데, 니벨이 프랑스군을 지휘하고 동시에 최고지휘권을 행사한다는, 진짜로 반대해야 할 일을 모두가 놓쳐버렸다. 이로써 더 심각한 어려움이 다가오게 되었다. 니벨은 나폴레옹이 장군들에게 하지 말라고 경고한 일 — 나폴레옹 자신은 때때로 그러기도 했다 — 즉 적의 행동을 미리 예상해 "그림을 구상하는 일"을 했다. 니벨은 단순히 독일인들이 특정한 방식으로 행동할 것이라 가정했다. 즉 독일인들이 전선에 있던 그대로 머물러 있을 것이고, 아군의 움직임을 전혀 알지 못하며 주의를 기울이지 않을 것이라는 가성이있다. 니벨온 독일인들의 약점이길 바라는 지점을 선정했고, 그들이 거기서 약할 것이라 주장했다. 프랑스군이 이 지점을 돌파할 것이었다. 니벨의 장담에 따르면, "24시간 안에 랑Laon을 차지하고, 그러고 나서 독일군을 추격"할 것이었다.

독일인들의 행동에 대해 니벨이 가정한 조건은 맞지 않았다. 새로 구축한 방어선이 3월 초까지 완성되자, 독일인들은 그 새로운 방어선으로 은밀하게 물러났다. 니벨이 "도려내겠다"고 제안했던 돌

사진123 윌슨 대통령이 독일과의 관계 단절을 공표하고 있다.

출부는 사라졌다. 독일인들은 입지가 더 공고해져서 15개 사단을 예비로 둘 수 있게 되었다. 독일인들은 기존의 방어선과 새로운 방어선 사이에 황폐화된 지대를 남겨놓았다. 장소에 따라 50마일 깊이로 들어가 있었는데, 모든 것이 철저하게 파괴되어 있었다. 가옥들이 폭파되었고, 도로에는 지뢰가 매설되어 있었으며, 우물은 못 쓰게 만들었다. 영국인들과 프랑스인들은 이러한 장애를 극복하며 전진해 새로운 방어선을 구축하고 도로와 철로를 갖춰야 했다. 니벨은 여전히 낙담하지 않았다. 그의 계획은 정해진 그대로 실행하도록 되어 있었다. 그런데 이때 니벨은 지지자를 잃었다. 브리앙이 물러나고 80살이 다 된 노신사 리보Alexandre Ribot가 수상이 되었다. 전쟁상은 뛰어난 수학자 펭르베Paul Painlevé가 맡았다. 새 수상과 전쟁상은 니벨에게 질문을 퍼부으며 다시 생각할 것을 촉구했다. 니벨은 흔들리지 않았다. 펭르베는 다른 프랑스 장군들의 의견을 구했다. 모두가 실패를 내다봤다. 헤이그와 로버트슨도 마찬가지였다. 이에 대한 대응으로 니벨이 물러나겠다고 으름장을 놓았다. 니벨이 물러난다면 프랑스 대중이 분개할 뿐 아니라 영국군도 더는 프랑스의 명령 하에 있지 않을 터였다. 이로써 모든 비판이 잠잠해졌다. 니벨의 계획이 세속 앞으로 나아가게 되었다. 그리하여, 자기 나라 장군들을 믿지 못하던 로이드 조지가 한 프랑스 장군의 손에 반박할 수 없는 주장을 쥐어주었다. 그런데 그는 로이드 조지를 제외한 다른 사람에게서는 제대로 신뢰를 받지 못했다.

　　이러한 언쟁이 진행되는 동안 세계가 극적으로 모습이 바뀌었다. 이러한 언쟁은 쓸모없는 지난 이야기가 되어버렸다. 영국과 프랑스의 장군들이 반기든 아니든 다른 곳의 사태 때문에 서부전선의 중요성이 떨어져버렸다. 1월 31일, 독일인들이 파멸을 가져올 일에 과감히 뛰어들었다. 독일인들은 무제한 잠수함 작전을 즉각적으로 개시한다고 발표했다. 대서양 동부의 전쟁 수역을 지나는 중립국 선박을 포함해 모든 선박이 발견 즉시 침몰될 것이었다. 2월 2일 윌슨 대통령은 독일과의 관계를 단절했다. 그는 아직 참전을 피할 수 있고 그래서 공정한 중재를 제안할 수 있기를 바랐다. 독일인들은 그의 바람을 의도적으로 짓밟았다. 독일 잠수함들이 바로 미국 선박들을 침몰시켰다. 독일 외상 치머만이 여기에 마지막 한 획을 그었다. 오로지 외무성만이 생각해낼 수 있는 획기적인 아이디어였는데, 치머만은 멕시코에 뉴멕시코와 그밖에 미국이 오래전에 점유한 다른 영토를 회복하기 위한 전쟁을 한다면 돕겠다고 제안했다. 물론 독일에게는 그러한 지원을 제공할 수단이 없었고, 멕시코인들에게도 전쟁을 할 의도가 없었다. 이 제안은 순전히 공상에 불과했다. 영국 비밀 정보부가 전보를 입수해서 암호를 해독했다. 정보부는 자기들이 미국의 외교 연락망을 도청하고 있음과 독일의 암호를 해독할 능력이 있음을 감추기 위해 미국인들에게 멕시코시티 독일공사관의 직원을 매수하라고만 권했고, 그 직원이 전문을 유출했다. 이 치머만 전보가 미국 신문에 발표되었고, 그럼으로써 미국이 돌아서게 되는 마지막 일격이 되었다. 4월 6일 미국은 독일에 전쟁을 선포했다. 윌슨은 마지막까지 아쉬워했다. 그는 참전에 대해 "우리가 다른 것들도 잃어버리겠지만 무엇보다 침착함을 잃어 옳고 그름을 판단하기를 멈추게 됨을 의미합니다"라고 말했다. 그의 말은 사실이었다. 미국인들은 참전하기를 가장 원치 않았으나, 일단 참전하자 가장 잔인하고 독단적으로 행동했다. 비판자들과 회의론자들은 핍박을 받았다. 미국의 안보가 위험에 처하지 않았으므로 미국인들은 오로지 도덕적인 십자군으로 전쟁에 임할 수밖에 없었다. 미국인들은 누구보다도 강력하게 자신들이 절대적으로 옳고 독일인들이 완전히 그르다고 주장했다. 하지만 윌슨은 어쨌거나 연합국의 도덕성에 대한 의구심 또한 가지고 있었다. 그는 자신을 그 나라들에 속박하기를 거부했고, 미국은 계속해서 협력국으로 남아 있었다.

독일 잠수함들이 미국을 참전하지 않을 수 없게 만들었다. 하지만 미국이 오로지 항행의 자유만을 위해 싸웠다고 말하는 것은 너무 단순할 것이었다. 뉴멕시코를 위해 싸운 것은 물론 더더욱 아니었다. 미국은 이미 연합국 편에 서 있었다. 초기에는 미국 정부도 철저히 중립을 지키려고 노력했었다. 은행들은 교전국들에게 신용을 공여하지 말라는 지시를 받았다. 곧 사업가들이 막대한 이익을 얻을 기회를 놓치고 있다고 불평했다. 연합국에 대규모 자금이 제공되었다.

사진124 멕시코인들을 상대로 연습사격을 하는 미국군.

사진125 미국의 금융 지원을 받는 영국인들: 미국의 의심도 함께 받았다.

구리, 면화, 밀이 대서양 건너 대량으로 공급되었다. 공장들은 영국과 프랑스의 주문량을 소화하기 위해 연장 가동을 했다. 경제가 활황을 맞았다. 독일 잠수함들의 공격으로 이러한 교역이 중단된다면 경기 침체에 이어 경제 위기가 올 터였다. 만일 연합국이 전쟁에서 진다면 미국의 차관 또한 받을 길이 없어질 것이었다. 미국은 번영을 지속하고 부유한 미국인들을 더욱 부유해지도록 하기 위해 취할 수 있는 마지막 수단으로 전쟁에 참전했다.

　　미국의 참전으로 연합국 측은 무제한의 자원을 얻게 되었다. 그러나 실제로 자원이 도착하는 것은 아직 먼 미래의 일이었다. 미국은 막강한 해군이 있었지만 육군은 없는 거나 다름없었다. 수백만의 병력 자원을 징집하고 훈련시켜야 했다. 군수 공장도 거의 없었다. 전차, 포, 심지어 소총마저 영국과 프랑스로부터 공급받아야 했

사진126-127
교전을 앞둔 미국 병사들과
수병들: 라파예트여, 우리가
왔노라!

다. 미국이 그 나라들에 공급하는 것이 아니고 말이다. 서부전선에 투입된 미국 전차는 한 대도 없었고 미국 항공기도 거의 없었다. 하지만 연합국은 이제 미국으로부터 엄청난 규모의 신용을 공여받게 되었다. 법적으로는 전쟁 후에 상환해야 하는 차관이었다. 그런데 돈을 빌려 무엇을 하기도 쉽지 않았다. 미국인들이 가용한 모든 자원으로 자신들의 필요를 채워야 했기 때문이다. 따라서 미국의 참전은 처음에는 즉각적인 도움이 되기보다는 짐이 되었다. 미국의 참전은 마치 장래를 위한 어음과 같아서, 어음을 현금화할 때까지 보유하듯이 연합국이 기다려야 한다는 전제가 필요했다.

1917년 4월에는 연합국이 버틸 수 있을지 불분명해 보였다. 커다란 동맹국 하나가 전쟁에서 떨어져나가는 수순을 밟고 있었다. 1916-17년 겨울, 러시아 각 도시에서 식량 부족 사태가 악화되었다. 3월 초 수도 페트로그라드(상트페테르부르크)에서 식량 폭동이 일어났다. 노병으로 구성된 수비대가 합세했다. 가만히 있으면 전선으로 보내질지 모른다는 두려움이 컸다. 코사크 기병대는 폭도들에 총격을 가하기를 거부했다. 니콜라이 2가 군사령부에서 페트로그라드로 복귀하려 했다. 철도원들이 차르가 탄 기차를 멈춰 세웠다. 그는 다시 사령부로 끌려갔다. 사령부의 장군들이 퇴위를 권했고, 니콜라이 2세가 퇴위했다. 러시아 왕조가 종말을 맞았다. 페트로그라드에서 실권이 소비에트라 이름 붙인 노동자 군인 대표자 회의로 넘어갔다. 이 기구의 권위에 의거해 자유주의 정치인들로 구성된 임시 정부가 세워졌다. 처음에는 전쟁에서 중도 이탈하는 것에 대한 논의가 없었다. 군은 기강이 무너지고 있었지만 장비를 잘 갖추고 있었다. 모든 혼란함에 대한 비난은 몰락한 차르에게 가해졌다. 분명히 자유롭게

사진128-130
러시아 혁명: 혁명을 이룬 사람들.

구성된 정부가 전쟁 수행을 더 잘할 것이었다. 사람들은 프랑스 혁명
을 되돌아보았고 자코뱅당원들이 어떻게 프랑스를 군사강국으로 변
모시켰는지를 기억했다. 자주 있는 일이지만 이들은 역사에서 무언
가 배우려고 하다가 잘못된 교훈을 얻었다. 서유럽에서는, 러시아 혁
명을 전반적으로 기뻐하며 환영했다. 혁명으로 러시아가 더 강해질
것이라 생각되어서일 뿐 아니라, 러시아의 민주주의가 아마도 승리
함으로써 연합국 측의 도덕적 결함이 제거되었기 때문이었다. 이제
연합국이 세계를 안전하게 만들어 민주주의를 지키고자 제국주의와

사진131 성공을 거둔 사람, 레닌(우산을 든 인물): 스톡홀름에서.

싸우고 있다는 데 의심이 있을 수 없었다.

한 사람이 다른 생각을 가지고 있었다. 취리히에 망명해 있는 볼셰비키 지도자 레닌이었다. 그는 독일인들을 패배시키거나 세계를 안전하게 만들어 민주주의를 지키는 데 관심이 없었다. 그는 현존하는 모든 정부를 전복하고 국제 사회주의를 세우기를 원했다. 그의 생각에 혁명 러시아가 전쟁에서 빠져나온다면 모든 교전국 국민들이 러시아의 예를 따를 것이었다. 전 세계에 혁명이 일어날 것이고 전 세계에 평화가 뒤따를 것이었다. 러시아로부터 들려온 소식으로 레닌은 참을 수 없이 격앙했다. 러시아의 새로운 통치자들이 전쟁을 그만두기는커녕 더 열심히 싸우겠다고 약속하고 있었고, 레닌의 볼셰비키 추종자들조차도 스탈린의 지시 아래 통치자들을 지지하고 있었다. 레닌은 즉시 러시아로 돌아가겠다고 결심했다. 그런데 레닌은 영국과 프랑스 통과를 금지 당했고, 오로지 러시아를 약화시키기를 원했던 루덴도르프만 독일을 통과하도록 하는 데 동의했다. 레닌과 독일 일반 참모부 사이에 비밀 협정이 공식적으로 맺어졌다. 레닌과 다른 몇몇 볼셰비키들이 자신들을 위해 객차 한 량을 봉인한 열차를 타고 독일을 통과했다. 4월 16일 레닌은 페트로그라드에 도착했다. 그는 즉시 임시 정부를 부정하고 새로운 혁명을 주장하기 시작했다. 몇 주 뒤 그는 각별한 동지를 맞이했다. 이 시대 가장 뛰어난 웅변가였고, 곧 군을 조직하는 데 가장 뛰어난 사람들 중 하나라는 것을 보여줄 트로츠키Leon Trotsky였다. 그는 뉴욕에서 막 귀국했는데, 거기서는 영화 단역으로 불안정한 생활을 했다. 그는 형편없는 배우였다. 그런데 이제 현실의 무대가 세워져 전쟁 자체보다도 더 엄청난 폭발을 기다리고 있었다.

서유럽에서는 거의 아무도 러시아에서 일어날 이 두 번째 폭풍의 첫 징조를 알아차리지 못했다. 사람들의 눈은 서부전선을 향했다. 니벨이 약속했던 기적을 막 실행에 옮기려 하고 있었다. 4월 9일 영국인들이 아라스에서 공세의 포문을 열었다. 다른 곳에서 준비하는 것을 독일인들이 알아차리지 못하도록 주의를 흩뜨리기 위한 일이었다. 꼼꼼한 연습을 거친 공격이었고, 이번만은 성공이었다. 캐나다군이 플랑드르 평원에서 몇 개 안되는 구릉지 가운데 하나인 비미 능선을 점령했다. 그 뒤에는 이전에 벌어졌던 일이 되풀이되었다. 공격이 한 곳에서 너무 멀리 나아갔고, 독일인들은 예비 병력을 투입했다. 또다시 전선이 고착되어 이전보다 더 두텁고 공고해졌다. 아라스 전투에서 달성한 것은 새로운 사상자 기록뿐이었다. 영국이 15만 명, 독일이 10만 명이었다. 이 모든 것은 니벨이 엔 공격을 위해 세워놓은 주계획의 사전 준비단계에 불과했다. 독일인들은 이에 대해 많은

사진132 비미 능선을 점령한 캐나다인들.

사진133 실패한 공격: 니벨 공세 중 프랑스군의 전진.

경고를 받았다. 니벨의 계획에 대한 상세한 정보를 갖고 있는 프랑
스 특무상사 한 명이 포로가 되었다. 어쩌면 니벨의 적이 의도적으로
누출한 것일지도 모른다. 공격이 예정된 4월 16일까지 독일인들은
위협에 직면한 전선에 프랑스와 동수의 사단을 배치했다. 니벨의 폭
격에도 독일의 기관총은 위력을 잃지 않았다. 프랑스 보병들은 이전
과 같은 대살육의 현장으로 전진했다. 저녁까지 프랑스인들은 니벨
이 약속했던 6마일이 아니라 600야드를 전진했다. 그는 결국 기적을
일으키는 데 실패했다. 다시 예전 상황이 반복되었다. 니벨은 자신이
자랑했던 굉장한 비책이 아무것도 아니었고 자신이 약속했던 성공
도 무산되었음을 인정할 수가 없었다. 공격은 사상자를 늘리며 2주
일 더 계속되었고, 그리고 나서 역시 잦아들었다.

　　니벨이 지휘했던 짧은 시간이 끝났다. 4월말 방어의 사도인 페
탱이 그를 대신했다. 그의 지휘 원칙을 나타내는 말은 "우리는 미국인

사진134
아라스 전투가 끝난 후 전차의 모습:
완벽한 전쟁 도구는 아니었다.

(오른쪽) **사진135**
꼭대기로 오르는 영국군.

(아래) **사진136**
후퇴하지 못하고
엄폐물 속에 있는 독일군.

들과 전차를 기다려야만 한다"였다. 니벨의 실패는 다른 이들보다 더 클 것도 없었다. 사실 더 작았다. 니벨은 조프르가 이전 공세에서 빼앗은 것이나 아라스에서 헤이그가 빼앗은 것보다 더 넓은 땅을 더 적은 사상자를 내고 얻었다. 그러나 니벨은 더 많은 것을 약속했고, 약속을 지키는 대신 지친 프랑스군을 한계점 너머로 끌고 갔다. 뒤이어 여기저기서 폭동이 일어났다. 일개 연대가 도살장으로 끌려가는 양처럼 울며 전선으로 갔다. 곧 54개의 사단이 명령을 따르기를 거부했고, 수천 명이 탈영했다. 전선 곳곳의 넓은 지역이 무방비상태가 되었다. 기이하게도 독일인들은 이를 알아차리지 못했고, 기회로 삼지 못했다. 페탱은 힘겹게 군의 규율을 회복시켰다. 수십만이 넘는 병사들이 군법회의에 넘겨졌고, 2만3천 명이 유죄 선고를 받았다. 그러나 사형을 선고 받은 병사는 432명뿐이었고 공식적으로 총살된 병사는 55명에 불과했다. 이보다 많은 상당수의 병사가 사형선고도 받지 않고 총살되었다. 앙리 바뷔스Henri Barbusse에 따르면 이외에도 250명이 포탄에 맞아 죽었다. 휴가가 두 배로 늘었고, 음식이 나아졌다. 무엇보다 페탱은 더는 대규모 공세가 없을 것이라 안심시켰다. 점차로 프랑스군은 다시 효과적인 방어 무기가 되었다. 프랑스의 공격 정신은 여러 해 동안 사라졌다. 어쩌면 영구히 사라졌는지도 모르겠다.

훨씬 더 어두운 그림자가 1917년 봄 연합국에 드리워졌다. 영국의 패배가 다가온 것 같았다. 독일 잠수함들이 기대했던 일을 모두 해냈다. 아니, 그 이상이었다. 4월에만 백만여 톤의 영국과 중립국 선박이 침몰했다. 영국의 항구를 출발한 선박은 네 척 가운데 한 척 꼴로 끝내 귀항하지 못했다. 중립국과 미국 선박들은 영국 항구로 항해하기를 거부했다. 새로운 선박을 건조해 손실된 선박을 대신할 수 있는 가능성은 없었다. 영국 해군도 마찬가지로 당황해 독일 잠수함들을 쳐부수지 못하고 있었다. 이제 해군 제1군사위원이 된 젤리코가 미국 심스William Sowden Sims 제독에게 말했다. "손실이 이렇게 계속된다면 우리가 전쟁을 계속하는 것이 불가능하오." 심스가 해결책이 있겠는지 묻자 젤리코가 대답했다. "지금 보이는 해결책은 전혀 없소." 로이드 조지에게 해결책이 하나 있었다. 호위함대였다. 해군 제독들은 고집스럽게 반대했다. 이들 제독들도 "그림을 구상해놓고" 있었는데, 호위함대가 소용없으리라는 생각이 그 바탕이었다. 제독들은 상선들이 경비 구역을 준수하지 못 한다 주장했고, 심지어 그들과 의견을 같이 하는 해군본부에서 상선 선장들의 모임을 소집했다. 제독들은 구축함의 수가 너무 적어 호위함대를 보호할 수 없다고 호소했다. 다수의 구축함이 스캐퍼 플로 항에서 대함대를 보호하는 데 쓰이고 있었다. 제독들은 영국 항구에 입출항하는 선박을 주당 2천 5백 척이라 추산했다. 보호하기에 불가능한 규모였다. 로이드 조지는 해운부에 문의해 올바른 수치가 140척 이하임을 알아냈다. 나머지 선박은 연안 무역 선박이었다. 이렇게 밝혀져도 제독들은 마음을 바꾸기를 거부했다. 그늘은 호위함대에 반대하는 데 전문가로서 자신들의 명성을 걸었다.

한밤중에 로이드 조지는 해군 소장파 장교들의 의견을 구했다. 그리고 수치와 주장을 꼼꼼히 들어두었다. 4월 26일 그는 해군본부로 갔다. 수상으로서의 권위와 전시 내각의 지원으로 무장했다. 그는 자신의 자리인 해군 본부위원회 상석에 앉아 호위함대를 조직하라고 공식 명령을 내렸다. 뒤늦게 제독들은 호위함대에 내내 찬성하고 있었던 것처럼 로이드 조지의 명령에 따랐다. 첫 호위함대가 5월

10일 출항했다. 로이드 조지가 몇 번 더 명령을 내린 후에는 이러한 방식이 대서양을 오가는 모든 선박을 위한 본격적인 방식으로 확대되었다. 이는 즉각적인 성공을 가져왔다. 선단이 항해하면 함께 표적이 될 수 있어 위태위태했지만, 드넓은 대양에서는 100척이든 1척이든 잠수함이 발견하기 어려운 건 매한가지였다. 호위를 받아 항해할 때 침몰당하는 비율이 1퍼센트였던 반면, 호위가 없으면 25퍼센트였다. 9월까지 영국인들과 미국인들이 함께 영국이 잃은 것만큼 많은 선박을 건조했다. 호위함대로 선박을 보호하는 방식이 보편적인 것은 결코 아니었다. 소규모 항구에서 출항하는 선박들은 종종 홀로 귀항하기도 했다. 지중해에서 몇 척 안 되는 오스트리아 잠수함과 독일 잠수함이 큰 성과를 거두었다. 영국인들은 프랑스와 이탈리아가 무너지지 않게 지원해주어야 했으며, 팔레스타인과 테살로니키의 대규모 군대들에 보급을 해야 했다. 따라서 영국인들은 지중해 이용을 포기할 수 없었다. 제2차 세계대전 때는 그랬지만 말이다. 보급 문제에서 생존하느냐 못하느냐는 매우 근소한 차이에 의해 좌우된다. 한번은 영국에서 밀 공급량이 한 달치가 채 남지 않았던 적이 있었다. 또, 설탕을 실은 배 한 척이 침몰해 잼을 만드는 것이 금지되었던 적도 있었다. 그러나 위험이 극복되었다. 오로지 로이드 조지 덕분이었다. 호위함대 창설은 그의 훌륭한 성과였다. 이로써 영국이 승리를 향해 나아갈 것이고 제1차 세계대전에서 생존해 강대국의 지위를 유지하리라는 것이 확실해졌다.

1917년 초여름에 이르자 이 해에 시도되었던 새로운 방법들 — 한편으로는 독일의 잠수함 작전이고 다른 한편으로는 니벨의 계획 — 이 신속하고 결정적인 승리를 가져오지 못했음이 분명해지고

(위) **사진137** 호위함대.
(가운데) **사진138** 유보트: 호위함대의 적.
(아래) **사진139** 유보트 작전의 성공.

있었다. 다시 교착 상태에 빠졌다. 강화 논의가 재차 등장했다. 그러나 다른 점이 있었다. 지난 가을에는 타협을 통한 강화를 추구할 것인가 하는 논쟁을 몇몇 정치가들이 밀실에서 벌였다. 국민들의 의견을 듣지 않았고, 국민들은 심지어 강화가 논의되었는지도 몰랐다. 1917년 3월에 비밀 외교가 마지막으로 요란하게 벌어졌다. 1916년 11월 오스트리아의 나이 든 황제 프란츠 요제프의 사망으로 자리를 승계한 젊은 황제 카를 1세Karl I가 자신과 자신의 제국을 멸망의 길에서 어떻게든 건져보려고 노력했을 때였다. 그는 단독 강화를 모호하게 제안하며 영국과 프랑스 정부의 의중을 떠보았다. 이러한 탐색이 몇 달이나 지속되었지만 결과는 아무것도 없었다. 연합국은 오스트리아-헝가리제국을 독일에 대항하도록 이용하고 싶어 했다. 카를 1세는 명색이 황제였지만 독일의 통제를 빠져나갈 수 없었다. 어쨌든, 이탈리아가 오스트리아-헝가리제국에 실제로 맞서 싸우는 유일한 동맹국이었고 이탈리아 정치가들은, 여론이 수용하지 않을 것을 염려했지만, 런던 조약으로 약속 받은 모든 이득만 얻는다면 만족할

사진140 간단한 음식과 함께 어떻게 해야 할지 지침을 듣는 미카엘리스 재상(왼쪽에서 네 번째 인물).

사진141 "자신이 이해하는 방식으로" 제국의회의 강화 결의안을 수용하는 미카엘리스 재상.

것이었다. 오스트리아의 강화 제의는 임종을 맞아 참회하는 고해성 사에 지나지 않았다. 혹은 그보다 더 때늦은 일이었다. 합스부르크제 국의 독립은 이미 사라졌다. 나폴레옹이 오래전에 한 말이 있다. "오 스트리아인들은 항상 늦소. 돈을 지불하는 것도, 군대도, 정책도." 합 스부르크가는 무너질 때까지 언제나처럼 그렇게 늦게 행동했다.

1917년의 진짜 강화 논의는 아래 — 야당 정치인들, 사회주의 지도자들, 그리고 공장 노조의 간부들 — 로부터 시작되었다. 강화 이야기가 처음 시작된 곳은 혁명 러시아였지만 전선을 가로질러 확 산되었다. 러시아에서 새로 등장한 민주적 통치자들은 자신들이 확 고한 이상주의적 호소를 더해야만 전쟁에서 계속 싸우는 것을 정당 화할 수 있다고 생각했다. 그들은 비밀 조약을 거부하고 "병합이 없 고 손해 배상이 없는" 강화를 요구했다. 연합국의 다른 나라들은 당 황했다. 이상적인 생각들은 모두 훌륭했다. 하지만 그들은 독일에게 식민지를 넘겨받고 오스만제국에서 전리품을 챙길 생각이었다. 또한 단순히 그들은 독일이 패배하면 심지어 어떻게든 전쟁에서 입은 피해에 대한 배상금을 지불하게 할 수 있다고 믿었다. 또한 병합이 없고 손해 배상이 없는 강화는 승리가 없는 강화와 같은 의미였다. 그런 강화라면 승리를 약속했던 정부들은 신뢰를 잃을 것이었다. 게다가, 적에 대해 굳건하게 대항하는 것이 현재의 불만을 잠재우는 유일한 방법으로 보였다. 강화를 옹호하는, 혹은 심지어 온건한 태도를 주장하는 모든 사람들은 패배주의자, 평화주의자, 십중팔구 배반자라는 오명을 뒤집어써야 했다. 프랑스에서는 특히 군대에서 일어난 반란으로 정부가 타협을 통한 강화를 이야기하는 것이 원천적으로 불가능했다. 타협에 대해 입만 뻥끗하기라도 한다면 프랑스군 전체가 무너질 것이었다. 하지만 표면 아래에서 강화 논의가 부풀어 올랐다. 많은 사람들이 승리가 불가능하다고 생각하기 시작했다. 다른 사람들은 승리가 꼭 필요한지 의심했다. 이러한 두 가지 생각이 합쳐진 결과는 협상으로 강화하는 것이었다.

더구나 경제적인 불만이 있었고, 지난 겨울의 혹독한 상황으로 불만이 더욱 심해졌다. 독일에서 파업이 확산되었고, 빌헬름스하펜에서 갑갑함에 시달리던 수병들의 시위가 있었다.[1] 동부전선에서 루덴도르프의 뒤를 이어 참모장이 된 호프만은 독일이 전쟁에서 이길 수 없을 것이라는 자신의 생각을 숨기지 않았다. 그는 동부전선을 방문한 정치인들에게, 특히 중앙당의 유력한 일원이었던 에르츠베르거Matthias Erzberger에게 말했다. 에르츠베르거는 타협을 통한 강화로 생각이 바뀌어 베를린으로 돌아갔다. 그는 베트만이 가장 큰 장

---

1 원문에는 킬에서 수병들의 반란이 있었다고 쓰여 있는데 이는 1918년 11월의 일로 저자가 혼동한 것으로 보인다.

사진142 러시아군에게 사기를 불어 넣고자 애쓰는 케렌스키.

애물이라 생각했고, 재상이 바뀌어야 한다는 운동을 벌였다. 놀랍게도 힌덴부르크와 루덴도르프가 격려했다. 베트만이 너무 유약하다고 생각했기 때문이라는 정반대의 이유에서지만 말이다. 양측의 공격을 받고 7월에 베트만이 사임했다. 정치인들은 전임 재상 뷜로우가 복귀하기를 바랐다. 그는 외교력에 대해 과한 명성을 얻고 있었다. 빌헬름 2세가 뷜로우를 좋아하지 않았고, 제안을 거부했다. 모두가 당황했다. 루덴도르프가 조언을 요청받고 잘 알려지지 않은 관료였던 미카엘리스Georg Michaelis를 추천했다. 그는 식량 문제를 상당히 성공적으로 관리해오고 있었다. 이렇게 기이한 방식으로 군부에 철저하게 의존적인 재상이 임명됨으로써 독일에 민간 수반이 실질적으로 더 이상 존재하지 않게 되었다. 제국의회는 한 가지 위안을 얻었는데, 병합이나 손해 배상 없는 강화에 찬성하는 결의안을 통과시키도록 허락을 받았다. 이 강화 결의안은 다른 나라에는 거의 영향을 주지 못했다. 전쟁에서 이길 수 있을까 하는 의구심이 결의안의 동기였음이 너무나 명백했기 때문이었다.

동일한 의심이 반대로 러시아에서 퍼지고 있었다. 혁명 이후 대중의 감정이 고조되었고, 군에는 규율이 무너졌으며, 거리에는 소요가 늘어났다. 매력이 넘치는 사회주의자 케렌스키Aleksandr Kerensky가 정부의 수반이 되었다. 그는 자신의 연설 능력으로 러시아 국민들이 일어나게 할 수 있다고 생각했다. 심지어 러시아인들을 독일인들에 대항해 다시 한 번 싸우도록 이끌 수 있다고도 생각했다. 7월 초의 며칠 동안 러시아 병사들이 독일의 방어선을 산발적으로 공격했다. 그들은 며칠 동안 성공을 거두다가 독일의 반격에 압도되었다. 독일 군대들이 리가의 성문에 도달했다. 러시아 병사들은 마침내 용기도 열의도 잃었다. 그들은 전쟁이 끝나기를 기다리지 않고 귀향하기 시

사진143 모스크바의 집회에서 연설하는 레닌:
트로츠키(아래쪽)가 자신의 훌륭한 생각이 선점당하는 것을 바라보고 있다.

작했다. 케렌스키는 러시아의 투지가 살아나길 바랐으나 오히려 러시아군을 붕괴시켰다. 독일인들은 더 많은 사단을 동부전선으로부터 빼낼 수 있었다. 다른 곳에서 강력한 파괴력을 가할 수 있을 사단들이었다. 케렌스키는 자신이 자리를 지킬 수 있는 유일한 기회는 단독 강화를 이루는 일밖에 없음을 알고 있었다. 그는 연합국에 허락해달라고 호소했으나 거부당했다. 자기 나라 국민들에게 본보기가 될지 모른다는 두려움이 가장 큰 이유였다. 케렌스키의 요청을 거부함으로써, 연합국 국가들은 러시아가 또 다른 혁명으로 내몰리는 데 일조했다. 연합국 편을 지키던 러시아 사회주의자들은 타협책으로 스톡홀름에서 사회주의자들의 국제회의를 개최할 것을 제의했다. 러시아, 영국, 프랑스의 사회주의자들이 독일인들과 오스트리아인들을 만나야 할 것이었다. 독일인들이 참석하기로 했다. 프랑스 사회주의자들과 영국 노동당은 적극적이었다. 그 나라 정부들은 회의가 지나치게 성공적일까 질겁했다. 프랑스 대표단은 여권을 발급받지 못했고, 영국 대표단은 여권은 받았으나 타고 갈 배의 선원들로부터 승선을 거부당했다. 스톡홀름 회의는 아무런 소득이 없었다. 러시아에서는 이 일로 연합국 국가들에 대한 대중의 의심이 훨씬 강해졌다. 영국과 프랑스에서는 좌파들 사이에서 같은 의심이 일어났다. 이때부터 전쟁이 "윗사람들의 전쟁", "경쟁하는 제국주의 간의 전쟁"이라는 믿음이 생겨났다. 국민들은 아무것도 얻는 것 없이 그들의 이익을 위해 도살장으로 끌려가는 전쟁이었다. 높은 실크해트를 쓴 상류층 사람들은 전쟁이 계속되기를 원했고, 납작한 모자를 쓴 보통 사람들은 전쟁이 끝나기를 바랐다. 레닌은 납작한 모자를 쓴 보통 사람에 속했다. 스톡홀름 회의의 실패보다 더 레닌을 권력에 가까이 다가가

도록 만든 일은 없었다.

사람들이 전쟁을 싫어하게 되는 데는 혁명주의자들이 필요 없었다. 장군들의 실수만으로도 그렇게 될 수 있었다. 1917년 여름 영국의 전략은 — 전략이라고 부를 만한 것이 있다면 — 최악이었다. 헤이그는 지난 3년의 전쟁 기간 동안 수뇌부에 있었지만 이제까지 의 경험에서 얻은 것이 거의 없었다. 조프르가 나갔고, 니벨도 나갔고, 루덴도르프조차도 새로운 방법이 시도되어야 함을 알았다. 헤이 그는 여전히 자신이 독일의 방어선을 돌파해 정면 공격으로 전쟁에 승리할 수 있다고 확신하고 있었다. 그는 지난해 솜므의 실패를 겪고 도 포기하려 하지 않았다. 돌이켜보니 그의 생각에 솜므 전역의 실패 는 조프르의 고집으로 잘못 고른 장소에서 싸웠기 때문이었다. 게다 가 당시 영국군은 경험이 없고 적응력도 없었다. 헤이그는 프랑스군 이 더 이상 공세적 행동을 할 능력이 없어 자신에게 협력을 요구해오 지 않음을 안타까워하지 않았다. 그는 마침내 오랫동안 꿈꿔왔던 독 자적인 전략을 추구할 수 있었다. 그는 최고사령관이 된 순간부터 이 프르 돌출부를 바라보았다. 영국 병사들이 두 측면에서 계속해서 쓰 러져 죽어나가는 곳이었다. 헤이그의 계획으로는 여기서 돌파를 이 뤄내 북쪽에서부터 독일의 방어선을 걷어 올릴 수 있을 것이었다. 그 지점은 지도상에서 눈을 끄는 곳이었다. 영국군은 30마일만 전진하 면 오스텐데에 이르게 될 것이고, 봄이 한 번 더 오면 독일이 의존하 고 있던 전체 벨기에의 철로를 끊을 수 있을 것이었다. 그러나 이 계 획은 자세히 검토하면 생각만큼 좋은 계획이 아니었다. 북쪽에서 벨 기에인들이 제방을 무너뜨려 바다로 흘려보냈고, 따라서 독일의 한 쪽 측면은 확고했다. 공격이 벌어질 이프르는 찰진흙 땅이었다. 물이

사진144 추위를 느끼는 더글러스 헤이그 경.

잘 빠지지 않았고, 폭격으로 생긴 진흙탕이 깊었다. 지난 몇 해 동안 방어선을 구축해온 독일인들은 프랑스의 공격을 더는 두려워하지 않았다. 전황이 호전된 동부전선에서 이동해온 사단들로 병력이 증강되기까지 했다. 헤이그는 거의 동수의 사단으로 이길 수 있기를 바랐다. 전술에 있어 우위는 없었다.

훗날 헤이그는 이프르 공세를 왜 해야 했는지 변명을 지어냈다. 그는 폭동이 일어난 프랑스군에 쏠리게 될 독일인들의 주의를 돌리기 위해 페탱이 영국의 공세를 간청했다고 주장했다. 사실이 아니었다. 페탱은 독일인들이 계속 바쁘게 움직일 만한 소규모 행동을 원했지 영국군을 프랑스군처럼 군기가 문란한 상태로 빠뜨릴지 모르는 대규모 공세를 원하지 않았다. 또한 헤이그는 젤리코를 동원해 독일 잠수함들을 억제할 수 있으려면 오스텐데와 제브뤼헤를 점령해야만 한다고 주장하게 했다. 이것 역시 사실이 아니었다. 독일 잠수

함은 대부분 영해에서 항해해와서 작전을 했지 오스텐데와 제브뤼
헤에서 오지 않았다. 헤이그 자신이 이 주장이 근거 없음을 알고 있
었다. 그는 젤리코를 "늙은 여자" 같다고 평가했다. 하지만 그에게 공
세를 찬성하는 주장은 대환영이었다. 헤이그는 또한 이 공세가 미국
인들이 도착하기 전에 영국이 전쟁에서 승리할 수 있는 마지막 기회
라고 주장했다. 이 또한 나중에 생각한 것이었을 뿐이며, 영국인들이
미국인들과 같은 목적을 위해 싸우고 있다고 주장한 것을 생각하면
상궤에서 벗어나는 생각이었다. 사실은 단순하다. 헤이그는 그곳이
전쟁의 승리를 가져올 장소라고 맹목적으로 결심했다. 그는 최전선
을 한 번도 시찰하지 않았다. 진흙탕에 대한 휘하 정보 참모 부서의
경고를 무시했다. 헤이그와 같은 확신을 가진 사람은 아무도 없었다.
로버트슨은 독일인들을 살육하는 일 말고는 얻는 것이 없을 거라 생
각했다. 포슈는 진흙탕과 싸우면서 동시에 독일인들과 싸우는 것은
불가능하다고 말했고, 계획된 진격을 "오리의 행진"이라 칭했다. 그
러나 비판은 헤이그를 더 고집스럽게 만들기만 했다.

　　로이드 조지는 보다 위협적인 비판자였다. 그는 수상이었고,
작전을 거부할 수도 있었다. 그러나 입지가 약했다. 적어도 로이드
조지 자신은 그렇게 생각했다. 그는 하원에서 보수당원들의 지지에
의지하고 있었고, 보수당원들은 육군과 해군 지도부를 맹목적으로
신뢰했다. 무척이나 대담하게도 로이드 조지는 젤리코에 맞섰고 호
위함대 설치를 강행했다. 따라서 그는 헤이그에도 맞섬으로써 보수
당원들의 심기를 더 자극할 수 없었다. 로이드 조지는 또한 니벨을
지지해서 신뢰를 잃었다. 결국 그가 틀렸고 헤이그가 옳았다고 판명
되었기 때문이다. 로이드 조지로서는 헤이그와 다시 대립할 수 없었

다. 더욱이 로이드 조지는 전쟁을 승리로 이끌겠다고 약속해 권력을 얻었다. 자신에게 헤이그가 승리를 가져오겠다고 약속하는데 어떻게 반대할 수 있을까? 헤이그는 군사 지도자로서 무엇이 부족했든지 간에 정치에는 뛰어났다. 그는 종군기자들에게 취재거리를 던져주고, 사령부를 방문한 의원들을 달래고, 야당인 자유당과 접촉을 유지했다. 무엇보다 국왕의 지원을 얻고 있었다. 만일 로이드 조지가 전시 내각으로부터 만장일치의 지지를 얻는다면 헤이그에 반대했을지도 모른다. 그런데 그가 사용할 수 있던 이 수단이 어그러졌다. 어떤 일에도 강경한 법이 없는 커즌이 헤이그의 주장을 수용했다. 독자적으로 조언하는 군사 고문으로 로이드 조지에 의해 전시 내각에 들어온 보어 장군 스뫼츠Jan Smuts가 영국 장군들의 편을 들었다. 보어 전쟁에서는 그들을 상대로 싸우고 종종 무찌르기도 했었는데 말이다.

　　1917년 6월초 헤이그는 대논쟁이 시작되기에 앞서 한 가지 성공을 거두어놓았다. 그가 한 일은 아무것도 없었지만 말이다. 메센에서 벌어진 대규모 지뢰부설 작전이었다. 여기에 대략 150피트 높이의 능선이 있었는데 이프르 돌출부의 남쪽으로 뻗어 있었다. 이곳이 독일의 수중에 있었고, 독일인들이 여기서 영국의 방어선 뒤편에서 벌어지는 모든 일을 관측할 수 있었다. 지휘를 맡은 허버트 플러머 경Sir Herbert Plumer은 군복을 입은 모습이 우습기는 했어도 영국에서 몇 안 되는 분별력 있는 지휘관 가운데 하나였다. 지난 두 해 동안 그는 독일인들을 능선에서 날려버릴 계획을 세웠다. 지면에서 100피트 이상 아래로 백만 파운드의 폭약이 든 지뢰가 묻혔다. 독일인들이 종종 지면에서 다소 가까이 땅을 파면서 더 깊은 곳에서 지뢰를 매설하는 영국 군인들 가까이 다가오기도 했는데, 청취 장비를 사용하지 않고도 그들이 나누는 대화를 들을 수 있을 정도였다. 독일인들이 침투해오고 있어 지뢰를 폭파시켜야 한다는 경보가 빈번히 내려졌다. 1917년 6월까지 깊이 매설된 19개의 지뢰가 매설되었고, 6월 7일 새벽 3시 10분, 일시에 모두 폭파되었다. 로이드 조지는 150마일이나 떨어진 다우닝가 10번지 총리 관저 집무실에서 이 폭발음을 들었다. 독일의 방어 진지들이 박살이 났다. 영국군이 진입해서 능선 전역을 점령했다. 놀라운 성공이었으며, 포위전투에 훌륭한 연습이 되었다. 그러나 걱정스러운 측면이 있었다. 두 해 동안의 준비와 백만 파운드의 폭약으로 영국의 전선은 고작 2마일 앞으로 나아갔다. 이 속도로 베를린까지 가려면 얼마나 오래 걸릴 것인가?

그래도 헤이그는 자신의 군대가 더 나은 위치에 자리하게 되었다고 주장할 수 있었다. 이제 독일인들이 헤이그가 준비하는 것을 뚜렷이 관측할 수 없게 되었다. 헤이그는 모든 공격이 메센의 사

사진145 "진흙탕 전투."

례를 따라 간결하고 날카로울 것이라는 언질 또한 주고 싶어 했다. 1917년 6월 중순 전시 내각이 소집되었다. 회의가 길어지고 있었다. 헤이그가 프랑스에서 건너와 로이드 조지에게 반복해서 추궁을 받았다. 다른 공세가 다 실패했는데 이번 공세는 어찌하여 성공할 수 있다는 말인가? 프랑스인들이 지원할 것인가? 독일인들이, 헤이그의 주장대로, "사기가 저하되어 있다"는 증거가 무엇인가? 미국인들을 기다려 연합국의 자원을 이탈리아에 돌리는 것이 더 낫지 않은가? 로이드 조지가 옛날부터 원하던 이 제안은 그 자체로 헤이그를 계속 나아가게 만들기에 충분했다. 그는 다른 지역에서 남의 지휘를 받아 성공하는 것보다 성공적이지 못하더라도 자신의 지휘로 공세를 실행하기를 바랐다. 질문을 더할 때마다 헤이그는 점점 더 확신에 찼다. 그의 생각에 오스텐데에 이를 수 있는 "그럴듯한 기회"가 있었다. 이 말은, 조금 뒤 그해가 지나기 전에는, 완전한 승리를 얻을 수 있는 "매우 좋은 기회"로 바뀌었다. 전시 내각은 밤늦게까지 논쟁을 했다. 내각에 숨긴 중대한 사실이 많았다. 내각은 이프르 공세를 프랑스인들이 반대했고 헤이그를 제외한 모든 영국 장군들이 회의적이라는 사실을 전혀 듣지 못했다. 내각은 또한 헤이그 휘하의 정보 참모 부서가 반대 의견을 냈고,, 런던의 정보부는 더욱 그랬다는 것도 듣지 못했다. 독일의 힘에 대한 진실뿐 아니라 어찌할 수 없는 비와 진흙탕에 대해서도 듣지 못했다. 더욱이 전시 내각은 해야 할 일이 많았다. 경제 활동을 계획해야 했고, 공장 노동자들을 달래야 했고, 호위함대를 조직해야 했고, 정치인들과 언론을 만족시켜야 했다. 로이드 조지는 딸의 결혼식에 참석하기 위해 회의를 한 번 빠져야 했다. 민간 각료들은 지쳐 있었다. 헤이그에게 공세를 준비하라는 지시가 내려졌고, 그러는 동안 전시 내각은 내용을 재검토할 생각이었다. 그러나 그럴 시간은 결코 주어지지 않았다. 7월 25일 헤이그가 준비 완료를 발표했다. 내각은 "전심으로 지원하겠다"는 답을 보냈다.

공세 준비에는 평소만큼의 주의가 기울여졌다. 당연히 경보를 받은 독일인들 역시 준비했다. 그들의 힘은 영국에 거의 필적할 때까지 커져갔다. 양측은 거의 백만의 병력을 이프르 돌출부에 집결시켰다. 영국 방어선 뒤편으로 기병 사단이 돌파를 기다리고 있었다. 그러나 이들이 돌파를 하는 일은 결코 일어나지 않았다. 7월 31일, 전투가 시작되었다. 공식적으로는 제3차 이프르 전투라 불리고 있고, 사람들 사이에서는 — 전투의 마지막 국면이 벌어진 곳의 이름을 붙여 — 파쉔달 전투라 자주 불리며, 로이드 조지에 의해 매우 정확히 표현된 바로는 진흙탕 전투였다. 첫날이 지났을 때 이 공세가 실패하리라는 것이 모든 사람에게 자명해졌다. 헤이그와 측근들만 그렇게 생각하지 않았다. 가장 멀리 나아간 곳이 반 마일도 되지 않았다. 어느 곳에서도 독일의 주력 방어선에 이르지 못했다. 비가 세차게 내렸고, 포탄이 온통 헤집어놓은 땅은 진흙탕으로 변했다. 병사들은 허리까지 진흙탕에 잠겨 전진하려고 애썼다. 무기가 진흙에 묻혀 유실되었다. 헤이그가 전차를 투입했다. 전차 역시 진흙탕에 잠겨 모습을 감췄다. 알아차리지 못하는 가운데 헤이그의 어조가 바뀌었다. 목표로 했던 저 멀리 오스텐데와 제브뤼헤는 잊혀졌고, 오로지 독일인들을 죽여 사기를 꺾어놓는 것이 전투의 유일한 목표가 되었다. 하지만 루덴도르프는 눈썹 하나 까딱하지 않고 러시아에 있던 사단들을 플랑드르가 아니라 이탈리아 전선으로 이동시켰다.

8월 중순에 공세가 축소되었다. 로이드 조지는 다시 한 번 공

사진146 1917년 이프르: 영국군은 Ypres를 Wipers라 불렀다.

세를 멈추려 했다. 그는 프랑스로 건너가, 최전선까지 나가보겠다고 고집했다. 건강해 보이는 독일군 포로들이 전부 수용소에서 다른 곳으로 옮겨졌다. 독일인들이 성치 않은 마지막 예비 병력에 의존하고 있다고 로이드 조지가 믿게 하기 위해서였다. 다시 한 번 로이드 조지가 물러섰다. 9월에 공격이 재개되었다. 헤이그는 독일이 "금방" 무너질 수 있다고 확신했다. 반면 로이드 조지는 "경주에 질 말에 판돈을 걸었다"고 마음을 굳혔다. 그는 물러난 두 명의 장군, 프렌치와 윌슨에게서 조언을 얻었다. 둘 다 작전을 멈추라고 촉구했다. 전투는 계속되고 있었다. 10월에 또 한 번 거대한 규모의 공세가 벌어졌고, 11월 7일 마지막 공격이 있었다. 이 마지막 공격으로 더 이상 아무것도 존재하지 않는 폐허가 된 파쉔달을 차지했다. 헤이그는 그제야 멈췄다. 작전은 "그 목적을 달성했다". 무슨 목적이었는가? 아무 목적도 없었다. 영국의 방어선은 전투 시작 전보다 더 뾰족하고 위치가 더 난처하게 된 돌출부에 형성되었다. 모든 사소한 획득물은 다음 해 독일인들이 공격할 때 전선을 짧게 만드느라 전투도 없이 포기됐다. 영국의 사상자는 30만이 넘었고, 독일은 20만에 좀 못 미쳤다. 솜므에서의 비율보다는 약간 나았다. 30년 후 영국 공식 역사는 영국이 25만을 잃고 독일이 40만을 잃은 것으로 수치를 뒤바꿨다. 아무도 이 말도 안 되는 계산을 믿지 않는다. 역시 전쟁이 끝나고 나서 루덴도르프는 길었던 이 전투로 독일군의 사기가 꺾였다고 주장했다. 이 말이 사상자 계산을 의미 있게 뒷받침해주지는 않는다. 왜냐하면 루덴도르프가 자신이 1918년의 공세로 독일군의 사기가 땅에 떨어지도록 만든 사실을 감추기 위해서 이 말을 했기 때문이다. 제3차 이프르 전투는 이 맹목적인 전쟁에서도 가장 맹목적인 살육이었다. 헤이

그에게 가장 큰 책임이 있었다. 전투를 막을 최고 권위를 갖지 못한
로이드 조지에게도 플랑드르의 진흙 같은 오명이 다소 묻었다.

파쉔달은 옛날 방식으로 치러진 마지막 전투였다. 당시에는
아무도 이를 알지 못했지만 말이다. 장군들도 최후에 가서 무언가 잘
못되었다는 것을 깨달았다. 11월 8일 헤이그의 총참모장이 전투 지
역을 처음으로 방문했다. 그가 탄 차량이 진흙탕을 어렵게 지나가자
그는 눈물을 흘리며 탄식했다. "맙소사, 우리가 정말로 병사들을 이
런 곳에서 싸우도록 내보냈단 말인가?" 동행하고 있던 장교가 대답
했다. "위로 올라가면 이보다 더합니다." 오로지 헤이그만 낙담하지
않았다. 그는 봄이 되면 작전을 새로이 시작하려고 계획하고 있었다.

사진147 파쉔달에서 잡힌 독일군 포로: 악독한 훈족 같은 독일군.

사진148 캉브레: 전차가 들어오지 않은 시가지.

독일인들은 일이 다르게 진행되도록 준비하고 있었다. 그러는 동안, 모든 사람이 볼 수 있을 만큼 분명하게, 더 나은 전투 방식이 있음을 보여주는 일이 생겼다. 플랑드르의 진흙탕에서 전차는 쓸모가 없었다. 전차 부대는 마르고 단단한 땅을 찾아 나섰고, 현재 전장의 45마일 남쪽 캉브레에서 그런 곳을 찾았다. 헤이그는 자신의 대규모 공세가 멈출 때에야 공격을 허락할 것이었는데, 이제 공세가 멈추었다. 별도로 전차 공격에 할애할 보병 증원군은 없었다. 11월 20일, 381대의 전차가 예비 폭격도 없이 밀집 대형으로 전진했다. 그렇게 세 겹의 독일 방어선을 모두 넘어 5마일을 전진했다. 독일의 방어에 4마일 너비로 구멍이 생겼다. 이는 솜므나 플랑드르에서 얻은 어떤 것보다 더 큰 성공이었다. 그리고 희생도 사소했다. 영국은 1,500명의 사상자를 내고 만 명의 포로와 200문의 총포를 획득했다. 이번 전쟁에서 처음으로 그리고 단 한 번, 멀리 바다 건너 런던에서 교회의 종들이 승리를 축하하기 위해 울렸다. 그러나 아무도 이 승리를 어떻게 활용할지 알지 못했다. 보병은 전차의 속도를 따라갈 수 없었고, 기병은 독일의 기관총 공격으로 쉽게 무너졌다. 그러는 사이에 독일인들은 예비 병력을 투입했다. 열흘 뒤 독일인들은 잃었던 땅을 모두 되찾았고, 그 이상의 땅을 조금 획득했다. 큰 승리가 실망으로 바뀌었다. 군사법원은 모두 병사들과 하급 장교들의 잘못이었다고 정식 보고를 냈다. 장군들은 언제나처럼 비난을 피했다.

캉브레를 제외하면 1917년 가을 승리의 여신이 미소를 짓는 쪽은 독일이었다. 루덴도르프는 헤이그가 프랑스인들에 대해 염려하는 것만큼이나 오스트리아인들을 무척 염려했다. 그리고 아마도 그럴 이유가 더 많았다. 그는 오스트리아인들을 일으켜 세워 이탈리아 전선에서 승리를 거두려고 마음먹었다. 그는 러시아에 있는 독일 사단들을 프랑스가 아닌 이탈리아로 이동시켰다. 이탈리아인들은 오스트리아인들의 산으로 된 장벽을 뚫으려고 여러 차례 시도하다가

사진149-150 카포레토 전투: 전사한 이탈리아군(왼쪽)과 항복한 이탈리아군(오른쪽).

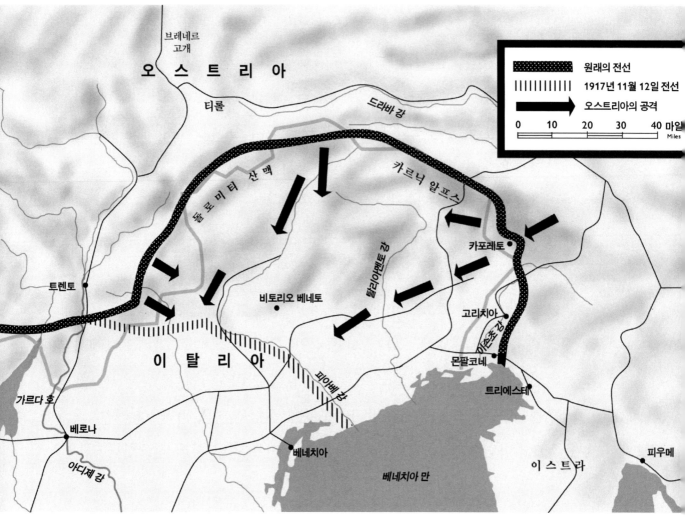

지도11 이탈리아 전선.

결과를 얻지 못하고 이미 지쳐 있었다. 10월 24일, 9개의 오스트리아 사단과 6개의 독일 사단이 카포레토를 공격했다. 이탈리아의 방어선 전체가 무너졌고, 이탈리아군은 흔들리며 후퇴했다. 다시 기동전이었다. 마른 강 전투 이래 서부에서 최초였다. 독일인들은 놀랐다. 그들에게는 보병을 수송할 방법이 없었다. 말로 총포를 운반할 뿐이었다. 그래서 독일인들은 이탈리아의 후퇴 속도를 따라잡지 못했다. 70마일을 후퇴한 뒤 이탈리아인들은 피아베 강에서 멈췄다. 훨씬 짧은 방어선이었고, 이 방어선을 지켜냈다. 헤이그가 화를 낼 일인데,

5개의 영국 사단이 이탈리아로 보내졌고, 6개의 프랑스 사단이 함께 갔다. 이탈리아군은 전투 중 20만 명이 넘는 병력을 잃었고, 40만 명이 전장을 이탈했다. 그런데 믿을 수 없는 일이지만 이탈리아군은 투지를 회복했다. 최고사령관 카도르나가 해임되고, 디아즈Armando Diaz가 자리를 이어받았다. 카르도나보다 별로 나을 것이 없었지만, 그래도 다른 인물이었다. 카포레토 전투로 이탈리아는 거의 전쟁에서 떨어져나갈 뻔했다. 그런데 매우 기이하게도 이 일로 이탈리아에서 사람들이 처음으로 전쟁을 지지하게 되었다.

이탈리아에서 벌어진 참사에 또 다른 중요한 결과가 있었다. 11월 5일 연합국 정치가들이 이탈리아를 지원하는 방법을 논의하기 위해 라팔로에서 만났다. 로이드 조지가 연합국에 협력이 부족해 실패하고 있다는 항상 주장하던 이야기를 되풀이했다. 이번에는 동료들이 그의 말에 찬성했다. 그들은 최고 전쟁 위원회 설치에 합의했다. 영국, 이탈리아, 프랑스, 이 세 나라의 수상이 베르사유에서 정기적으로 만나게 될 것이었다. 텍사스 출신의 수수께끼의 인물 하우스Edward M. House 대령이, 그들의 바람대로 윌슨 대통령을 대신해 회의에 참여할 것이었다. 바야흐로 통합 전략이 수립될 것이었다. 사실 최고 전쟁 위원회는 대체로 겉치레였다. 일반적인 정책을 토의하는 자리를 만들어주는 일에 불과했고, 얼마간 경제 협력을 낳기도 했다. 하지만 군사적인 전쟁수행은 처음에는 거의 영향을 받지 않았다. 이탈리아인들은 자신들의 전선을 계속해서 지켜나갔다. 영국인들과 프랑스인들의 지원이 얼마간 있기는 했다. 프랑스에는 여전히 두 개의 독자적인 군대가 있었다. 하나는 페탱의 지휘 아래 있었고 다른 하나는 헤이그의 지휘 하에 있었다. 그런데 로이드 조지가 처음으로 헤이

사진151 모스크바의 적위군, 1917년 11월: 이 새로운 집단에 들어온 첫 참가자들.

그의 독자성에 타격을 가했다. 로버트슨에게는 더 큰 타격이었다. 최고 전쟁 위원회는 자체로 군사 고문관들을 두어 상임위원회로 모이기로 했다. 포슈가 의장이 될 것이었다. 그리하여 로이드 조지는 로버트슨에게 물을 필요 없이 군사적 상황에 대해 계속 보고를 받을 터였다. 그는 헤이그를 제쳐 놓을 수 있는 수단을 곧 갖게 되기를 바랐다. 언젠가 로이드 조지는 이렇게 말했다. "나는 정치든 전쟁이든 돌아갈 수 있는 길이 있다면 정면 공격을 선호한 적이 결코 없다." 그는 이제 헤이그의 확고한 지위를 우회할 방법을 찾은 셈이었다.

　　동맹국 중 한 나라가 라팔로에 분명히 없었고 최고 전쟁 위원회 모임에도 나타나지 않았다. 러시아가 전쟁에서 떨어져 나갔다. 7월에 대패배를 당한 후 케렌스키는 러시아에서 질서를 회복하려 노력했다. 수많은 볼셰비키 지도자들이 체포되었다. 레닌은 핀란드로 가서 은신했다. 그러나 러시아군은 계속 무너졌다. 9월 1일 독일인들이 리가를 점령함으로써 전선을 우회했다. 독일인들과 구러시아군의 마지막 교전이었다. 최고사령관이 된 코르닐로프Lavr Kornilov는 독일인들을 맞아 속수무책이었는데 자신이 혁명을 분쇄하면 그래도 무언가를 성취할 수 있지 않을까 생각했다. 그는 페트로그라드로 행진해 들어가려고 계획했다. 케렌스키는 처음에는 격려했으나, 뒤늦게 코르닐로프가 볼셰비키들뿐 아니라 케렌스키 자신을 포함해 민주주의와 유사한 모든 것을 분쇄하려 함을 알아차렸다. 케렌스키는 경보를 울렸고, 그의 지시에 따라 공장 노동자들이 무장했다. 트로츠키와 다른 볼셰비키들이 감옥에서 풀려났다. 코르닐로프가 보낸 병사들 또한 페트로그라드 진입 시도에 동참하지 않았다. 많은 병사들이 이탈해 고향으로 돌아갔다. 다른 이들은 혁명주의자들의 편에 붙었다. 코르닐로프는 해임되어 체포되었으나 곧 석방되었다. 볼셰비키의 지령을 받는 적위군이 페트로그라드에 남은 유일한 무장 세력이었다. 케렌스키와 임시 정부는 그들의 묵인 하에 존재하고 있었다.

　　그런데 여섯 주 넘게 아무 일도 일어나지 않았다. 볼셰비키들이 이제 페트로그라드 소비에트의 다수였다. 그들은 케렌스키에 반대했고, 그가 혁명을 저버렸다고 주장했다. 누구를 위해서 그랬는지 명시하지는 않았지만 말이다. 레닌은 핀란드에서 페트로그라드 교외로 왔다. 명목상 그는 아직 숨어 있었고, 변장을 위해 말끔하게 면도를 했다. 그는 볼셰비키 추종자들을 선동해 권력을 장악해야 한다고 주장했다. 그들은 레닌의 지시를 형식적으로는 받아들였으나, 실제로는 아무것도 하지 않았다. 레닌은 점점 더 인내가 바닥났다. 심지어 트로츠키도 여전히 연설을 하는 데 만족했다. 일이 기이하게 꼬여 케렌스키가 볼셰비키 혁명의 도화선을 당겼다. 볼셰비키 중앙 위원회는 비밀 회의에서 찬성 10명, 반대 2명으로 권력을 장악하기로 결정했다. 두 명의 반대자 카메네프Lev Kamenev와 지노비예프Grigory Zinoviev가 신문을 통해 결정에 항의했다. 케렌스키는 폭풍이 곧 불어올 것으로 생각했다. 정말로 힘을 발휘할 혁명은 전혀 가까이 다가와 있지 않았는데 말이다. 그는 얼마 안 되는 사관생도들과 여군女軍 1개 대대를 동원해 공세적인 행동을 취하고자 결심했다. 11월 6일 볼셰비키의 신문인『프라우다Pravda』가 케렌스키의 명령으로 폐간되었다. 그리하여 볼셰비키들은 레닌이 아니라 케렌스키에 의해 행동하도록 이끌렸다. 트로츠키는 적위군에『프라우다』를 구하라고 명령했다. 권력 장악 계획은 허둥지둥 실행에 옮겨졌다. 우체국, 전신교환소, 기차역이 볼셰비키의 수중에 들어갔다. 케렌스키는 지방의 왕당파 부대들을 모으기 위해 차에 미국 국기를 휘날리며 페트로그라드를 떠났다. 그는 왕당파 부대를 찾지 못했고, 역사에서 사라졌다. 11월 7일 저녁 늦게 적위군이 겨울궁전을 점령했고, 임시정부의 구성원들을 체포했다. 이것이 볼셰비키 혁명의 전모다. 여섯 명의 적위군이 희생되었는데, 두 명은 동지들에 의한 사고사였다. 임시정부 측에서 죽은 사람은 없었다.

그날 저녁 러시아 전역에서 모인 노동자, 농민, 군인의 제2차 소비에트 의회가 페트로그라드 교외에 있는 여자 학교였던 스몰니에서 열렸다. 대표단들은 놀랍게도 모든 권력이 자신들의 손에 들어왔다는 말을 들었다. 그들은 또한 소비에트 정부가 이미 존재하고 있다는 말을 들었으며, 볼셰비키들이 작성한 인민위원 명단을 질의 없이 수용했다. 레닌이 의장이 되었고 트로츠키가 외무인민위원이 되었다. 트로츠키는 이 일이 잠깐 동안만 필요할 것이라 생각했다. 그

는 "나는 다른 나라에 공표하는 몇 가지 선언을 발표하고 그러고 나
서 외무인민위원회 문을 닫을 것이오"라고 말했다. 공무원들은 새로
운 정부와 일하기를 거부했다. 적위군은 제국은행의 둥근 천장을 폭
파시켰고, 외무성 문서고를 습격했다. 레닌은 대중을 설득하기 시작
했다. 소비에트 의회가 열리기 전 처음 모습을 드러냈을 때 그는 박
수가 그치자 "우리는 이제 사회주의 건설을 위해 나아가야 한다"라
고 선언했다. 트로츠키처럼 그는 이 일이 며칠이면 되리라 생각했다.
몇 가지 선언으로 공장이 노동자들에게 넘어가고, 부자들이 재산을
빼앗기고, 그러고 나면 사회주의가 도래할 것이었다. 공장 노동자들
은 이미 대부분 볼셰비키 편에 참여했다. 농민들을 설득하는 것이 더
긴급했다. 레닌은 지주의 토지를 몰수해 농민들에게 서로 나누는 권
한을 부여하는 토지령을 서둘러 초안했다. 볼셰비키 정책에 반대되
는 것이었으나 이로써 농민들이 다가올 내전 동안 확실하게 볼셰비

사진152 종전을 선포하는 전러시아 소비에트 총회.

키 편을 들게 되었다.

레닌이 권력을 장악하는 데 있어 가장 시급한 목표는 전쟁을 끝내는 것이었다. 그의 생각에 이 역시 몇 가지 선언을 공표하면 되는 문제였다. 11월 8일 그는 소비에트 의회에서 자신의 평화령을 낭독했다. 모든 전선에서 즉각적인 휴전이 있어야 하고, 병합이나 손해 배상 없는 강화를 위한 협상이 이루어져야 할 것이었다. 강대국들은 전쟁 중 정복했던 것을 포기할 뿐 아니라 이전부터 보유하던 식민지를 내놓도록 요청받았다. 강화는 "세계 모든 나라 사람들에게 예외 없이 공정"해야 했다. 레닌은, 자신이 제국주의 정부라고 부른 정부들로부터 저항이 있으리라 예상했지만, "그러나 우리는 혁명이 곧 모

사진153 1917년 겨울 모스크바에서 『프라우다』 신문을 배포하는 모습: 사람들은 식량을 요구하고 혁명 선전을 받았다.

사진154 적군赤軍의 승장 트로츠키: 스탈린(맨 오른쪽)이라는 위험인물을 무시하다.

든 교전국에서 일어나리라 기대한다"라고 덧붙였다. 그는 특히 영국, 프랑스, 그리고 독일 노동자들에게 호소했다. 이들은 차티스트 운동, 프랑스 대혁명, 그리고 비스마르크에 대한 저항을 이어받은 이들이 었다. 며칠 후 트로츠키가 러시아 제국이 맺은 비밀 조약들을 페트로 그라드 전신국에서 세계로 전송하며 공개하기 시작했다.

독일 정부는 응할 준비가 되어 있었다. 그들은 동부전선을 끝 내기를 원했고, 병합과 손해 배상이 없다는 말은 심각하게 받아들이 지 않았지만 휴전에 합의했다. 서유럽 정부들은 좀 더 당황스러운 위 치에 있었다. 그들은 레닌이 외교적으로 분별없이 발표한 것과 동일 한 이상주의적 원칙들을 위해 싸우고 있다고 주장했다. 서유럽 정부 들은 독일인들이 패배하지 않고도 그러한 원칙들을 받아들이리라 믿지 않았고, 스스로에 대해 원칙을 엄격하게 적용하겠다고 생각하 지도 않았다. 그러나 그들은 자국에서 분출하는 평화를 향한 강렬한 열망을 억눌러야만 했다. 영국과 프랑스의 사회주의자들은 레닌과 트로츠키가 권력을 잡은 비민주적 방식에 놀라기는 했지만 볼셰비키의 계획에 환호했다. 평화에 찬성하는 운동도 노동자 계급에만 국한되지 않았다. 11월 29일 전직 외상 랜즈다운 경이 『데일리텔레그래프*Daily Telegraph*』에 편지를 게재했다. 그가 주장하길, 전쟁의 승리에 이르려면 문명의 파괴가 따를 것이며, 따라서 타협을 통한 강화를 위해 협상이 시작되어야 했다. 그는 자신과 같이 계몽된 생각을 갖도록 독일 정부를 어떻게 이끌 수 있는지 설명하지는 않았다. 전시 내각의 밀너 경이 좀 더 현실적으로 제안했다. 독일인들에게 러시아에 대해 하고 싶은 일을 할 수 있도록 재량을 부여함으로써 서유럽 정복을 그만두게 해야 할 것이었다.

　1917년이 계속되는 동안 사회주의자들이 점점 더 들썩거리는 프랑스에서는 분란도 있었다. 9월에 각료들이 정부를 떠났다. 그리하여 "신성연합"의 마지막 부분마저 와해되었다. 사회주의자들은 심지어 알자스와 로렌을 프랑스에 귀속시키기 전에 주민투표를 해야 한다는 제안까지 했다. 국가주의자들 측의 여론이 격분했다. 11월 13일 수상 펭르베가 하원 신임투표에서 패배를 당했다. 대통령 푸앵카레는 타협을 통한 강화를 주장하는 카이요Joseph Caillaux를 임명할 것인가, 마음에 안 들지만 결연한 전사인 클레망소Georges Clemenceau를 임명할 것인가라는 중대한 질문을 놓고 고심했다. 로렌 출신에 열렬한 국가주의자인 푸앵카레는 클레망소를 임명했다. 클레망소 정부는 의회를 통해 구성되지 않은 또 하나의 정부였다. 전시 독재체제였다. 클레망소가 11월 20일 하원에 처음으로 모습을 나타냈을 때 그는 "내게 전쟁의 목적을 묻습니까, 의원 여러분? 매우 단순합니다. 승

사진155 전선을 시찰하는 클레망소.

리입니다"라고 말했다. 1918년 3월 8일에는 이렇게 말하기도 했다. "국내 정책이요? 싸울 겁니다. 외교 정책이요? 싸울 겁니다. 언제나 싸울 겁니다." 클레망소는 정치인들을 무시했다. 그는 충실한 추종 자들을 각료에 앉혔다. 그는 카이요 및 타협을 통한 강화를 지지하는 다른 사람들을 체포해 반역죄 그리고 적과 교신한 죄로 기소했다. 기 소된 혐의는 대부분 인정되지 않았지만 이로써 애국적인 감정이 들 끓어 클레망소에 대한 열광적 지지로 변했다.

이때는 휴전이나 이상주의적 강화의 아이디어를 영국과 프랑 스 정부 앞에 내놓을 때가 아니었다. 최고 전쟁 위원회가 11월 29일 에 모였다. 볼셰비키의 휴전, 심지어 협상 제안이 러시아의 배반 행 위에 대한 불평이 쏟아지는 가운데 바로 기각되었다. 분명히 클레망 소와 로이드 조지는 독일이 패배할 때까지 공정한 혹은 심지어 용인 할 수 있는 강화가 불가능하다고 진정으로 믿었다. 그러나 그들은 또 한 자신들이 지도자의 자리에 오른 것이 전면적인 승리를 되풀이해 서 약속했기 때문이라는 사실도 알고 있었다. 그들은 자신들이 사회주의자들을 꺾고 전쟁을 계속 수행함으로써 "사회를 지킬 것"이라고 생각했다. 반면 승리에 미치지 못하는 어떤 것도 사회주의자들의 비판을 정당화시킬 것이었다. 이러한 주장들이 그들의 머릿속에서 계산에 따라 왔다 갔다 한 것은 아니다. 두 사람 다 정치적 책략에 능한 사람들이었고, 자신들의 능력을 믿었으며, 권력을 사랑했다. 강경한 방침으로 환호가 일어났다. 섣불리 온건한 정책을 시도하면 의회와 언론에서 폭풍이 일어날 것이었다. 정치가들이 다른 이들을 희생시키며 결연하게 나아가기는 쉬운 일이다. 반면 분별력 있기는 어렵다. 그리고 이때는 분별력 있는 방침을 찾기가 어쩌면 불가능했을 것이다. 어쨌든 결정은 신속하고 단호하게 내려졌다. 볼셰비키의 제안에 분명하고 최종적으로 거절하는 것이었다. 이렇게 되면, 더욱이, 논리적으로 누구든지 승리 없는 강화를 옹호하는 사람은 볼셰비키 혹은 그 비슷한 것이 되었다. 랜즈다운 경에 대한 가혹한 평가였다. 문명을 보존하자는 그의 주장은 반대 논지로 이용되었다. 볼셰비즘으로부터 사회를 지키려면 전쟁을 끝까지 수행해야 할 것이었다. 로이드 조지, 클레망소, 그리고 이 점에서 루덴도르프는 모두 현존 질서를 가장 안전하게 지키기 위해서는 승리해야 한다고 생각했다. 당연히 그 세 사람이 모두 여기에 만족할 수는 없었지만 말이다.

　　일단 연합국이 전면 휴전 제안을 거절하자 볼셰비키들은 단독 강화 협상을 추구하는 방향으로 나아갔다. 12월 15일 러시아와 독일 사이에 휴전이 조인되었고, 뒤이어 브레스트 리토프스크에서 강화 협상이 진행되었다. 볼셰비키들은 휴전 발효 후 독일군이 동부 전선에서 움직이지 못한다는 규정을 넣음으로써 이전 동맹국들에게 보내는 마지막 제스쳐를 취했다. 호프만은 이러한 조건에 합의하면서 부대들을 미리 이동시켜 규정을 회피했다. 서유럽 동맹국들은 이러한 공공연한 배반에 그 어느 때보다도 더 크게 화가 났다. 영국과 프랑스 정치가 중 누구도 러시아가 전쟁에서 이탈한 것이 볼셰비키의 작품이 아님을 파악하지 못했다. 러시아 국민 전체가 싸움을 멈췄고, 이제 러시아군은 존재하지 않았다. 남은 일은 독일군이 전진하지 않도록 하는 제한을 합의에 넣는 것뿐이었다. 이것이 볼셰비키들이 시도했던 일이었다. 영국인들과 프랑스인들은 전쟁 재개를 바라는 대규모 러시아인 무리를 어디선가 찾을 것이라 생각했다. 그들은 진지하게 러시아를 나누어 각자 맡은 지역에서 호전적 감정과 볼셰비키에 대한 저항을 불러일으키려 했다. 우크라이나는 프랑스, 코카서스는 영국의 세력권으로 생각했다. 이러한 방식으로 연합국은 부지불식간에 새로운 전쟁으로 들어가게 되었다. 독일인들에 대한 전쟁으로 생각한 것이나 실상은 러시아의 새로운 정치체제에 대항한 전쟁이었다. 나중에 등장하게 될 철의 장막이 이미 형성되고 있었다.

이러한 생각이 클레망소의 마음에 들었다. 그는 볼셰비키의 체제 전복적인 생각들이 프랑스에 들어오지 않기를 바랐다. 또한 그는 러시아인들이 죗값을 치르는 것을 보고 기뻤다. 그들은 동맹국으로서의 의무를 지키지 못했고, 또한 훨씬 더 충격적인 일인데, 프랑스 투자자들에게 채무 상환을 하지 못했다. 로이드 조지는 덜 만족스러웠다. 그는 국내 노동당 지지자들의 여론을 달래야 했다. 특히 노동조합을 구슬려 헤이그가 플랑드르에서 잃은 만큼의 대체 병력을 공장에서 빼내어 보내야 했다. 따라서 로이드 조지는 온건하고 이상주의적인 — 병합이 없고, 손해 배상이 전혀는 아니더라도 거의 없는 — 영국의 전쟁 목적을 발표했다. 합스부르크제국을 해체하지 않고 오스만제국을 전승국들이 분할해 갖지 않는 것이었다. 대서양 건너편 워싱턴에서 윌슨 대통령은 러시아와 이전 동맹국들 사이가 갈라진 것을 훨씬 더 안타까워했다. 윌슨은 불편한 마음으로 레닌의 평화령이 거의 자신이 말했어야 하는 바라고 생각했다. 그는 심지어 만약 평화령의 목적이 만족할 만큼 계몽된 생각으로 구체화되어 제시된다면 러시아인들이 전쟁을 재개하도록 설득해볼 수 있지 않나 상상했다. 1918년 1월 8일 윌슨은 14개 조항을 발표했다. 그가 희망하길 더 이상 전쟁이 일어나는 것을 불가능하게 만드는 평화 계획의 구상이었다. 레닌처럼 그는 비밀 조약을 부인했고, 민족 자결을 요구했

사진156 예루살렘을 떠나는 터키군, 1917년 12월: 이교도에 의한 지배의 종료.

다. 윌슨이 새롭게 기여한 것은 강대국과 약소국에게 안보를 제공하는 국제연맹이었다. 윌슨의 계획은 거의 레닌의 계획만큼 연합국에서 환영 받지 못했다. 명백한 이유들로 인해 연합국 국가들이 직접적으로 그렇다고 말하지는 못했다. 클레망소는 14개 조항에 대해 "신께서도 십계명 열 개까지만 만드셨는데"라고 언급하는 정도로 만족했다. 연합국은 좀 더 공식적인 발표에서는 자신들의 대의가 옳음을 강조했다. 1917년에 많은 일에서 낙담한 그들은 심지어 정의가 무력을 이길 것이라는 신조에서 위안을 얻었다.

　　그들이 낙담했음이 뚜렷이 보였다. 서부전선에서 결정적인 승리가 아직까지 이루어지지 못했다. 오히려 프랑스군과 영국군의 사기를 땅에 떨어뜨린 두 차례의 실패가 있었다. 이탈리아는 무찌를 수 있는 가능성이 컸던 오스트리아-헝가리제국과 누가 빨리 파국으로 치닫나 경쟁을 벌이는 듯이 보였다. 러시아는 전쟁에서 빠졌는데, 그렇다고 해서, 유감이지만, 존재 자체가 없어진 것은 아니었다. 볼셰비키의 선전이 연합국이고 독일이고 할 것 없이 공기를 오염시켰다. 영국인들은 한 차례의 성공을 거두었다. 12월 9일, 이전의 실패를 만회하도록 팔레스타인으로 보내진 알렌비Edmund Allenby가 예루살렘에서 항복을 받아냈다. 이틀 후 그는 걸어서 예루살렘 성지로 들어갔는데 십자군 전쟁 이래 첫 기독교인 정복자였다. 몇 주 전 영국인들은 팔레스타인에 유대인들의 민족 국가가 세워질 것이라고 발표했다. 영국인들이 희망하길 그리하여 미국과 중부유럽 유대인들의 지원을 얻고 또한 팔레스타인이 프랑스에게 맡겨지지 않을 것이라 확인하는 것이었다. 어린 시절 성서 교육을 받으며 자란 로이드 조지는 예루살렘 정복을 기뻐했다. 예루살렘 정복이 독일인들을 특별히 괴롭게 하지는 않았다.

　　독일인들에게 1917년은 잘 넘어간 해였다. 적어도 그들이 예상했던 것보다는 나았다. 그들은 이탈리아인들에게 커다란 패배를 안겨주었고, 프랑스에서 그들의 위치가 연초보다 공고해졌으며, 무엇보다도, "두 개의 전선에서 벌어지는 전쟁"이라는 부담에서 마침내 벗어났다. 잠수함 작전은 아직 기대에 미치지 못했고, 미국군 병력이 소집되고 있으며 대규모로 프랑스에 들어오기 시작하고 있었다. 그러나 루덴도르프는 금년의 성공에 고무되어 그러한 점에 대해 1918년에 나아지리라 기대했다. 그는 결국에는 러시아와 합의를 이루어 미국이 실제로 들어오기 전에 러시아를 공식적으로 전쟁에서 나가게 할 수 있다고 생각했다. 그러면 그는 미국인들이 도착하기 전에 서부전선에서 결정적 승리를 얻을 수 있을 것이었다. 반면 연합국은 러시아에서 무언가 일어나게 만들기 원했다. 좀 더 적절하게는, 미국인들이 도착하기 전까지 스스로 잘 해나갈 수 있기를 바랐다. 독일과 연합국 양측 모두, 문명 전체가 붕괴해 모든 나라들이 볼셰비키가 가져올 파멸에 이르기 전에, 심지어 윌슨의 이상주의적인 강화 계획을 수용해야만 하기 전에 자신들이 승리를 거두게 될 것이라 생각했다. 루덴도르프, 로이드 조지, 클레망소는 서로 싸우고 있었음에도 불구하고 레닌이나 윌슨에게 승리가 돌아가면 안 된다는 점을 훨씬 더 걱정하고 있었다. 유럽 국가들은 서로 대적하고 있지만 기본적으로 같은 생각을 하고 있었다. 러시아와 미국 두 세계적 강대국 또한 양측이 거의 생각이 일치하는 데 이르렀다. 이를 알기만 했다면 말이다. 그러나 레닌과 윌슨 두 유토피아주의자는 손을 잡을 방법을 찾지 못했다.

사진157 강화 조건을 부과하고(위) 주검의 수를 세는(아래) 러시아의 독일군

5장

1918년

전쟁은 이제, 이를테면, 축을 중심으로 돌았다. 러시아가 나갔고, 미국이 들어왔다. 새로운 전술이 사용되었고, 새로운 무기도 등장했다. 새로운 원칙들이 온 세계를 휩쓸었다. 전선의 병사들은 여전히 위험과 불편함이 가득한 참호 속에서 암울하게 지내고 있었다. 후방에서는 군수 공장에서 역시 힘든 일을 반복하고 있었고, 물자 부족에 시달리고 있었다. 그러나 대부분의 교전국에서 식량 공급은 지난해보다 다소 나아졌다. 공급이 아니라 배분의 문제가 심각해져갔다. 프랑스인들은 식량 부족을 전혀 겪지 않았다. 커피 같은 수입품이 부족했을 뿐이었다. 독일인들과 오스트리아인들은 러시아 점령지에서 밀을 들여왔고, 볼셰비키들과 강화 협정을 조인한 후에는 훨씬 더 많이 가져왔다. 두 나라 모두 1918년이 계속되는 동안 몇 차례 빵 배급량이 상향조정되었다. 영국이 최악의 위험 상황을 겪은 것은 잠수함 작전 초기, 즉 1917년 봄의 몇 달 동안이었다. 잠수함전은 억제되고 있었

사진159
연설하는 레닌, 1918:
볼셰비즘의 유령이 유럽을 떠돈다.

고, 몇 가지 부족한 식량 문제도 극복되었다. 고기, 설탕, 버터 배급이 시행된 것도 1918년 2월이 되어서였다. 진짜 위기는 지난 다음이었고, 배급제 시행으로 오히려 부족분이 커졌다. 공식적인 배급에 빵은 포함되지 않았다. 어쩌면 식량성 관료들이 자신들이 존재하는 이유와 세심하게 만든 계획을 정당화해야 했기 때문에 배급제가 시행되었는지도 모르겠다. 혹은 폭리를 취하는 일이 횡행하는 가운데 배급제로 사회적 평등에 조금이나마 기여해보려는 의도가 아니었나 싶다. 어떻게 설명하든, 영국의 배급제에는 경제적인 혜택을 현실적으로 만들어내려는 동기가 없었다. 그래도 배급제 덕분에 음식을 사기 위해 길게 늘어선 줄이 없어졌다. 전쟁은 참호 속만큼이나 후방에서도 일상으로 자리 잡았다.

1918년 3월, 전쟁의 절반이 종료되었다. 적어도 문서상으로는 그랬다. 동부전선에서 싸웠던 이전의 교전국들은 휴전 협정이 조인되자마자 강화 조약 성사를 위한 복잡한 과정에 뛰어들었다. 강화 회의는 폴란드 동부의 황량하고 우중충한 요새 도시 브레스트 리토프스크에서 열렸다. 러시아 대표단은 볼셰비키 지식인들과 기차역으로 가는 길에 무작위로 데리고 온, 아마도 농민 대표 한 사람으로 구성되었다. 신이 나서 적포도주와 백포도주를 섞어 마시던 그 농민은 독일 장교 누구와도 거나하게 취할 수 있을 것이었다. 이러한 흥겨운 장면이 곧 바뀌었다. 트로츠키가 도착해 책임을 맡았다. 그는 이제까지 싸우던 전쟁이야 어떻게 되든 계급 전쟁을 강조했다. 독일 외상 퀼만Richard von Kühlmann이 화장실에서 옆에 서 있던 트로츠키에게 말을 걸려고 했다. 트로츠키는 마치 낯선 사람으로부터 위협을 받은 것처럼 깜짝 놀라 질색을 했다. 러시아군은 와해되었지만, 트로츠키는

"논리적인 토론"으로 이길 수 있으리라 생각했다. 트로츠키는 독일 인들도 이론상 수용했던 자결원칙을 놓고 연일 퀼만과 격론을 벌였 다. 무엇이 "인민들의 의지"인가? 그것은 어떻게 확인될 수 있는가? 그리고 어떻게 적용되는가? 독일군에 의한 점령 상태에서 그것이 자 유롭게 표현될 수 있는가? 퀼만은 논쟁을 즐겼다. 오스트리아-헝가 리제국의 외상 체르닌Ottokar Czernin은 무척 괴로워했다. 그는 식량을 실은 열차가 빈으로 달려오게 하길 원했다. 자신의 존엄한 군주를 위

사진160 브레스트 리토프스크의 트로츠키.

해 영토를 획득하기를 바라기도 했지만 말이다. 독일군 사령관 호프만도 괴로워하기는 마찬가지였다.

트로츠키는 자신에게 논쟁보다 더 강한 무기가 있다고 생각했다. 그는 독일과 오스트리아의 노동자들이 평화령에 응답해 러시아 노동자들처럼 반란을 일으키리라 생각했다. 그는 실망하지 않았다. 파업이 독일과 오스트리아를 휩쓸었기 때문이다. 그러나 노동자들은 임금을 더 많이 받고 식량은 훨씬 더 많이 받게 되었다. 1월 말에 이르자 파업이 전부 종식되었다. 트로츠키는 페트로그라드로 돌아가서 볼셰비키 동지들의 의견을 구했다. 그들 대부분은 독일인들에 맞서 낭만적인 혁명전쟁을 수행하기를 소망했다. 또 다시 레닌 혼자서 병사들이 전쟁에 대한 반대표를 던졌다고 우겨댔다. 어떻게 반대표를 던졌냐는 질문을 받자 레닌은 "그들은 도망하는 발로 투표를 했소"라고 대답했다. 트로츠키가 타협안을 내놓았다. 독일이 제시한 조건을 거부하고 단지 전쟁이 종료되었다고 선언하는 것이었다. 그는 만일 엄포를 놓는 이 작전이 실패하면 레닌을 지원하기로 약속했다. 레닌은 마지못해 동의했다. 트로츠키가 브레스트 리토프스크에 다시 모습을 드러냈다. 2월 10일에 그는 "전쟁도 없고, 강화도 없다"라고 크게 한 방을 때렸다. 볼셰비키 대표단은 회의를 깨고 떠났다. 퀼만은 상황을 받아들이고 싶어 했다. 독일인들은 동부전선에서 전쟁을 끝내려 했고, 결국 자신들이 원하던 것을 얻었던 것이라고. 그러나 호프만이 거부했다. 그는 다른 대부분의 장군들처럼 법을 중시했고, 조약 없이 전쟁이 끝난다는 것을 상상할 수 없었다. 게다가 그는 트로츠키의 도전에 화가 나서 참을 수가 없었고 트로츠키에게 모욕을 주고 싶어 했다. 독일인들은 휴전을 부인했다. 독일 군대들이 가차 없이 앞으로 나아갔다. 그들을 멈출 수 있는 것은 텅 빈 공간 말고는 아무것도 없었다. 페트로그라드가 함락될 것처럼 보였다.

볼셰비키들은 허둥지둥 수도를 모스크바로 옮겼다. 거기서 그들은 다시 한 번 강화냐 전쟁이냐의 문제를 놓고 논쟁을 벌였다. 트로츠키는 여전히 저항하기를 원했다. 그는 연합국 대표들을 찾아가서 지원을 받을 어떤 가능성이 있는지 물었다. 연합국 정부들은 볼셰비키를 승인하지 않았다. 그들은 이 사악한 체제를 없애버리기를 원했다. 더불어 사회주의와 이상주의적 강화를 부르짖는 일이 사라져버리길 바랐다. 심지어 연합국 정부들이 독일에 대한 저항을 부추긴 이유도 무엇보다 우회적으로 볼셰비키들을 멸하려는 생각에서였다. 어쨌거나 영국인들과 프랑스인들에게는 러시아로 보낼 수 있는 군대가 없었고, 물자마저도 보낼 방법이 거의 없었다. 그들이 제안할 수 있는 거라 해봐야 극동에 있는 일본의 지원이 전부였다. 이 제안은 아예 제안이 없는 것보다 더 볼셰비키들을 불안하게 만들었다. 그들은 일본인들이 러시아 영토를 빼앗으려는 데만 관심이 있다는 것을 알고 있었다. 게다가 이 제안은 실행가능하지 않았는데, 일본인들에게는 유럽 가까이 오고자 해도 올 방법이 없었기 때문이다. 격렬한 논쟁 끝에 레닌은 자기 생각대로 했다. 볼셰비키 대표단이 브레스트 리토프스크로 돌아왔다. 그들은 논의하기를 거부했고, 심지어 조건을 읽어내려 가지도 않았다. 3월 3일 그들은 침묵 속에 브레스트 리토프스크의 강제된 강화 조약에 서명했다. 러시아는 지난 2백 년 동안 차르들이 정복했던 모든 것을 잃었다. 발트 국가들, 폴란드, 심지어 우크라이나가 명목상 독립하게 되었다. 실제로는 독일 제국의 일원이 되었고, 독일의 군주들이 주인이 없다고 생각되는 그 왕좌들을 놓고 다퉜다. 그래도 러시아는 러시아인들이 거주하는 영토를 거의 상실하지 않았고, 연합국은 공포 속에 두 손을 꽉 쥐고 있었지만 독일의 패배 후에도 우크라이나를 제외하면 브레스트 리토프스크에서 결정된 국경을 유지했다. 차르들이 장악했던 곳을 러시아가 회복한 것은 스탈린이 집권하고 제2차 세계대전을 치르게 되면서였다.

연합국은 볼셰비키가 전쟁을 그만두어 동부전선이 사라진 것을 너무나 중대한 일로 여겼다. 실제로는, 러시아에게 더 이상 싸울 능력이 없고 연합국에는 러시아를 도울 능력이 없었을 뿐이다. 연합

사진161
전쟁에서 어떻게 승리할지
생각한 루덴도르프.

국의 유일한 무기는 함께 처지를 생각하며 위로하는 데 있었지 소용도 없는 모욕은 아니었다. 오히려 반혁명을 부추기는 바람에 연합국에 대한 볼셰비키의 반감만 더 강해졌다. 독일인들이 한 일도 별로 나을 바 없었다. 그들도 볼셰비키들을 불신했고 두려워하기까지 했다. 독일 사단들이 동부전선에 머물러 있었다. 일부는 농민들에게서 식량을 빼앗기 위해 있었고, 나머지는 아직까지 상상 속에만 있는 적군赤軍에 대한 대비였다. 전쟁 포로들이 귀환함에 따라 볼셰비키의 선전이 중부 유럽으로 확산되었다. 서유럽에서는 브레스트 리토프스크 조약이 독일인들이 승리한다면 무슨 일을 저지를지 보여주는 예로 제시되었다. 독일인들은 라덱Karl Radek의 신랄한 외침에 들어 있는 진실을 배워야 할 것이었다. "언젠가 연합국이 브레스트 리토프스크를 당신들에게 강제할 것이다." 독일인들이 이와 비슷한 처벌적인 강화를 루마니아와 맺었고, 그러면서 루마니아에서 원유가 들어오리라는 잘못된 기대를 품었었다.

어쨌거나 독일인들은 자신들이 오랫동안 갈망했던 상황을 맞았다. 즉, 하나의 전선에서만 싸울 수 있는 자유를 얻었다. 일찍이 1917년 11월 11일, 운명의 날, 루덴도르프는 이듬해 서부전선에서 결정적 승리를 거두기로 결심했다. 이렇게 해야 하는 그럴듯한 이유를 말하는 주장들이 있었다. 시간이 독일인들 편에 있지 않았다. 연합국의 봉쇄로 식량도 식량이지만 산업 원자재가 심각하게 부족했다. 미국군이 점점 더 많이 프랑스로 오고 있었다. 독일의 제휴국들, 특히 오스트리아–헝가리제국이 삐걱대고 있었다. 이번이 영국과 프랑스를 전쟁에서 떨어져나가게 할 마지막 기회가 될 것이었다. 그러나 이러한 주장들은 지난해 헤이그가 플랑드르 공세를 정당화하기 위해 동원한 구실만큼이나 가치가 없었다. 독일군은 성공적인 방어를 계속할 수 있을 만큼 상당히 강력했고, 1919년까지 미국인들이 주도권을 잡지 못한다면 미국인들의 힘은 독일을 무너뜨리는 데 사용되는 것이 아니라 독일인들과 연합국 모두에게 계몽된 생각에 기반을 둔 강화를 강제하기 위해 사용될 것이었다. 그런데 이것이 바로 루덴도르프가 진짜 두려워했던 일이었다. 독일인 대부분이 유화적인 강화를 진심으로 환영할 수 있었다. 그러나 루덴도르프와 일반 참모부는 승리가 아닌 것을 가지고 돌아간다면 정치적으로 파멸하게 될 것이었다. 보다 현실적인 근거도 있었다. 힌덴부르크와 루덴도르프는 플랑드르에서 영국의 공격을 물리쳤던 이전의 성공에 고무되어 완전한 승리를 목표로 했다. 독일인들의 사기가 꺾였다는 헤이그의 주장과 완전히 반대였다. 무엇보다도 루덴도르프는 헤이그와 꼭 닮은 장군이어서, 일단 머릿속에서 완벽한 승리의 전망을 구상해놓은 이상, 그 계획을 뒤집을 마음이 없었다.

독일인들에게는 공세를 취하는 데 쓸 새로운 무기가 없었다. 1918년 8월까지 독일 일반 참모부가 전차를 긴급하게 주문한 일은 없었다. 보병을 수송할 기계화된 수단도 없었다. 루덴도르프가 병력에서 수적인 우위에 있는 것도 아니었다. 서부전선에서 적대하는 병력이, 동부전선에서 52개 사단을 이동한 후에도, 거의 비등했다. 루덴도르프의 자산은 사라졌던 기습 공격의 방식을 회복하는 새로운 전술에 있었다. 공격하는 병력이 야간에 몰래 중요 위치를 점했다. 독일 방어선 뒤에서는 열차들이 끊임없이 궤도를 바꿔가며 이동을 은폐했다. 예비 포격은 예정되어 있지 않았다. 밀집된 보병이 적의 강한 지점에 무모하게 부딪는 대신에, 경무장 병력이 전진해 취약

한 지점을 찾도록 했다. 루덴도르프의 전략에는 또한 지금까지 보지 못한 새로운 측면이 있었다. 그는 이프르 바로 남쪽에서 전선을 뚫는 열쇠를 보았다. 헤이그가 반대편에서 했던 것과 꼭 같았다. 이곳을 돌파해 영국 해협의 항구들까지 전진할 뿐 아니라, 측면을 완전히 우회해서 북쪽에서부터 전선을 걷어올리려는 계획이었다. 그러나 루덴도르프는 이를 두 번째 행동으로 계획했다. 첫 번째 행동은 영국군과 프랑스군이 만나는 좀 더 남쪽에서 벌어져야 했다. 핵심 지점으로부터 영국의 주의를 돌리기 위해서였다. 루덴도르프는 지리적 측면에서 먼저 솜므를, 그러고 나서 파쉔달을 바로 이어 공격하는 것으로 계획했다. 방법의 측면이 고려된 것은 물론 아니었다. 여기까지가 그가 거의 달성했던 야심찬 계획이었다.

연합국 장군들은 독일이 공세를 준비하고 있음을 간파했다. 헤이그도 1917년 말에 이르러 자신이 마지못해 중단했던 플랑드르 공격을 재개할 수 없음을 인식했다. 페탱은 영국인들이 프랑스 전선에서 더 많은 부분을 맡아야 한다는 요청을 했다. 헤이그는 근래에 매우 자신감이 붙어 자신에게 모든 병력이 필요하다고 주장했다. 여기에 베르사유에서 열린 최고 전쟁 위원회를 위한 기회가 있는 듯했다. 위원회는 위원회가 자체로 움직일 수 있는 동맹국 간의 예비 병력을 대략 30개 사단 정도 마련해놓자고 제의했다. 이러한 방식으로 군사 위원회 의장 포슈가 실제로 전략을 결정할 것이고, 통합된 지휘권이 비공식적인 방법으로 성립될 것이었다. 윌리엄 로버트슨 경은 평소의 완강한 태도를 이번에도 보여주었다. 그는 애스퀴스에게 비밀 서신을 썼고, 언론의 운동을 부추겼으며, 프랑스에 있는 헤이그를 소환했다. 로이드 조지의 운명이 다시 한 번 중대 국면에 놓였다. 하

사진162 제국 전시내각과 견공.

원에서 날카로운 비판이 오갔다. 국왕이 장군들의 편을 들자 로이드 조지는 사임하겠다는 위협으로 대응했다. 조지 5세가 물러섰다. 국왕의 사람인 헤이그 역시 노련하게도 물러섰다. 로버트슨만 맡고 있던 직책을 떠났다. 이 서부전선의 주창자는 영국 동부 사령관직을 받아들였다. 로버트슨의 희생을 전제로 한 장난 같은 일이었는데 어쩌면 고의였을 것이다. 로이드 조지는 위기를 넘겼다. 헤이그 제거에 관해서는 된 일이 없었지만 말이다. 이렇게 떠들썩한 사이에 연합국 전체의 예비 병력 문제가 잊혀졌다. 헤이그와 페탱은 떼어줄 부대가 없다고 주장했다. 그들은 그저 필요할 때 서로 지원한다는 데 합의했다. 독일이 공세를 준비하고 있다는 경고가 늘고 있었다. 일부 영국 정보부 장교들이 그 정확한 때와 장소에 근접했다. 헤이그는 이러한 경고를 무시했다. 그는 자신의 병력 대부분을 계속 북쪽에 집중시켜 놓고 있었다. 그는 여기가 핵심 지점이라는 것을 올바로 인식했고,

따라서 루덴도르프의 예비 공격을 고려하지 못했다. 어쨌거나 헤이 그는 자신이 결국에 가서는 공세를 취할 수 있다고 아직도 꿈꾸고 있었다. 그리고 그 공세는 당연히 이프르 근방에서 일어나야 했다. 나중에 독일이 성공한 뒤에 헤이그는 자신에게 쏟아질 비난을 로이드 조지에게 돌렸다. 새로운 공세를 막으려는 목적으로 고의로 프랑스 주둔 군대에 병력을 주지 않았다고 헤이그는 주장했다. 그 전설은 오늘날까지도 계속 남아 있다. 병력을 영국에 두는 결정은 육군성에서 내려지고, 의심할 바 없이 로이드 조지는 육군성을 좌우할 수 있었을 텐데, 확실히 헤이그를 믿지 못했기 때문에 결정을 뒤집으려 하지 않았다는 전설이다. 어쨌거나, 독일의 승리는 영국 측의 병력 부족 때문에 이루어진 것이 아니다. 병력이 있었으나 잘못된 장소에 있었다. 약하기 때문에 더욱 그들은 잘못된 방향으로 가게 되었다. 영국인들은 독일의 종심 방어를 모방해 변화를 주었으나 결과는 개악이었다. 첫 번째 구역 즉 맨 앞부분을 완충 구역으로 삼아 매우 소수의 병력에 맡기는 대신에 병력의 삼분의 일이나 투입했고, 그리하여 진짜 전투가 시작되기도 전에 전력의 삼분의 일을 잃었다.

독일인들에게는 아무도 몰랐다고 비난 받을 수 없고 아무도 예견하지 못했던 마지막 이점이 있었다. 1918년 3월 21일, 독일의 솜므 공격이 예정된 날에 때마침 짙은 안개가 꼈다. 독일 보병은 거의 관측 당하지 않고 영국의 기관총 진지를 격파했다. 곧 전체 방어선이 무너지기 시작했다. 영국 병력은 거의 전쟁 중 군에 들어온 병사들이었고 대부분의 장교들도 그랬다. 참호를 지키다 때로 밖으로 나가 공격하는 훈련만 받았을 뿐 야전 경험은 없어, 익숙했던 참호전 이외의 전투로 내몰리자 당황했다. 영국인들은 매우 긴 거리를 후퇴했고, 후퇴하며 배웠다. 헤이그의 예비 병력은 저 멀리 북쪽에 있었다. 페탱은 약속을 지켜 예비 병력을 보냈다. 최종적으로 13개 사단을 보내 그가 약속했던 6개 사단보다 많은 병력이었다. 그러나 동시에 그는 파리 보호가 자신의 가장 중요한 관심사라고 못 박았다. 반면 헤이그는 후퇴해서 영국 해협의 항구들을 근거로 싸울 준비를 하고 있었다. 영국군과 프랑스군은 서로 떨어져 흩어질 위험에 처했다. 헤이그는 이전에 반대했던 최고 사령부의 장점을 뒤늦게 깨달았다. 그는 전시 내각에 긴급히 전보를 보냈다. 밀너 경이 건너왔다.

　　3월 26일 영국 제5군이 여전히 흔들리며 밀려나고 있을 때 영국과 프랑스 지도자들이 둘랑에서 만났다. 페탱이 방으로 들어와 헤이그를 가리키며 클레망소에게 속삭였다. "이 벌판에서 항복을 하지 않을 수 없게 될 장군이 한 명 있습니다. 저도 그 뒤를 따르게 되겠지요." 몇 분 후 포슈가 확신으로 가득 차 뛰어들어 와 말했다. "왜 싸우지 않는 겁니까? 나라면 멈추지 않고 싸우겠습니다. 아미앵 앞에서 싸우겠어요. …… 계속 싸울 겁니다." 밀너가 클레망소를 방에서 불러내 말했다. "영국 장군들은 포슈 장군이 지휘하는 것을 수용합니다." 헤이그가 적극 동의했다. 전시 내각의 의견을 묻지 않고 결정이 내려졌다. 포슈에게 연합국 군대들을 조정하는 임무가 맡겨졌다. 곧 그의 권한이 커졌다. 4월 3일 그에게 "군사 작전의 전략적 지도 권한"이 주어졌다. 이번에는 미국인들도 포슈의 권한을 받아들였다. 4월 14일 그는 "프랑스에 있는 연합국 군대들의 최고사령관"이라는 칭호를 얻었다. 이론상 그는 모든 연합국 국가의 권위보다 위에 있었다. 실제로는 클레망소가 그에게 명령을 내리려 했고, 때때로 관철시켰다. 더구나 포슈는 다른 사람에게 설득을 할 수 있을 뿐이고 강제할

사진163 독일에게 전쟁의 패배를 가져다 준 공세.

수 없었다. 그가 자신을 표현하길, "박자를 잘 젓는 오페라 지휘자"였다. 사실상 그는 그 이상이었다. 스스로 악기를 연주하는 지휘자였다. 교전하는 군대들을 지휘할 수 없다 하더라도 그는 예비 병력을 통제했고 언제 사용할지 결정할 수 있었다. 이전에는 연합국 각국의 사령관이 독일의 공격 위협에 처하면 자신의 예비 병력을 곧장 투입할 수 있었지만, 이제는 포슈가 예비 병력을 붙잡고서, 처음에는 헤이그, 그 뒤에는 페탱이 도와달라며 부르짖는 요청을 듣지 않았다. 그가 예비 병력을 사용한 것은, 단지 뚫린 곳을 막기 위해서가 아니라, 반격을 위해서였다. 포슈의 예비 병력 통제는 더 나아가 1918년 작전에 명백하게 보이는 역설을 설명한다. 독일인들이 이전의 어느 때보다 더 멀리 전진해서 더 많은 영토를 획득했지만, 그럼에도 불구하고 결정적으로 타격을 입었다. 독일인들의 전진을 허용함으로써 포슈는 사실상 기동전을 되돌려놓았다. 전쟁에서 이길 수 있는 유일한 방법이었다. 예비 병력을 통제하는 것을 제외하면 포슈는 옆으로 비켜서

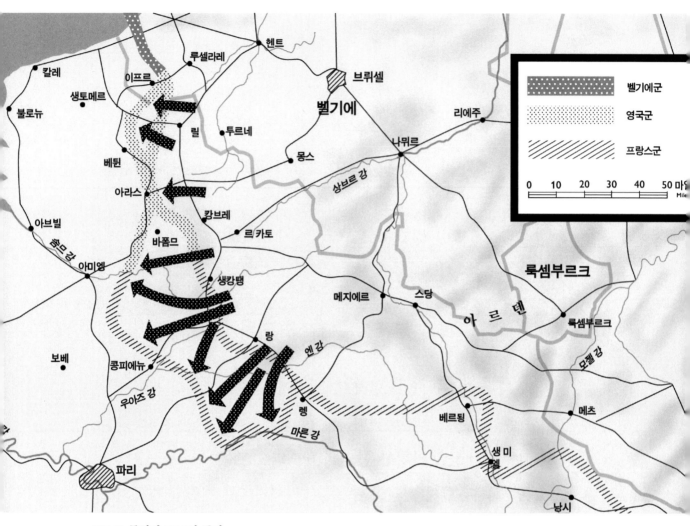

지도12 독일의 1918년 공세

서 최선을 바랄 수 있을 뿐이었다. 진정한 의미의 연합국 최고 사령 부는 없었다. 연합국 통합 참모부도 없었다. 연합국 지휘관들은 거의 의견을 교환하지 않았다. 헤이그, 페탱, 그리고 미국 사령관 퍼싱은 오로지 포슈를 한 번 만나 전략을 논의했다. 심지어 그때도 작전 계 획이 충분히 조정된 것은 전혀 아니었다. 세 개의 개별적인 군대들이 전쟁 끝까지 싸웠다.

그러는 동안 독일이 전진하는 힘이 점차 약해졌다. 공격하는 보병이 도보로 전진하는 것보다 연합국 예비 병력이 기차로 도달하는 속도가 더 빨랐다. 루덴도르프는 성공에 흥분해 자신의 규칙을 어겼다. 완강한 저항에 부딪혀서도 공격을 계속했던 것이다. 3월 28일 그는 공세를 북쪽 아라스까지 확대했고, 자신의 군대들이 한달음에 아미앵에 도달할 것이라 생각했다. 아라스에는 강한 영국 부대들이 있었다. 독일은 진격하지 못했다. 앞으로 밀고 나가지만 자루 속으로 들어가는 셈이었고, 그들을 둘러싸고 있는 측면이 점점 두터워졌다. 그들은 돌파 대신에 위험스럽게 불거진 지점, 달리 말하면 돌출부를 획득했다. 4월 5일, 공세가 중지되었다. 독일인들은 적에게 커다란 손실을 입혔으나 자신들 역시 큰 손실, 어쩌면 더 큰 손실을 입었다. 더욱이 독일 병사들은 영국의 풍부한 보급품을 보고 사기가 떨어졌다. 그들은 자신들이 이미 전쟁에 졌다고 생각할 수밖에 없었다. 영국에서 로이드 조지는 항상 그랬듯이 힘을 다해 난관에 대응했다. 3월 23일, 그는 몸소 육군성에 갔다. 가서 보니 육군성은 혼란과 낙심에 빠져 있었다. 그는 자신의 권한으로 운용 가능한 모든 병

사진164 1918년 5월, 독일의 공세가 끝난 후 프랑스군: 독일이 파리로 가는 길을 막았다.

력을 프랑스로 급파하고, 영국 해협을 건너는 수송량을 세 배로 늘렸다. 그 뒤 외무성으로 가서 윌슨 대통령에게 미국의 즉각적인 지원을 호소하는 전보를 보냈다. 위기 상황에 대한 로이드 조지의 개입은 지난해 호위함대를 조직하라고 명령할 때만큼이나 극적이었고, 결과를 가져오는 데 결정적이었다. 미국인들은 그의 호소에 응했다. 지금까지 독자적인 군대로서만 싸우겠다고 고집하던 퍼싱이었지만, 이제 영국군과 프랑스군의 증원으로 가는 데 잠정적으로 동의했다.

루덴도르프는 여전히 북쪽에서 두 번째 공격을 하기를 무척 원했다. 그러나 병력이 지쳐가고 있었다. 계획했던 23개 사단이 아니라 지치지 않은 11개의 사단만 공급할 수 있었다. 작전명이 성 조지에서 조제트(작은 조지)로 의미심장하게 변경되었다. 4월 9일, 독일인들이 플랑드르에서 아즈브루크를 향해 공격했다. 예상치 않은 행운도 따랐다. 방어선을 지키는 부대가, 지치고 사기도 떨어졌으며 곧 퇴각을 앞둔 1개의 포르투갈 사단뿐이었다. 포르투갈이 왜, 언제 참전하게 되었는지에 대해서는 서술을 생략하기로 한다. 어쨌거나 그 비참한 상황의 부대들이 거기에 있었다. 그들은 맹렬한 첫 공격에 무너졌다. 독일인들은 30마일 폭의 구멍을 만들어놓았다. 깊지는 않아 깊이는 5마일에 불과했다. 루덴도르프가 성공에 또 다시 흥분해 사용할 수 있는 모든 예비 병력을 투입했다. 영국인들은 지난해 그리도 뼈아픈 희생을 치르고 얻었던 파쉔달을 포기했다. 헤이그는 영국 해협의 항구들을 걱정했다. 4월 12일에 그는 그 유명한 명령을 내렸다. "배수의 진을 치고 우리의 목적이 정당함을 믿으며 최후의 한 사람까지 싸워야 한다." 이 명령은 교전하고 있는 부대들에서는 비웃음 말고는 거의 불러일으킨 것이 없지만, 영국에서는 큰 효과가 있었다.

(위) **사진165** 전쟁의 참상: 프랑스의 피난민.
(아래) **사진166** 소의 젖을 짜는 군인들.

포슈는 낙담하지 않고 있었다. 그는 이 공격은 "실제 공격이 아니다"라고 주장했다. 언제나처럼 그는 자신이 주도하는 공격을 위해 예비병력을 투입하지 않고 있었다. 마침내 포슈가 4개의 프랑스 사단을 투입했다. 4월 29일에 독일의 공격이 저지되었다. 다시 한 번 루덴도르프는 과도하게 지속하고자 하는 마음이 들었지만, 이번에는 성과가 거의 없었다. 어떻게든 플랑드르 방어선을 뚫으리라는 그의 결심

사진167
무조건 항복을 추구한 퍼싱 장군.

은 아직 흔들리지 않았다. 그는 또 한 번의, 좀 더 정교하게 계획된 양동작전이 필요하다고 생각했다. 따라서 그는 프랑스인들을 상대로 주의를 돌리는 대규모 공격을 계획했다. 그렇게 하면 프랑스의 예비병력이 북쪽에서 빠져나갈 것이었다. 이 작전 뒤에 마침내 하겐 작전이라 이름 붙은 결정적 작전을 실행에 옮겨 영국 전선을 측면 공격할 수 있게 될 것이었다.

　　　독일인들이 이 새로운 계획을 준비하는 데 거의 한 달이 걸렸다. 독일 병사들은 1918년의 작전을 사기가 충천해서 시작했지만 이제 자신들이 펼쳤던 공세에 소진되어 있었다. 이전에 프랑스인들과 영국인들이 그랬던 것처럼 말이다. 전선이 계속해서 옮겨지는 것이 루덴도르프에게는 의심할 바 없이 말이 되는 일이었지만, 전장의 평범한 병사에게는 어리둥절케 하는 일이었다. 그들은 그저 그리도 자주 약속했던 결정적 승리가 결국 오지 않았음만 이해할 수 있었다. 반면 연합국 군대들은 공격이 격퇴당할 때마다 새로운 확신을 얻었다. 마치 지난 몇 해 동안 독일인들이 그랬던 것처럼 말이다. 조프르, 헤이그, 니벨은 공세를 되풀이해 거의 전쟁에서 질 뻔했다. 이제 루덴도르프가 그들을 따라했다. 위험에 자극을 받은 연합국은 다른 방향으로 나아갔다. 그들은 이제까지 끔찍하게 비도덕적이라 생각되었던 무기들을 이용했다. 신문왕으로 불렸던 노스클리프 경이 정치적 전쟁 수행을 위해 일할 것을 요청받았다. 민주주의를 선전하고 군에서 이탈할 것을 노골적으로 촉구하는 전단지의 폭격이 독일 병사들의 머리 위로 쏟아졌다. 전장에서 패배하기 전까지는 이러한 호소에 응하는 사람이 거의 없었다. 노스클리프 및 다른 사람들은 오스트리아-헝가리제국에서 좀 더 눈에 띄는 목표를 발견했다. 협상으로 강

사진168 방어진지를 급조한 영국군.

화를 이루고자 하는 합스부르크가의 모색이 루덴도르프가 처음 성
공했다는 소식이 들려올 때까지 계속되었다. 그러고 나서 카를 황제
와 황제의 고문들은 독일의 위성국으로라면 종국에 살아남을 수 있
겠다고 생각했다. 그들은 심지어 독일의 명령 하에 있는 통일된 중부
유럽을 꿈꾸기까지 했다.

이에 연합국은 독일민족과 헝가리민족이 아닌 오스트리아–
헝가리제국의 민족들에게 큰 소리로 호소함으로써 대응했다. 전쟁은
마침내 상대의 체제를 전복하는 작전으로 변했다. 밸푸어Arthur James
Balfour 같은 가장 존경받는 정치가들도 혁명을 주장했다. 체코인들이
자신들을 연합국의 일원으로 승인해줄 것을 요청했다. 그들에게는
다른 민족들이 가지지 않은 거절할 수 없는 매력이 있었다. 러시아에
붙잡힌 체코인 전쟁포로들이 시베리아와 태평양을 건너 귀환하려
고 모이고 있었다. 모든 것이 혼란한 가운데, 그들은 자신들의 군단

을 조직해 시베리아 횡단 철도를 따라 이동하려고 준비했다. 볼셰비키들은 처음에는 우호적으로 보았으나, 이후로 체코 군단이 반혁명 혹은 연합국의 개입을 위한 비밀 요원들이라 믿게 되었다. 5월 14일, 황량한 시베리아 철도 첼랴빈스크 역에서 체코인들과 헝가리인들의 충돌이 있었다. 체코 군단이 주도권을 잡았다. 놀란 볼셰비키 정부는 무장해제를 명령했다. 체코 군단은 오히려 사마라부터 이르쿠츠크까지의 철로 전체를 장악했다. 이 일로 연합국의 눈에 체코인들은 영웅이 되었다. 위대한 민주적 원칙의 대표자들이면서, 동시에 볼셰비키들에 대항한 개입의 첨병이었다. 연합국의 러시아 개입은 반사회주의 십자군 운동이 아니라 체코인들을 구하는 모양새의 행동이 될 수 있었다. 윌슨 대통령조차도 이러한 주장을 받아들였고, 일본이 시베리아에 개입하는 데 내키지 않았지만 동의했다. 이러한 방식으로 연합국은 전쟁을 끝내기 전에 또 다른 전쟁을 맞았다. 체코인들은 보상을 받았다. 그들은 자유를 위해 싸우는 민족으로 인정받았고 곧 체코

사진169 전서구 통신, 1918년 4월: 옛것이 좋은 것이다.

슬로바키아라는 모습으로, 스스로의 국가를 세울 권리를 확립한 민족으로 인정받았다. 이는 합스부르크제국의 종말을 부르는 일이었다. 합스부르크제국은 세르비아인들이나 루마니아인들에게 가장자리의 영토를 내어주더라도 존속할 수 있었다. 하지만 체코슬로바키아의 독립은 제국의 심장을 도려내는 일이었다. 이렇게 기이한 방식으로, 몇 세기에 걸쳐 존재한 한 제국이 치명타를 맞고 쓰러지는 상황이 아득히 먼 첼랴빈스크 철도 승강장에서 벌어졌다.

합스부르크 왕조의 마지막 기회는 이제 단독 강화가 아니라 독일의 승리에 달려 있었다. 오스트리아-헝가리제국에서는 제국의 권위가 무너졌는데, 현실적인 어려움 때문이라기보다는 전체적으로 신뢰가 상실되었기 때문이었다. 우크라이나에서 밀이 들어와 식량 공급이 그런대로 괜찮았음에도 불구하고 사람들은 더 이상 법규범을 따르지 않았다. 밀을 실은 열차가 약탈당하고, 탈영병과 포로로

사진170
포격 당하는 파리

사진171
포격 중인 포.

이루어진 무장 집단이 러시아에서 돌아와 지방을 돌아다니며 마음대로 약탈했다. 더는 망명자들만 제국의 종말을 예언하지 않았다. 주요 정치인들이 오스트리아 의회에서 공개적으로 말했고, 신문들도 마치 다가올 겨울에 눈이 내리는 것처럼 불가피한 일로 다루었다. 심지어 카를 황제도 심리적으로는 망명 가방을 준비하고 있었다.

　프랑스에서 전쟁이 정점에 도달하는 사이에 해군과 공군은 새로운 활동을 전개했다. 1917년 동안에는 독일 대양함대가 거의 움직이지 않고 있었다. 1918년 4월 쉐어 제독이 노르웨이에서 오는 영국 호위함대들을 급습하기로 결심했다. 영국이 노르웨이에서 갱목을 운송해오는 데 호위함대의 역할이 필수적이었다. 너무 중요했기에 영국 대함대에 속한 단위부대들이 호위에 참여했다. 쉐어는 4월 23일에 출항했는데, 이번에 다가오는 호위함대를 공격하기에 하루가 늦었고, 다음번 호위함대를 공격하기에는 하루가 빨랐다. 정확히 같은 시간에 영국인들은 완벽한 성공은 아니었지만 좀 더 성공적으로 작전을 수행했다. 해군 소장 키스가 제브뤼헤와 오스텐데를 공격해 독일 잠수함들이 항구를 이용할 수 없게 만들었다. 이번 공격에서 제브뤼헤의 통항을 막기 위해 선박 세 척을 일부러 침몰시켜 바다 속 장애물로 만들었다. 하지만 해협을 완전히 막지는 못했다. 이번 작전은 전쟁에서 가장 대담한 작전 가운데 하나였다. 독일 잠수함들이 이 두 항구를 거의 이용하지 않았기에 상당히 무의미하기는 했지만 말이다. 극적이지는 않지만 보다 효과적이었던 것은 키스가 도버 해협에 걸쳐 설치한 심해 기뢰였다. 영국인들과 미국인들은 또한 오크니 제도에서 노르웨이 해안까지 쭉 기뢰를 설치했다.

1918년 5월 독일의 영국 공습이 중단되었다. 영국인들이 보복으로 모든 적국 출신 외국인을 억류해야 한다고 흥분해서 요구한 일이 있은 후였다. 목소리를 낸 사람은 펨버튼 빌링Pemberton Billing이

사진172 제브뤼헤 항을 완벽하게 봉쇄하지 못한 영국 함선들: 실패로 돌아간 대담한 공격.

었다. 그는 "항공력 건설을 주창하는 하원의원"으로 알려져 있고, 독일인들이 보유했다는 소위 베를린 블랙 북에 동성애와 관련된 영국의 주요 인사 4만7천 명의 이름이 기록되어 있다고 주장한 유명한 명예훼손 사건의 주인공이다. 프랑스인들은 이제까지 공습을 받지 않고 있었는데, 수난일[1]에 71마일 밖에 있는 빅 버사Big Bertha라 불린 독일의 대형 곡사포 포탄이 날아와 처음으로 파리에 떨어졌다. 이때부터 파리가 빈번하게 폭격을 당했고 인명 손실도 컸다. 그러나 심각한 손상은 없었다. 다른 날짜 하나를 기억해둘 만하다. 1918년 4월 1일, 영국 공군이 탄생했다. 독립된 공군으로는 세계에서 첫 번째였다. 영국 공군에 즉각적으로 내려진 임무는 대부분 프랑스에 있는 영국 육군을 지원하는 것이었다. 그러나 영국 공군은 독립적인 폭격 역시 시작했다. 휴전이 성립되었을 때는 심지어 베를린 공습을 눈앞에 두고 있었다. 이 실행되지 못한 공습은 다른 도움 없이 폭격만으로 전쟁에서 승리할 수 있다는 증명되지 않은 믿음을 미래에 유산으로 남겨놓았다.

이 모든 일은 프랑스에서 있었던 대전투에 비하면 부수적인 작전들일 뿐이었다. 5월 내내 독일 병력이 남쪽으로 이동했다. 이동은 너무나도 비밀리에 착착 이루어져서 연합국 정보기관을 당혹케 했다. 루덴도르프는 엔 강을 공격할 계획을 세웠다. 1917년에 니벨이 패배한 무대가 되었던 곳이다. 또 한 번 행운이 루덴도르프를 도왔다. 연합국은 이 지점에서 공격이 있으리라 예상하지 못했다. 플랑

---

[1]   기독교 교회력은 유대인들이 사용하던 음력에 기반하기에 매년 차이가 있다. 1918년의 수난일은 3월 29일이었다.

드르에서 싸운 후 지쳐 휴식을 취하라고 보내진 5개 영국 사단이 방어선을 지키고 있을 정도였다. 더욱이 변할 줄 모르는 프랑스 지휘관은 바로 전에 겪은 경험을 무시하고 모든 병력을 최전선에 가져다놓았다. 5월 27일, 14개 독일 사단이 바로 뚫고 들어와 단 하루만에 10마일을 전진했다. 1914년 8월 이래 가장 성공적인 진격이었다. 6월 3일까지 독일인들은 마른 강에 도달했고 파리를 단 56마일 앞에 두게 되었다. 그러나 루덴도르프는 또 다시 성공에 도취되어 유혹에 넘어갔다. 포슈가 마침내 예비 병력을 투입하자 그는 전진을 멈췄던 병력을 이곳에 새로 투입했다. 독일인들은 또 다시 자루 속으로 전진해 들어갔다. 결국 프랑스 방어선을 무너뜨리지 못했다. 심지어 아직 북쪽에 머물러 있는 포슈의 예비 병력의 주축을 이곳으로 유인하지도 못했다. 그럼에도 불구하고 독일의 진격으로 사람들은 큰 두려움에 빠졌다. 프랑스 신문에 "마른 강"이 다시 등장하자 1914년의 끔찍한 기억이 되살아났다. 하원이 점점 비판적이 되어가자 클레망소는 강경한 태도를 취했고, 심지어 자신의 명성을 걸며 포슈를 옹호했다. 많은 하급 장성들이 해임되었는데, 꽤나 고리타분한 방식이었다. 설상가상으로 스페인 인플루엔자로 알려진 전염병이 육군을 강타했다. 20세기에 가장 많은 사상자를 낳은 이 질병은 전 세계를 휩쓸어 가을 동안 민간인들의 삶을 황폐케 했다. 4년의 전쟁 기간 동안 전장에서 죽은 사람보다 인도에서 인플루엔자로 죽은 사람이 더 많았다. 전쟁이 정점에 이르면서 사람들은 열병을 앓게 되었다.[2]

 루덴도르프가 결정을 내려야 했다. 그에게 이번이 마지막 기

---

2 스페인 인플루엔자를 앓게 되었다는 말이자 초조해졌다는 중의적인 표현이다.

사진173 스페인 인플루엔자 방역 조치를 하는 런던의 시내버스.

회였다. 계속되는 성공에도 불구하고 승리는 그의 손에 들어오지 않았다. 루덴도르프는 독일도 적들처럼 정치적 선동을 활용한 전쟁을 해야 하며, 타협을 통한 강화를 제안해 적의 정신력을 약화시켜야 한다고 이야기했다. 그러나 정작 독일 외상 퀼만이 6월 24일에 공개적으로 이러한 방법을 시도하자 루덴도르프는 독일의 정신력이 약해질 것을 두려워했다. 급히 퀼만을 외상 자리에서 물러나게 했다. 협상이 벌어질 최후의 희미한 가능성이 사라졌다. 독일은 정복한 곳들, 특히 벨기에 점령지를 보유하겠다는 의도를 공식적으로 새롭게 밝혔다. 초기에 벨기에 침공에 성공하면서 독일이 승리의 환상을 갖게 되었는데, 이제 최종적인 패배를 향해 한층 더 나아가는 데도 벨기에가 동기가 되었다. 루덴도르프는 플랑드르에서 최후의 행동을 할 준비가 아직 되어 있지 않았다. 그는 프랑스 예비 병력을 남쪽으로 더 몰아오기를 원했다. 또한 새로 생긴 돌출부의 측면을 확장하고 강화해야 했다. 적어도 이러한 이유들이 그의 생각의 언저리를 오간 얼마간 합리적인 이유들이다. 반면 마음속 깊은 곳에서는 휘청거리며 갈팡질팡했다. 강타를 당해 멈칫한 권투선수처럼 반사적으로 위협하는 척하는 행동을 취하면서 실제로는 모든 공격이 적의 군대보다 오히려 자신의 군대를 약화시키는 지점으로 다가가고 있었다. 하지만 이전 어느 때보다 훨씬 대규모로 준비가 이루어졌다. 그는 52개 독일 사단을 렝의 동쪽과 서쪽 공격을 위해 모았다. 이번에는 연합국이 기습을 당하지 않았다. 포슈가 어디에서 독일이 공격할지 제대로 추측했다. 그는 헤이그에게 방어선을 좀 더 맡아 프랑스군이 반격을 취할 수 있게 해달라고 요청했다. 그러자 영국 전시 내각이 두려움에 빠졌다. 앞서 포슈에게 권한을 주어 헤이그가 따르도록 했던 전시 내각이

사진174 공세를 위해 조심스럽게 이동하는 프랑스 병사들, 1918.

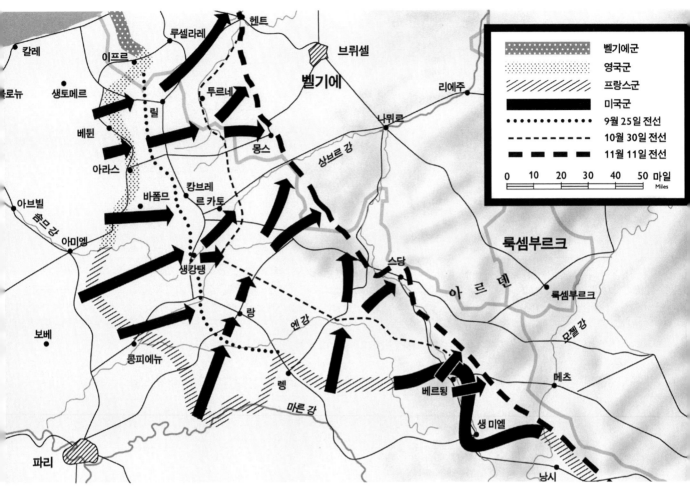

지도13 연합국의 1918년 공세.

이번에는 헤이그가 그 최고 사령관에 도전하도록 부추겼다. 헤이그
는 거부했다. 헤이그에게 포슈에 대한 믿음은 거의 없었지만 민간 각
료들은 더욱 믿지 못했다.

독일의 새로운 공격은 7월 15일에 시작되었다. 마지막 공격이
었다. 프랑스인들은 이번만이 아니라 전쟁 동안 실패를 경험으로 삼
아왔다. 렝 동쪽 최전선에는 병력을 별로 배치하지 않았다. 주력 방
어선에서 잘 막아 최전선이 재탈환되자 마침내 독일인들이 프랑스
기관총의 탄막 가운데 갇혔고, 완전히 멈췄다. 렝 서쪽에서 독일인들
은 렝 동쪽보다 좀 더 멀리 진격해 파리에 가장 가까이 다가갔다. 클

레망소는 포슈가 판단력을 잃어가고 있다고 불평했다. 실제로는 반대였다. 포슈의 계획이 마침내 실제 상황에 딱 들어맞게 되었다. 7월 18일 프랑스인들은 전진하면서 노출된 독일인들의 측면을 공격했다. 아침 안개가 끼어 이점이 되었다. 프랑스인들은 캉브레를 거울삼아 전쟁 중 유일하게 전차를 동원한 대규모 공격을 개시했다. 독일의 방어선이 뚫렸다. 그러고 나서는 다시 이전의 어려움이 되풀이되었다. 프랑스 보병은 고작 4마일을 전진해 새로운 장애물에 부딪쳤고, 독일의 방어선이 재구축되었다. 프랑스인들은 어떻게 적의 방어선에 구멍을 낼 수 있는지 알아냈고, 영국인들이 곧 따라하게 되었다. 그러나 두 나라 모두 구멍이 닫히지 않게 하는 방법은 알아내지 못했다. 전쟁이 끝날 때까지 독일의 방어선은 무너지지 않고 그대로였다.

진격 부대들이 여전히 파리를 향해 나아가는 동안 독일은 측면을 내주고 있었다. 루덴도르프는 승리의 확신에 가득 차 이미 북쪽으로 몽스까지 이동했다. 그곳에서 루덴도르프는 7월 20일에 "하겐

사진175 힌덴부르크선을 넘을 준비를 하는 영국 전차들.

작전" 개시 명령을 내리기로 계획했다. 그런데 그에게 마른 강에서 실패해 위험에 처하게 되었다는 소식이 전해졌다. 그는 급히 후퇴 명령을 내렸다. 독일 군대들이 마른 강을 건너 프랑스가 놓은 덫을 피해 물러났다. 하겐 작전은 취소되었다. 명목상으로는 독일의 방어전 수행으로 연합국이 소진될 때까지 작전을 연기하는 것이었으나, 사실상 완전히 취소되어버렸다. 이로써 형세가 전환되었다. 4일 후인 7월 24일, 헤이그, 페탱, 그리고 퍼싱이 포슈의 사령부에 모였다. 포슈의 말에 따르면, 전면적인 공세의 때가 왔다. 그의 계획은 조프르의 옛 전략이었는데, 좀 더 나은 전술과 더 많은 자원으로 수행될 것이었다. 영국인들이 이프르에서 시작해서 북쪽 끝을 공격하고, 미국인들이 남쪽 끝 베르됭 근처 방어선에서 공격할 예정이었다. 프랑스 군대들은 중앙에서 지속적인 압력을 가해 독일 병력의 주력을 묶어둘 것이었다. 이러한 방법으로 독일군 전체가 포위될 것이었다.

잇따른 일들과 함께 점점 승리가 다가오고 있었지만, 포슈가 계획한 대로는 아니었다. 그는 다가오는 성공을 낚아챘지만 원하던 방식은 아니었다. 대포위작전은 9월 중순까지는 준비가 갖춰지지 않을 것이었다. 그러는 동안 헤이그는 더 나은 위치를 점하기 위해 얼마간의 국소적인 행동을 계획했다. 그의 당면 과제는 아미앵 동쪽의 철로를 자유롭게 사용할 수 있게 하는 것이었다. 캐나다군이 비밀리에 이동했다. 독일이 최근에 실행한 방식과 꽤 같았다. 오스트레일리아인들이 캐나다군을 지원했는데, 제1차 세계대전이 탄생시킨 독창력을 발휘한 유일한 장군 존 모내시 경Sir John Monash을 지휘관으로 두었다. 8월 8일 영국군이 공격을 했다. 그들은 마침내 캉브레의 교훈을 익혔다. 456대의 전차가 사용되었다. 짙은 아침 안개도 도움이 되었다. 영국인들은 6마일을 족히 전진했다. 이어, 언제나 그렇듯, 저항이 강해졌다. 전차는 기병보다 더 빨랐고, 보병은 전차와 기병 뒤에 처졌다. 포슈는 옛날 방식으로 정면에서 공격을 가하기를 원했다. 헤이그는 처음에는 동의했다가, 적의 완강한 저항이 보이면 언제든지 중지하라는 하급 사령관들의 설득에 넘어갔다. 이렇듯 우연하게, 포슈와 헤이그는 뜻하지 않게 새롭고 더 현명한 방법을 찾아내게 되었다. 상대의 강한 지점이 아니라 약한 지점을 공격하는 방법이었다. 그들은 재빨리 공을 자신들에게 돌렸다. 뒤이은 4주 동안 연합국의 짧고 매서운 공격이 줄줄이 이어졌다. 프랑스 제3군이 8월 10일에, 제10군이 8월 17일에, 영국 제3군이 8월 21일에, 제1군이 8월 26일에 공격을 실행했다. 이러한 공격들 가운데 마지막은 9월 12일 미국군이 최초로 벌인 독립적인 공격이었다. 24시간이 채 안 되는 시간에 베르됭 남쪽 생 미엘 돌출부를 격파했다.

　　루덴도르프는 나중에 8월 8일을 "독일군의 비극적인 날"이라 불렀다. 전략적 관점에서 무언가 중대한 것을 상실했기 때문은 아니었다. 8월 8일부터 9월 12일까지 한 달간의 전투 결과 독일 방어선 어느 곳도 뚫린 곳은 없었다. 단지 3월 21일 이래 점령하고 있던 난처한 돌출부들을 포기할 수밖에 없었고, 그래서 더 공고한 수비 위치로 후퇴했을 뿐이었다. 더욱이, 연합국은 이제 한층 더 공세적이 되어서 또 다시 큰 손실을 입고 있었다. 8월 8일의 진짜 결과는 심리적인 것이었다. 이제까지 독일인들이 전진할 수 있었던 승리에 대한 믿음을 산산조각 냈던 것이다. 독일 병사들은 자신들이 결정적 전투에서 싸우고 있다는 말을 들었다. 이제 그들은 그 결정적 전투에서 이길 수 없음을 깨달았다. 그들은 더 이상 전쟁에서 승리하기를 바라

사진176 슈멩데담을 지나 후퇴하는 독일군, 1918년 9월.

지 않았다. 그저 전쟁이 그치기만을 원했다. 심지어 루덴도르프마저 8월 15일에 전쟁이 승리가 아니라 협상으로 마무리되어야만 할 것이라 인정했다. 그는 1919년까지 기다릴 수 있다고 여전히 생각했다. 건너편에 있는 포슈 또한 그와 생각이 같았다. 9월 중순에 이르자 최후의 작전을 개시하기에는 이미 늦은 것으로 보였다.

하지만 예기치 않게, 9월 26일에 대공격이 시작되었다. 아르곤에 있는 미국인들이 치명타를 가할 예정이었다. 그들의 진격으로, 바라건대, 독일의 병참 시스템 전체가 무너지게 될 것이었다. 그러나 미국인들은 아직 경험에서 배우지 못했다. 퍼싱은 우회를 택하는 대신 상대의 강한 지점들을 공격하는 옛 방식을 따랐다. 부대들은 안개를 반기기는커녕 종종 안개가 걷히기를 기다렸다. 그 결과 미국인들은 10만의 사상자를 냈고, 규율이 빈번히 무너졌으며, 일주일 가량의 전투에서 8마일을 채 못 나아갔다. 훨씬 북쪽에서 영국인들은 좀 더 잘해냈으며 실제로 힌덴부르크선 너머에 도달했다. 그러나 플랑드르

사진177-178 아르곤의 한 구역을 점령하고 대규모 진격에 참여하는 미국 군대.

에서는 진흙탕이라는 오랜 장애물이 다시 한 번 전장을 지배했다. 진흙탕 속에서는 드러난 독일의 측면을 걷어 올릴 수 없었다. 독일인들은 포위당하기는커녕 양 측면을 지키면서 대신 중앙을 내주었고, 그리하여 방어선이 점점 짧아져 좀 더 나은 위치에 자리하게 되었다.

그런데, 모두가 알지 못하는 사이에, 일대 순간이 왔다. 9월 29일 루덴도르프가 즉각적으로 휴전해야 한다고 주장했다. 한편으로는 그가, 잘못 판단해서, 연합국이 돌파할 것을 두려워했기 때문이었다. 그러나 훨씬 더 큰 이유는 잊고 있었던 저 멀리 테살로니키 전선에서 날아온 소식 때문이었다. 테살로니키의 상황 역시 루덴도르프가 은연중에 만든 일이었다. 1917년 말 클레망소가 "공화주의자" 장군 사라이를 테살로니키에서 소환했고, 프랑스에서 가장 존경받는 지도자 중 한 사람인 기요마Adolphe Guillaumat가 그 자리로 보내졌는데 군사 행동에 대한 허락을 받지 못했다. 1918년 6월 독일의 공격으로 파리가 위태로웠을 때 기요마는 여론이 페탱 해임을 요구할 경우에 대비해 본국으로 소환되었다. 클레망소가 해임했던 장군들 중 하나인 프랑셰 데스페레Franchet d'Esperey가 그의 자리를 맡아 테살로니키로 갔다. 기요마가 파리에 도착할 무렵, 독일의 전진이 멈춰졌다. 페탱은 무사했다. 기요마는 자신이 할 일이 없음을 알았고, 이전 임지인 테살로니키에 대한 요구를 여기저기에 했다. 그는 클레망소와 로이드 조지를 모두 설득했다. 프랑셰 데스페레에게 공격 허락이 떨어졌다. 프랑셰 데스페레는 9월 15일 공격을 실행했다. 그가 상대하던 불가리아군은 장비가 매우 불충분하고 전쟁에 지쳐 있었다. 불가리아군은 거의 첫 방에 항복했다. 9월 29일 불가리아가 휴전을 요청하고 전쟁에서 물러났다. 남유럽이 넓게 펼쳐졌다. 프랑셰 데스페레

사진179 육군원수 프랑셰 데스페레: 마침내 테살로니키에서 다뉴브 강으로 진격했다.

는 다뉴브 강까지 전진할 수 있었고(11월 10일에 도달했다) 그러고 나서 강 건너로 나아갈 수 있었다. 테살로니키 공세로 "서부전선 지지자들"과 "동부전선 지지자들" 사이의 오랜 논쟁이 해결된 것은 아니었다. 만약 테살로니키에 있는 육군이 좀 더 일찍 공격을 했더라면 루덴도르프가 서부전선에서 부대들을 이동시켜 발칸 반도의 구멍을 막았을지도 모른다. 이제 그는 너무나 전적으로 서부에 매달려 있었고 떼어 보낼 병력도 없었다. 전쟁은 "서부전선을 중시하는" 전략과 "동부전선을 중시하는" 전략이 합쳐졌을 때 끝을 맞이했다.

　　루덴도르프는 무조건 항복을 머릿속에 넣지 않았다. 그는 꽤 유치한 기지를 발휘해 휴전으로 독일 군대들이 정복 영토에서 후퇴하게 되면 본국에 돌아가 좀 더 견고한 방어 태세를 취할 수 있으리라 생각했다. 루덴도르프가 보기에 휴전은 독일이 패배를 모면하는 동시에 계속되는 전쟁에서 부상하는 계책이었다. 민간 각료들은 연합국이 "군국주의" 독일에 가혹한 조건을 부과할 것이라고 반대했다. 루덴도르프는 즉시 해결책을 내놓았다. "위로부터의 혁명"이 있어야 했다. 독일 국민은 놀랍게도 독일이 최고 사령부의 명령에 의해 민주적인 국가가 되었다는 것을 알았다. 자유주의자 평판을 가진 군주, 바덴의 막스 공Prince Max of Baden이 재상에 임명되었고, 사회민주주의자들이 정부에 참여했다. 물론 루덴도르프 및 다른 장성들은 이 모든 일을 연합국을 기만하기 위한 겉치레라 생각했다. 실제로도 그랬고, 그 이상은 아니었다. 혁명이 위로부터 시작되었으나 거기서 멈추지 않았다. 독일 국민들은 갑자기 열띤 정치 토론에 빠져들게 되었다. 언론이 자유화되었고, 전쟁을 반대하는 좌익 인사들이 목소리 내는 것을 더 이상 막을 수 없었다.

막스 공은 즉각적인 휴전을 요청하려 하지 않았다. 루덴도르프와 달리 그는 독일 국민이 휴전 요청을 패배의 자인으로 받아들여 계속 싸우려는 의지를 상실할 것임을 내다볼 수 있는 분별력이 있었다. 막스 공은 먼저 평화의 기반이 될 수 있는 일들에 대해 협상하는 쪽을

사진180 프랑스인들에게 항복해 자신의 조국에 모범을 보인 두 명의 불가리아 병사.

원했을 것이다. 루덴도르프는 한시도 지체를 용인하지 않았다. 마지막으로 루덴도르프의 명령을 재상이 따랐다. 10월 4일 독일이 공식적으로 휴전을 요청했다. 막스 공이 자신의 뜻을 일부 관철했다. 독일의 각서를 연합국 최고 사령관 포슈가 아니라 윌슨 대통령에게 보냈고, 윌슨의 14개 조항과 뒤따른 선언들을 강화 협상의 기반으로 수용하는 내용이었다. 명민한 행동이었다. 이로써 독일인들은 윌슨의 수준에서 이상주의를 표방할 수 있게 되었고, 14개 조항을 전혀 받아들인 적이 없는 연합국에 앞서게 되었다. 또한 이 일에 관해 미국에서도 많은 이들이 전면적, 징벌적 승리를 원하지 않았다. 윌슨은 여전히 승자와 패자가 없는 평화를 바라고 있었다. 그는 자신이 공정한 중재자가 아니라 교전국의 수반임을 유감스럽게 생각했다. 이제 막스 공이 연합국에 대항해, 호전적인 미국인들에 맞서, 그리고 — 어느 정도는 — 윌슨 자신을 거스르면서 윌슨의 동맹이 되겠다고 제안하고 있었다. 윌슨은 전쟁을 마침내 이상주의적 십자군 전쟁으로 변모시킬 기회를 보았다. 그는 연합국의 의견을 듣지 않았다. 오히려 그들의 항의와 경고를 무시했다. 그는 10월 8일 막스 공에게 직접 답신했다. 마치 다가온 행운을 못 믿는 것처럼 윌슨은 독일이 정말로 14개 조항을 받아들이는지 물었다. 세계를 안전하게 만들어 민주주의가 지켜지도록 하는 추가적인 조건들까지 독일이 진정으로 충족시킬 수 있고, 민주적인 국가가 되겠는가? 윌슨은, 연합국의 심기를 건드리지 않기 위해, 독일인들이 스스로를 위해 휴전을 추진하기 전에 모든 점령 영토에서 나가야 할 것이라 덧붙였다. 그가 요구 조건을 축소하는 것은 거의 불가능했다. 막스 공의 계산이 현실에서 맞아들어 가는 것처럼 보였다. 독일은 단지 원래 국경 안쪽으로 물러나는 것만을 대가로, 해가 없고 악

사진181 세계를 이끌 준비를 하는 윌슨 대통령(맨 왼쪽)과 내각.

의가 없는 강화를 제안 받고 있는 것이었다.

유럽의 연합국 국가들은 경악했다. 마지막 순간에 승리의 열매를 편취당하고 있는 것이 아닐까 두려워했다. 연합국이 그러니 독일인들은 기뻐했다. 10월 12일 막스 공이 윌슨에게 열의에 찬 답장을 보냈다. 독일이 14개 조항을 수용한다고 그는 재차 말했다. 막스 공은 확실히 연합국이 똑같이 할 것이라고 추측했다. 그러나 운명은 막스 공의 편이 아니었다. 10월 12일 독일 잠수함이 영국과 아일랜드를 오가는 선박 렌스터Leinster 호를 침몰시켰다. 승객 450명이 물에 빠졌는데, 미국인이 일부 있었다. 미국을 참전하도록 만들었던 바로 그 독일의 "야만적 행위"였다. 적어도 대부분의 미국인들이 그렇게 생각하고 싶어 했다. 윌슨 자신도 감정이 상했다. 10월 16일 그는 독일인들에게 보다 강경한 어조로 답했다. 잠수함전이 즉시 중지되어야 하고, 휴전은 강화 협상과 별도로 군 사령관들이 결정해야 하며, 독일은 민주적 국가가 되었다는 보다 명확하고 설득력 있는 증거를 제시해야 한다는 것이었다. 막스 공은 결국 자신이 그렇게까지 명민하지 않았음을 깨달았다. 14개 조항은 정말로 중요한 것이었고, 윌슨의 이상주의는 그저 허풍이 아니었다.

10월 17일 독일의 통치자들은, 신구세대가 모여 무엇을 할지 토론을 벌였다. 민주주의를 지지하는 각료들이 한편에, 루덴도르프와 최고 사령부가 반대편에 있었다. 루덴도르프는 2주일 전에 휩싸였던 두려움에서 벗어나서 이제 전적으로 계속 싸우자는 편에 섰다. 아마도 민간 각료들에게 비난을 돌리기를 원했을 것이다. 군사적 상황 또한 나아졌다. 연합국의 대공격이 잦아들고 있었다. 독일군은 포위당하거나 무너지지 않았다. 루덴도르프는 안개를 뚫고 1919년에도 방어전을 계속해나갈 수 있으리라는 전망을 보았다. 상황이 다소 예상치 못한 방식으로 변화할 가능성도 있었다. 프랑스가 무너질 수도 있고, 영국과 미국이 의견이 맞지 않을 수도 있을 것이었다. 막스 공은 백일몽 같은 근거 없는 도박을 거부했다. 독일 장성들과 제독들의 반대는 기각되었다 ─ 전쟁 중 독일에서 처음 있는 일이었고, 다른 어느 나라에서도 드문 일이었다. 무제한 잠수함작전이 무조건적으로 중지되었다. 10월 20일 군사적 휴전에 대한 윌슨의 조건이 받아들여졌다. 이와 더불어 독일이 진정한 자유주의 국가가 되리라는 보장이 주어졌다. 독일은 실제로 자유주의 국가가 되었다. 루덴도르프의 정책을 거부한 것이 증거였다. 연합국 국가들 사이에서 성장한, 제국주의 독일의 전설을 추앙하는 독일인은 거의 없었고, "카이저"에 대해 분별없는 적의를 품은 사람도 거의 없었다. 독일인들은 윌슨이 알려주는 대로 독일이 민주적인 국가가 됨으로써 전쟁에서 일어난 모든 일에 대해 속죄하는 것이라 생각했고, 윌슨 자신이 보인 태도로 보면 그들이 다소 그런 생각을 가질 만했다. 14개 조항을 읽은

독일인들조차도 — 국제연맹을 위한 지침과 민족들 간의 화해와 같
은 — 일반적 원칙들을 발견했을 뿐이었다. 독일이 폴란드에 영토를
내어주어야 할 것이라고는 전혀 생각하지 못했고, 여전히 "적"으로
대우받을 것이라는 발상은 더더욱 떠올리지 못했다. 막스 공과 동료
들은 자신들이 윌슨의 동맹이 되었다 생각했다. 윌슨은 그러나 이 동
맹관계에 대해 일방적인 시각을 견지했다. 그가 연합국과의 관계에
대해 가진 시각이 그렇듯이 말이다. 그는 마음대로 이랬다저랬다 할
수 있었다. 다른 이들은 그러지 못했다.

　　10월 23일 윌슨은 독일의 답에 만족한다고 발표했다. 그는 이
제 장군들에게 휴전안을 마련해오라고 요구하고, 동시에 연합국에게
14개 조항을 앞으로의 평화를 위한 기초로 받아들이라고 요청했다.
전쟁이 종결되는 이상한 방식이었다. 여태까지 가장 적은 짐을 지고
가장 조금 싸웠던 미국이 연합국과 적국 모두에 강화의 조건을 부과
했다. 물론 미국은 세계에서 가장 강한 국가였다. 그러나 그것이 윌
슨이 향유하게 된 권위의 가장 큰 이유가 아니었다. 연합국은 승리하
겠다는 것 말고는 독일에 관해 어떠한 전쟁 목적도 만들어내지 못했
다. 프랑스인들은 내심 라인란트를 획득하길 바랐고, 영국인들은 독
일 식민지를 얻기를 바랐다. 그들은 이와 관련해 합의에 이르지 못했
고, 전쟁을 끝내기 위한 전쟁이라거나 세계를 안전하게 만들어 민주
주의를 지킨다는 이상주의적 문구에 의지할 따름이었다. 이제 그들
은 자신들이 지어낸 문구에 발목을 잡혔다.

　　휴전은 순수하게 군사적 합의로 의도되었다. 현재의 전투를
끝내고 나중에 독일이 더 나은 조건에서 전투를 재개하지 못하도록
확실히 하는 것이었다. 따라서 불가피하게도 엄격했다. 그리하여, 강

화 협상보다 휴전을 주장한 루덴도르프는 자신이 막아보고자 했던 패배를 독일에 가져다주었다. 헤이그는 독일인들에게 아직 저항 의지가 강하다고 생각했다. 그러니 그들이 모든 점령 영토에서 물러나야 만족했을 것이었다. 퍼싱은 반대편 끝에서 자신의 정치적 우두머리인 윌슨과 완전히 반대로 행동했다. 그는 아직 상대적으로 경험이 부족한 자신의 군대에 또 다른 성공의 기회를 주기 위해 휴전을 전혀 원하지 않았다. 포슈는 군사적인 측면에서 판단할 것을 주장했다. 사실 그는 14개 조항이 어떻게 규정하고 있든 프랑스를 위해 라인란트를 얻어오기로 결심했고, 따라서 명목상 안보를 이유로 휴전 조건에 라인란트 점령을 살짝 끼워 넣었다. 영국 해군성은 독일 함대 전체를 넘겨받거나 아니면 적어도 억류해야 한다고 주장했다. 포슈는, 매우 잘못된 생각이지만, 해전에 중요성을 두지 않았다. 그러나 그는 영국 제독들과 거래를 했다. 그들은 헤이그의 온건한 조건에 반대해 포슈

사진182 다마스쿠스에 자신의 자리가 없음을 알게된 에미르 파이살 1세 Emir Feisal I.

를 지지했다. 영국인들은 독일 해군을 갖고, 포슈는 라인란트를 가졌다. 연합국은 독일 육군의 해체를 요구하는 것이 자신들의 힘을 넘어서는 일이라 생각했다. 게다가, 그들은 이미 "볼셰비즘"의 유령에 대한 두려움에 빠졌다. 따라서 단지 독일인들이 전쟁 기재의 대부분을 넘기는 것으로 정해졌다.

그러는 동안 정치 지도자들은 14개 조항을 수용할지 여부를 놓고 논쟁을 벌이고 있었다. 독립성에 대한 주장이 몇 번 나온 후, 그들은 결국 14개 조항에 그리 반대할 것은 없다고 결론지었다. 로이드 조지는 공해의 자유를 수용하기를 거부했다. 어쨌거나 미국이 영국인들이 실행했던 그 어느 때보다 훨씬 더 가차 없이 봉쇄를 실행하고 있는 지금, 윌슨이 내놓기에는 특히 말이 안 되는 요구였다. 어느 미국 제독이 1917년 밸푸어에게 말한 바와 같았다. "우리가 당신들만큼 큰 범죄자가 되는 데 두 달이면 충분하다는 것을 알게 되실 겁니다!" 로이드 조지와 클레망소는 또한 독일이 연합국 민간인들과 그들의 재산에 끼친 손실을 보상해야 한다고 주장했다. 당시에는 이 요구로 시작된 배상 문제를 놓고 지루한 다툼이 벌어지리라 아무도 예견하지 못했다. 이탈리아 대표는 이탈리아가 이탈리아인들이 거주하는 영토만을 획득해야 한다고 규정한 조항에 이의를 제기하려고 했다. 그에게 독일과의 강화 조건만 논의하고 있다는 퉁명스러운 말이 날아왔고, 공격을 받고 잠잠케 되었다. 그리하여 강화 회의의 가장 격렬한 다툼으로 이어지는 길이 열리게 되었다. 당시 윌슨은 자신이 이겼다고 생각했다. 강화는 그가 구상한 이상주의적 조건들에 기반을 두고 이루어질 것이었다. 전쟁이 없고 민주주의가 안전하게 지켜지는 새로운 세계가 탄생할 것이었다.

바로 그 승리의 순간에 윌슨의 입지가 뒤에서 무너졌다. 그의 대항세력인 공화당이 의회 선거에 이겼다. 미국 국민들이 윌슨의 계획을 거부한 셈이었다. 그들은 미국이 이상주의적 강화에 깊이 관여하게 됨을 원치 않았다. 그들은 오로지 독일을 패배시키고 다시 세계에 등을 돌리기를 원할 뿐이었다. 독일의 입지 또한 무너지고 있었다. 서부전선에서 그들은 여전히 잘 버티고 있었다. 후퇴하기는 했으나 그들의 방어선은 무너지지 않았다. 전장이 황폐화되고 병참이 원활하지 않고 기관총 사격 진지가 있어 연합국의 전진이 지연되고 있었다. 그러나 독일의 배후에서 벌어진 일은 양상이 달랐다. 독일의 동맹국들이 무너졌다. 오스만제국이 가장 먼저 와해되었다. 알렌비 휘하의 영국 군대가 10월 1일 다마스쿠스에 도달했다. 또 다른 군대가 유프라테스 강을 거슬러 올라가 모술의 유전 지역으로 가고 있었다. 10월 30일 터키가 항복해 영국 제독과 휴전협정에 조인했다. 프랑스 대표도 있었어야 한다고 생각한 클레망소에게는 매우 화나는 일이었다. 영국 해군이 뒤늦게 다르다넬스 해협을 통과했다. 콘스탄티노플이 연합국의 통제 하로 넘어갔다. 연합국은 다뉴브 강을 따라 독일을 향해 마음대로 진격할 수 있었다. 그들은 또한 마음만 먹으면 볼셰비키에 대항해 남부 러시아에 개입할 수도 있었다 — 이러한 자유를 남용한 것은 어리석었다. 술탄이 사실상 연합국의 손안의 포로였어도 건재했었지만, 이제 오스만제국은 끝이 났다.

합스부르크제국도 거의 같은 순간에 사라졌다. 오스만제국과 합스부르크제국, 이 오랜 숙적이자 마지막 몇 해 동안의 동맹국은 잊혀진 것들이 존재하는 연옥으로 함께 떨어졌다. 오스트리아−헝가리 제국은 1918년 내내 쓰러지지 않으려 안간힘을 쓰며 비틀거리고 있

사진183 다마스쿠스로 입성하는 영국군: 그들이 왜 거기 있냐 하면 거기에 있기 때문이다.

었다. 6월 중순에는 이탈리아에 있던 합스부르크 군대가 마지막으로 무익한 공세를 실행했는데, 훨씬 더 흔들리는 이탈리아 군대를 상대로 다소 성공을 거두었다. 그 후 두 나라 군대 모두 투지가 사라졌다. 이탈리아인들과 오스트리아인들은 둘 다 절망적인 상황에서 어떤 의지 없이 기계적으로 충돌했다. 독일이 그랬듯 협상으로 패배를 피해보려고 노력함으로써 오스트리아-헝가리제국은 오히려 최후의 재난을 맞게 되었다. 오스트리아-헝가리 정부는, 독일 정부처럼, 윌슨 대통령에게 14개 조항에 기반을 둔 강화를 마련해주길 요청했다. 윌슨은 그렇게 할 수 없었다. 14개 조항은 합스부르크 왕조의 존속과 함께 그 안의 다양한 민족들의 "자치"를 가정했다. 14개 조항을 발표한 이래로 윌슨은 체코인들과 폴란드인들에게 독립을 약속했고, 루마니아인들과 남슬라브족들에게도 덜 공식적이지만 약속했다. 따라서 그는 자신이 아니라 이들 민족들이 강화의 조건을 결정해야 한다고 대답했다. 이로써 민족들의 반란이 연달아 일어나게 되었다. 오스

사진184 제거되는 동맹국의 상징들: 오스트리아가 동맹을 그만두었다.

트리아–헝가리제국의 이른바 "피지배" 민족들이 단지 독립국을 이름으로써 패배의 짐을 벗고 연합국이 될 수 있음을 알았다. 그들은 당연히 그렇게 했다. 이렇게 벌어진 혁명들은 폭력과 피해가 없었다. 프라하에서는 합스부르크제국 총독이 입수해놓고 있던 체코 국민회의의 비밀번호로 전화했다. 국민회의 참여자들이 프라하 성으로 모여들었다. 총독은 도장과 열쇠를 넘겨주고, 그러고 나서 떠났다. 공무원들은 자리를 지켰다. 단 10분간의 대화로 체코슬로바키아가 독립국으로 탄생했다.

자그레브의 남슬라브 위원회에도 거의 같은 일이 일어났다. 크로아티아인들과 슬로베니아인들은 아침에 합스부르크 카를 황제의 신민으로 일어나서는, 저녁에는 세르비아인들과 함께 페타르 1세의 신민으로 잠자리에 들었다. 빈에서는 오스트리아–헝가리 제국의 마지막 재무상 빌린스키Leon Bilinski 백작이 자신의 집무실을 잠그고 바르샤바행 열차를 탔다. 거기서 그는 폴란드의 첫 재무장관이 되었는데 연금에 하루도 손해를 보지 않았다. 합스부르크가에 등을 돌린 것은 "피지배" 민족들만이 아니었다. 헝가리인들도, 별로 설득력이 없었지만, 자신들을 압박 받는 민족으로 바꿔놓았다. 진심으로 전쟁을 반대했던 미하이 카로이Mihály Károlyi가 10월 31일 수상이 되었다. 이틀뒤 그는 헝가리의 독립을 선포하고 초대 대통령이 되었다. 빈의 독일인들은 침몰하는 배를 결코 떠나지 않았는데, 침몰하는 배가 그들이 떠나는 것을 허용치 않았기 때문이었다. 카를 황제는 11월 12일에 여전히 빈에 있었는데, 그가 다스리던 독일인들의 지역이 장래 독일 민주 국가의 일부가 될 것이라 선언했다. 이렇게 머리를 짜낸 모든 일의 결과가 좋지는 않았다. 체코인들, 남슬라브족들, 폴란드인들은 약속

사진185 체코슬로바키아 대통령으로 프라하에 돌아온 마사리크, 1918: 그의 결의가 승리했다.

받은 대로 연합국의 일원이 되었다. 루마니아인들도 독일과 맺은 강화 조약을 파기하고 전쟁이 끝나기 하루 전에 재참전함으로써 연합국에 들어왔다. 헝가리인들과 독일계 오스트리아인들은 그렇게까지 운이 좋지 못했다. 그들은 다른 민족들보다 전쟁 수행에 더 많이도 더 적게도 기여하지 않았지만, 그들만은 소멸한 제국의 계승자로 간주되어 그 죄를 짊어졌다. 강제로 무장해제 당하고, 이론상 배상금 지불을 떠맡았다. 이상한 구분이었다. 민주적인 헝가리와 공화정 오스트리아는 이전 제국의 이름을 그대로 쓰는 벌금을 내야했다.

오스트리아–헝가리군은 사실상 지켜야 하는 국가보다 며칠 더 지속되었다. 불과 10월 23일에 이탈리아인들이 용기를 내 공격했는데, 이때도 가장 성공적으로 전진한 것은 캐번 경Rudolph Lambart, 10th Earl of Cavan 휘하의 영국 군단들이었다. 본국으로부터의 소식으로 오스트리아–헝가리군은 최후를 맞았다. 지켜야 할 제국이 더 이상 존재하지 않는데 어찌하여 계속 싸워야 하는가? 병사들은 연대 단위로 이탈해, 힘을 다해 고향으로 돌아갈 길을 찾아갔다. 11월 2일에 새로 탄생한 헝가리 공화국이 공식적으로 모든 헝가리 부대들을 소환했다. 오스트리아–헝가리제국 최고 사령부는 급히 필사적으로 휴전을 추구했다. 11월 3일 휴전 협정이 조인되었다. 협정은 24시간 후에 효력을 발생하기로 정해졌다. 이 시간 동안 합스부르크군은 존재하지 않았다. 이탈리아인들은 최후로 전진해 저항하지 않는 30만 명을 포로로 잡았다. 책에서는 비토리오 베네토 전투라 알려진 일이다. 독립국가로서의 마지막 행동으로 폴라에 있던 오스트리아–헝가리 해군은 이탈리아인들의 손에 들어가지 않으려는 바람으로 유고슬라비아 국민회의에 지휘권을 넘겼다.

이리하여 독일의 배후가 완전히 열렸고, 연합국 군대들은 남부 독일로 진격할 준비를 했다. 그러나 최후의 일격은 독일 내부에서 벌어졌다. 10월 26일 빌헬름 2세가 이제 자신이 입헌군주인 것을 완전히 망각하고 스스로 충동에 못 이겨 루덴도르프를 해임했다. 사흘 뒤 빌헬름 2세는 여전히 오랫동안 성공적인 방어를 할 수 있으리라는 확신에 차서 베를린을 떠나 육군 본부로 향했다. 정부는 그에게 돌아오라 요구했으나 그는 맞섰다. 독일 제독들 또한 저항했다. 그들은 잠수함 작전을 중지해야만 하는 데 분개했다. 그들은 독일 대양 함대를 내보내 영국인들에 대한 작전 행동을 취하게 하기로 결정했다. 어쩌면 휴전 협상을 망치려는 바람에서였고, 어쩌면 자신들(장성들이라기보다는 선상의 병사들)이 불명예보다 죽음을 택하리라는 생각에서였을 것이다. 배의 출력을 높이고 전투를 준비하라는 비밀 명령이 성급하게 내려졌다. 수병들은 2년 넘게 작전을 해본 적이 없었다. 그동안 그들은 거의 바다에 나가지 않았다. 육군이라면 패배를 당하더라도 적과 마주하는 한 계속 전쟁을 수행해나가야 한다. 그러나 가족들과 아무 일 없이 살아온 수병들은 달랐다. 10월 29일 선원들이 반란을 일으켰다. 이틀 뒤 그들은 육지로 올라와 킬 시의 거리마다 폭동을 퍼뜨렸다. 11월 3일 킬이 그들의 손에 넘어갔다. 독일 혁명의 시작이었다. 이 소식이 곧 베를린에 들어갔다. 막스 공과 동료들은 곧 독일 전역으로 혁명이 확산되리라 확신했다. 그들은 이제 전쟁을 끝내기로 결심했다. 패배를 피하기 위해서가 아니고 혁명을 막기 위해서였다.

중앙당의 대표 인물 에르츠베르거가 휴전협정 대표단의 수석대표가 되었다. 대표단은 다른 대부분의 경우와 달리 최고 사령부

312

의 일원을 한 명도 포함하지 않았다. 이 일은 최고 사령부에 가해지는 패배에 대한 비난을 경감시키기 위한 의도적인 계략이라고 종종 설명되기도 한다. 사실은 군부의 대표가 문제를 일으켜 전쟁이 지속될지 모른다는 염려 때문이었다. 11월 7일 에르츠베르거가 무선 통신으로 포슈와의 회담을 요청했다. 그는 그날 저녁 이미 어두워졌을 때 전선을 건너갔다. 그와 대표단의 일원들은 차를 타고 밤새 이동했다. 다음 날 아침 8시에 그들은 콩피에뉴 숲 르통드에 마련된 열차 차량 안에서 포슈와 영국 해군 최고사령부 대변인 웨미스Rosslyn Wemyss 제독을 만났다. 에르츠베르거가 휴전을 요청했다. 포슈는 연합국이

사진186-188 독일에서 일어난 혁명.

합의한 조건들을 읽어 내려갔다. 파리에서는 독일인들이 그렇게 가혹한 조건들을 수용할 수 있을지 의심이 다소 있었다. 하지만 일어난 일들로 인해 독일 정부는 무슨 조건을 받든 무조건 휴전을 성립시켜야 했다. 11월 9일 마침내 혁명에 불이 붙었다. 베를린에서 공화국이 선포되었다. 막스 공은 재상직을 사회민주주의자들의 지도자 에베르트Friedrich Ebert에게 넘겼다. 스파에 있는 육군 본부의 장군들은 빌헬름 2세에게 군이 어쩌면 독일을 위해서는 싸우겠지만 황제를 위해서는 싸우지 않을 것이라 말했다. 빌헬름 2세는 물러나 전용열차를 타고 다음 날 아침 일찍 달아났다. 그 뒤 비밀리에 대기하고 있던 차량에 옮겨 타고 네덜란드 국경으로 갔다. 국경에서 몇 시간 지체된 뒤 월경 허가가 떨어졌다. 이틀 뒤 그는 프로이센 국왕과 독일 황제 자리에서 공식적으로 퇴위하는 문서에 서명했다. 그는 1941년 사망할 때까지 방대한 독일 영지에서의 수입을 받았으나, 다시는 독일에 되돌아오지 못했다.

새로 탄생한 베를린의 공화국 정부는 혁명을 저지하느라 너무 바빠 휴전 조건을 토론하는 데 보낼 시간이 없었다. 에르츠베르거는 즉시 서명하라는 간략한 지시를 받았다. 그는 포슈와의 마지막 회담에서 타협을 시도했는데 성과가 없지는 않았다. 독일군이 기관총을 일부 보유하게 되었다. 아마도 소위 내부의 적이라 할 수 있는 볼셰비즘에 대항해 사용할 수 있도록 하는 것이 이유였을 것이다. 에르츠베르거는 봉쇄의 완화라는 가장 시급한 사항을 관철하지 못했다. 11월 11일 오전 5시 휴전 협정에 서명한 후 그는 다음과 같은 말로 끝을 맺는 성명서를 넘겨주었다. "7천만의 국민으로 이루어진 나라가 고통을 당하나, 사라지지는 않았다." 포슈가 "아주 좋습니다"라고 답하고, 악수 없이 물러났다. 그날 아침 11시에 전투가 그쳤다. 전쟁이 끝난 것이다. 독일군은 여전히 무너지지 않은 채로 외국 땅 이곳저곳에 머물러 있었다. 프랑스인들이 전쟁 내내 점령했던 알자스의 몇 개 마을만 예외였다. 캐나다군이 휴전 협정이 효력을 발생하기 한 시간 전에 몽스에 진입했다. 영국군은 출발했던 곳에 되돌아와 있었다.

휴전협정으로 독일인들은 엄청난 양의 전쟁 기재와 함대 대부분을 넘겨야 했다. 독일인들은 서부전선에서 침략한 영토 전부와 알자스 로렌에서 물러나야 했다. 연합국 군대들이 라인 강 좌안의 독일 영토와 라인 강 우안에서 50마일의 교두보를 점령하도록 했다. 브

사진189 객차 창문 앞에서 협력적인 태도로 휴전 협정에 서명하는 포슈 원수.

사진190-191

"이제 이 피비린내 나는
전쟁이 끝났다. 군복무는
더 이상 없을 것이다."

사진192-193 파리에서 휴전일을 기념하는 사람들.

레스트 리토프스크 조약과 부쿠레슈티 조약이 무효화되었다. 독일군의 완전 파괴도 결코 아니었고, 독일 제국의 해체는 더더욱 아니었지만, 이로써 연합국이 갈망하던 통쾌한 승리가 이루어졌다. 독일에서 일어난 혁명은 패배의 원인이 아니었다. 반대로 혁명은 전쟁에서 졌다는 루덴도르프의 고백으로 야기되었다. 나아가 혁명은 독일군과 통일된 독일을 사라질 위험에서 구해냈다. 휴전이 성립되었을 때 독일은 여전히 한 나라였다. 연합국은 휴전협정이 유지되려면, 혹은 강화 조약이 조인되려면 강한 독일 정부가 있어야겠다고 바랄 수밖에 없었다. 현재 패배 상태에 있는 독일인들이 앞으로의 승리를 거머쥐었다.

1918년 11월 11일 연합국의 국민들은 기쁨에 넘쳤다. 모든 일터가 하루 동안 일을 멈추었고, 군중들이 거리를 막고 춤추며 환호했다. 트라팔가르 광장에서는 캐나다 병사들이 넬슨Horatio Nelson 제독 동상의 받침돌에 기념 횃불을 붙였다. 오늘날까지도 불을 피웠던 자국이 곳곳에 남아 있다. 저녁이 되자 군중들이 점점 더 소란에 빠졌다. 생면부지의 사람들이 공공연히 성행위를 했다. 삶이 죽음을 이겼다는 상징이었다. 축하의 열기는 이틀 더 이어졌고, 점점 더 파괴적으로 변해갔다. 마침내 경찰이 거리를 정리했다. 파리에서는 첫날이 지나자 조용해졌다. 프랑스인 사망자가 너무나 많기에 승리를 이루었다 하더라도 잊을 수 없었다. 멀리 모스크바에서는 독일이 패배했다는 소식을 무거운 마음으로 접했다. 최고 소비에트가 공식적으로 브레스트 리토프스크 조약을 부인했다. 레닌이 옳았음이 밝혀졌는데 전 세계의 노동자 계급 덕분은 아니었다. 그러나, 이제, 볼셰비키들은 수일 내에 전 유럽이 혁명에 휩쓸릴 것이라 생각했다. 그들이 믿기에 공산주의가 승리로 가는 길의 문턱에 놓여 있었다. 서유럽에서는 많은 이들이 그런 일이 일어날까 두려워했다.

1918년 11월 11일에 무슨 일이 일어난 것인가? 단지 독일이 군사적으로 패배한 것인가? 아니면 14개 조항에 담겨 있는 이상주의적 원칙이 승리한 것인가? 각 나라의 국민들은 이러한 물음에 답해야 했다. 어쩌면 차이가 너무 극단적이었을 것이다. 연합국 나라들은 모두 독일을 침략자이자 야만으로 간주했다. 따라서 독일에게 가혹한 것이 숭고한 이상과 양립할 수 있는 것처럼 보였다. 프랑스인들에게 자신들의 승리는 문명의 승리이고, 이 승리를 공고하게 만드는 것은 무엇이든 문명을 굳건하게 만드는 것임이 분명해 보였다. 영국에서 로이드 조지는 화해를 이루는 강화를 기대했다. 물론 그가 권력을 갖고 있어야만 가능한 일이었다. 현재의 의회는 8년 동안 선거를 치르지 못한 상태였다. 수긍할 수 있는 수준을 넘었다. 즉시 총선이 실시되었다. 모든 정당들이 전쟁이 없는 새로운 세계를 이야기했다. 모두가 또한 독일 황제를 처벌하고 독일에게 배상금을 지불하게 하자고 이야기했다. 로이드 조지는 오히려 패배하고 망해버린 독일이 많은 돈을 지불할 수 있을지 크게 의심했다. 그러나 그는 표를 얻어야 했다. 그는 분명한 어조로 "나는 독일인들이 지불하도록 만들 것입니다"라고 밝혔다. 그리고 나서 박수가 터져 나온 사이에 "그들이 할 수 있는 만큼"이라고 부드럽게 덧붙였다. 그는 마찬가지로 "전범"에 대한 항의를 묵인했다. 경험 많은 사무변호사로서 그는 어떤 사안이든지 법정에 나가는 것을 싫어했다. "독일 황제의 목을 매다는 데 찬성합니다"라고 외친 것은 로이드 조지가 아니라 어느 노동당 지도자였다(재판과 교수형이 동의어로 여겨졌다). 귀족적인 커즌 경과 대법관 버컨헤드 경Frederick Edwin Smith, 1st Earl of Birkenhead이 그 일을 밀고나갔다. 더 나은 세계를 위한 길을 열도록 의도된 선거는 전쟁을 반대했던 소수를 제외하고 모든 정당들이 "독일 황제의 목을 매달아라! 독일이 지불하도록 만들어라!"라고 외치는 것으로 끝났다.

이상주의와 숭고한 원칙을 무너뜨리는 재난이었다. 적어도 그렇게 보였다. 그러나 어쩌면 그렇지 않을지도 몰랐다. 만약 연합국이 숭고한 이상을 위해 싸워왔다면 독일인들은 사악한 꿈을 위해서 싸웠을 것이고, 그렇다면 확실히 독일이 전쟁으로 인한 손실을 보상하고 독일 지도자들이 벌을 받아야 하는 것이 옳은 일이었다. 연합국과 독일 양측은 더 낫고 못하고 한 것이 없고 독일인들이 잘못한 일은 전쟁에 진 것뿐이라고 주장하는 사람들만이 화해를 이루는 강화를 주장할 수 있었다. 이 당시 누가 감히 이렇게 말할 수 있었을까? 오늘날 독일 밖에서 얼마나 많은 사람들이 이렇게 말할 수 있을까? 대중전쟁의 시대에 각 나라들은 어떤 숭고한 목적을 위해 싸운다는 말을 들어야 했다. 어쩌면 실제로 그랬는지도 모른다. 어쨌든, 국민들은 전쟁이 끝났다는 이유로 자신들이 나섰던 십자군 전쟁의 신념을 잊어버리라는 말을 들을 수 없었다. 전쟁에서 승리한 정치가들은 동일한 감정과 동일한 무기로 평화를 이루어야 했다.

6장

전쟁 이후: 1919년

세계대전은 끝났다. 하지만 작은 전쟁들이 계속되었다. 동유럽에 걸쳐 신생국들이 서둘러 군대를 조직했고, 국경 초소를 건설했으며, 이웃 국가들과 영토 분쟁을 벌였다. 이제 대부분 영국군의 통제 하에 들어간 오스만제국의 주인 없는 땅에 무슨 일이 벌어질지 아무도 알지 못했다. 러시아에는 아직 간섭하는 외국 군대가 있었다. 시베리아에 일본군이 있었고 아르한겔스크와 무르만스크에는 영국군이, 남쪽에는 프랑스군이, 그리고 발트 해에는 연합국이 퇴거 명령을 내리기를 주저해서 남은 독일군이 있었다. 볼셰비키들과는 협상해야 할지, 대규모로 개입해야 할지, 아니면 스스로 붕괴하기를 잠자코 기다려야 할지 아무도 결정할 수 없었다. 전승 연합국과 협력국 미국이 세계를 지배하는 것처럼 보였지만 그들의 자산인 군사력은 고갈되고 있었다. 모든 나라의 병사들이 귀향을 원했다. 프랑스에 주둔한 미국군 캠프에서 폭동이 있었고, 포크스톤의 영국군 캠프에서도 폭동이

사진195 바람을 쐬러 회담장 밖을 나온 네 명의 거물들: 그때 한 농담은 그들만 알고 있다.

있었는데, 호레이쇼 바텀리가 개입하고 나서야 잠잠해졌다. 한 무리의 영국 부대들이 런던 빅토리아 역에서 근위병 열병장까지 행진을 했다. 전쟁상 윈스턴 처칠에 항의하는 시위였다. 릴에서는 캐나다 병사들이 폭동을 일으켰는데, 여섯 명이 목숨을 잃고 나서야 질서가 회복되었다. 전승국들의 경제력 역시 고갈되는 자산이었다. 유럽의 민족들에게는 식량과 재정 지원이 필요했는데 연합국의 수중에 나누어줄 것이 거의 없었다. 그들은 각자 자기 나라가 돌아가게 하느라 이미 심하게 압박을 받고 있었다. 미국의 금융 지원이 휴전과 함께 돌연 중단되었다. 금융과 수송에 관한 연합국의 협조 체제가 미국의 주장으로 종료되었다. 연합국은 새로운 세계를 만들기에 충분할 만큼 강하지 않았다. 세계는 스스로 만들어지도록 내버려졌다.

　강화 조약을 체결하는 일이 즉시 필요했다. 1919년 1월 18일 파리에서 강화 회의가 열렸다. 윌슨 대통령이 직접 참석했다. 임기 중에 미국을 벗어난 첫 미국 대통령이었다. 강화는 항상 그의 전문 분야였고, 그는 다른 사람에게 넘기려 하지 않았다. 그 결과 다른 나라의 수반들도 참석해야 했다. 클레망소는 파리에 있었고, 로이드 조지는 영국 정부를 런던에서 파리로 거의 통째로 옮겨왔다. 이탈리아에서는 올란도Vittorio Emanuele Orlando 수상이 왔다. 처음에는 다섯 강대국(영국, 프랑스, 이탈리아, 일본, 미국) 대표가 두 명씩 참석하는 10인 회의에서 다소 공식적인 토론을 시도했다. 협상이 막히자 거물 정치가들은 10인 회의를 제쳐두고 자신들만의 4인 회의를 구성했다. 실제로는 로이드 조지, 클레망소, 윌슨의 3인 회의였고 올란도가 때때로 이탈리아의 이익을 위해 목소리를 냈다. 이 세 정상이 강화 조약을 만들어내야 했다. 그들은 과로하여 지쳤고, 본국의 일에 정신을 빼앗겨 몇몇 목전의 문제를 해결하기 위한 장시간의 논의가 자꾸 중단되었다. 4인 회의는 한 가지 주제만 집중적으로 다룰 수 있었던 적이 없었다. 논의가 계속해서 한 문제에서 다른 문제로 건너뛰었다. 영어와 프랑스어를 모두 알아들을 수 있는 사람은 클레망소뿐이어서 모든 대화를 망투Paul Mantoux 교수가 통역해야 했다. 네 정상은 강화 조약을 만들어내는 조정자일 뿐 아니라, 연합국 최고회의를 구성해 즉각적인 행동을 위한 명령을 내리기도 했다. 윌슨은 의회 회기에 맞추어 한 달 동안 본국에 가야 했다. 로이드 조지는 하원에서 나오는 불평을 잠재우기 위해 한 번 이상 런던에 갔다. 그는 항상 기차와 배로 여행했는데, 하루가 꼬박 걸리는 여정이었다. 그의 동료 보너로만 항공편으로 파리에 오는 것을 두려워하지 않을 만큼 모험적이었다. 올란도는 자주 로마로 소환되었다. 클레망소는 본국까지 왔다

갔다 하느라 주의를 빼앗길 일은 없었지만, 광적인 민족주의자의 총탄을 맞고 중상을 입어 역시 업무에서 빠지게 되었다. 네 정상이 해놓은 일들은 크게 비판을 받아왔지만, 어쩌면 그들이 뭔가를 해결 지었다는 것 자체가 경이가 아닐까 싶다.

사람들은 정치가들이 이상주의적인 바탕 위에 세계의 평화를 수립하리라 기대했다. 하지만 동시에 전쟁 동안 쌓인 깊은 원한에 보상을 주어 달래고 자기 나라의 이익을 챙겨 오기를 바랐다. 윌슨이 유럽에 왔을 때 그는 자신을 제외한 모든 정치가들이 사악하다고 굳게 확신했다. 그가 14개 조항을 수용하도록 만들었을 때 사악한 정치가들을 압도했고, 그의 생각에 모든 악에 대한 해결책인 국제연맹을 받아들이도록 만들어 다시 한 번 그들을 제압하기를 계획했다. 일단 시도해보니, 예상했던 것보다는 쉬운 일이었다. 유럽의 연합국 국가들도 윌슨이 제시한 방향대로는 아니었어도 국제연맹을 원했다. 영국인들은 세부 계획을 준비해왔는데, 윌슨이 마련한 것 이상이었다. 자신의 관점에도 잘 들어맞아서, 계획의 대부분을 가져다 적용했다. 이 "앵글로–색슨" 연맹이 의존하는 것은 영향력, 아니면 기껏해야 도덕적 힘이었다. 연맹 회원국들은 만나고, 토론하고, 조정할 것이었다. 현상 변경을 시도하는 국가는 누구라도 다른 국가들이 인정하지 않겠다는 위협으로 잠잠해질 것이었다. 프랑스인들은 다른 성격의 계획을 내놓았다. (특히 독일에 대해) 군사력으로 평화를 유지하는 연맹을 만든다는 것이었는데, 전쟁이 끝난 평시에도 제1차 세계대전이 무한정 계속되는 것과 사실상 다를 바 없었다. 아이러니한 결과가 발생했다. 국제연맹을 받아들이게 하기 위해 연합국을 강제해야만 할 것이라 예상했던 윌슨이 오히려 국제연맹을 현실화하려는 연합국 시도에 저항하는 데 시간을 보내게 되었다. 일본인들이 악의적으로 인종 평등의 원칙을 국제연맹규약에 포함시키려 했을 때 윌슨은 특히 당혹스러워했다. 윌슨은 일본인들에게 이전에 독일의 세력권이었던 산둥지역을 넘기는 것으로 매수해야 했다. 그럼에도 불구하고 그는 다른 무엇보다 먼저 국제연맹 수립 문제를 처리해놓았다. 국제연맹은 독일과의 강화조약에 자리를 잡고 들어와 역할을 하도록 되어 있었다. 꽤 말이 안 되게도 독일은 국제연맹의 회원국이 아니었지만 말이다. 어쨌든 독일이 민주적이고 평화적인 성격을 증명하기 전까지는 그랬다. 일단 국제연맹을 성사시켜 놓자 한시름을 놓은 윌슨은 다른 문제에 주의를 덜 기울였다. 그의 생각에 강화 조약의 잘못된 세부 사항들은 연맹이 기능을 시작하게 되면 고쳐질 수 있을 것이었다.

사진196 공정성을 지키기 위해 렝을 다시 방문하지 않기로 결심한 윌슨 대통령.

　　영국인들도, 윌슨이 집중한 주제와는 다른 주제들에서였지만 실질적인 논의가 시작되기 전에 원하는 것을 대부분 얻었다. 그들의 주된 목표는 언제나 독일 함대의 파괴였다. 독일 함대를 스캐퍼 플로 항에 억류해놓음으로써(받아주는 중립국 항구가 없었다) 이 목표는 달성된 것이나 다름없었다. 영국 정부는 또한 독일 식민지를 손에 넣기를 원했다. 이유는 여전히 잘 밝혀지지 않았는데, 아마도 과거 전쟁 때마다 그랬던 습관일 수도 있다. 영국 자치령들은 보다 직접적인 동기에서 독일 식민지를 요구했다. 남아프리카는 독일령 남서아프리카를 원했고, 오스트레일리아는 뉴기니를 원했다. 로이드 조지는 심술

사진197 전쟁에 승리한 비티 제독.

사진198-199 독일 전투 함대의 항복.

사진200 무료급식소에서 배식 받는 독일 어린이들: 봉쇄의 피해자들.

궂게도 오스트레일리아의 휴즈William Hughes와 남아프리카의 스뫼츠
가 월슨에게 대항하는 것을 들으며 즐거워했다. 사람들이 주장하길
두 사람은 구세계와의 접촉으로 오염되지 않은 민주적 이상주의의
대변인들이었다. 월슨이 휴즈에게 말했다. "오스트레일리아가 문명
세계 전체의 호소에 맞설 준비라도 되었단 말입니까?" 휴즈는 보청
기를 고쳐 끼며(그는 청력이 매우 좋지 않았다) 유쾌하게 말했다. "정확
히 그렇습니다, 월슨 대통령 각하." 영국 자치령들의 제국주의적 욕
심을 감추기 위해 "위임통치"라는 말이 급히 만들어져야 했고, 영국
정부는 동부 아프리카에서 위장 병합을 하기 위해 자신을 위한 할당
량을 추가했다. 겉보기에 그럴듯하게 만들기 위함이었다. 물론 독일

식민지에는 가치가 거의 없었다. 그러나 이익이 없다고 해서, 이렇게 주고받은 거래가 특별히 명예로운 일은 아니었다. 사람들은 기만적인 이상주의의 위대한 실행가였던 스뫼츠가 그 일에 연루되었을 것이라 당연히 생각할 수 있었다.

중요한 실질적인 결과는 미국과 영국이 거의 사심 없는 마음으로 독일과의 실제 강화 협상에 들어갈 수 있었다는 것이다. 원래의 계획은 연합국 국가들이 먼저 원하는 것을 조정해 해결하고, 그다음에 독일인들과 협상해서 어디까지 얻을 수 있는지 본다는 것이었다. 이 계획은 잘 풀리지 않았다. 전승국들은 난처하고 점점 어려워지는 문제에 부딪혔다. 연합국의 군사적 우위로 독일인들이 휴전을 요청했는데, 동원 해제로 인해 날이 갈수록 그 우위가 소실되었다. 만약 협상을 꽤 오랫동안 질질 끈다면 독일인들이 패자가 아니라 다시 동등한 상대로 나타날지 모르는 일이었다. 그래도 연합국에는 남아 있는 무기가 있었다. 독일에 대한 봉쇄가 여전히 실행 중이었다. 전투가 종료된 이 시점에서 봉쇄는 야만적인 무기처럼 보였다. 라인란트에 주둔한 영국군이 지휘관으로부터 하위 계급까지 봉쇄에 항의했고, 굶주린 어린이들과 여성들에게 음식을 나누어주었다. 강화 조약이 조인되기 전에 봉쇄가 종료되어야 했다. 타협안으로 독일이 실질적으로 무장해제되도록 군사적 조건만 규정하는 예비적인 강화 조약을 만들어내자는 제안이 있었다. 미국인들이 반대해 이 제안은 성사되지 못했다. 예비적인 강화 조약도 미국 상원의 비준을 받아야 했을 것이었고, 윌슨은 상원의 비준을 얻는 것이 두 번은 고사하고 한 번도 힘들 것이라는 점을 알고 있었다. 게다가 윌슨은 진정한 이상주의자들이라면 으레 지니고 있는 자기도취벽이 있어 자신의 마음에 드는 강화 조약이라면 분명 비판을 벗어날 것이고 독일인들의 이의 제기를 기다릴 필요도 없다고 주장했다. 자신이 다른 모두에게 무엇이 좋은지 알듯, 독일인들에게 무엇이 좋은지 역시 알고 있다는 것이었다. 그리하여, 윌슨의 숭고한 원칙들 덕에 민주적이고 이상주의적인 국가들이 브레스트 리토프스크에서 독일이 행했던 것보다 더 심하게 행동하게 되었고, 협상이라는 겉모습도 거의 갖추지 않고 자신들의 조건을 읽어 내림으로써 강화를 강제했다. 브레스트 리토프스크에서 볼셰비키들은 적어도 협상의 자리에서 자기주장을 하도록 허락은 받았었다.

독일인들은 브레스트 리토프스크에서 자신들이 러시아를 대했던 것보다 훨씬 못한 것이 아니라 훨씬 더 관대한 무언가를 기대했다. 그들은 독일 황제가 제거되고 전투가 종료되면 독일이 평화를 사랑하는 민주적인 국가로 받아들여지리라 생각했다. 그러면 승자도 패자도 없는 강화가 이루어질 터였다. 하지만 이런 일은 일어나지 않았다. 연합국의 국민들은 전쟁 동안 독일인들은 다 마찬가지라는 말을 들어왔다. 또한 지금 정부를 이끌고 있는 독일 사회주의자들이 독일이 패배해 전쟁이 끝나기 전까지는 전쟁을 지지했다는 것도 기억하고 있었다. 독일인 가운데 자국의 행동을 사악하다고 생각했던 이들은 한 줌도 안 되는 좌파 독일인들뿐이었다. 그들은 연합국의 좌파와 동지 관계에 있었는데, 연합국의 좌파는 국내에서 평화주의자나 배반자라고 무척 심하게 매도되었다. 만약 로이드 조지나 클레망소가 단 한 번이라도 "선한 독일인"이 있다고 인정한다면, 그것은 한 방의 성공적인 공격이라는 자신들의 정책이 잘못되었다 말하는 것이고, 램지 맥도널드Ramsey MacDonald나 심지어 레닌이 결국 옳았다고 자인하는 것이다. 따라서 한 세기 전의 대규모 전쟁이 끝났을 때와 같은 화해는 없었다. 그때는 연합국이 자신들은 프랑스가 아니라 나폴레옹과 싸워왔다고 말했다. 전제 군주들이 민주적인 정치가들이나 국민들보다 원한을 잊기가 더 쉬웠다. 독일인들은 자신들이 기만당했다고 생각했다. 강화 조약의 조건을 강제 당했다는 것이 그 첫 번째 이유였고, 둘째로 그러고 나서 적으로 대우받아서였다.

힘들게 고생한 수개월이 지나 결국에는 안보, 배상, 정의까지 이 모든 것이 한데 얽혔다. 안보 문제에서는 독일이 무장해제되었다. 공군이 없고, 해군도 사실상 없고, 전차와 중화기가 없으며, 통제위원회가 실행 여부를 감독하게 되었다. 프랑스인들은 독일군을 징집병 20만 명으로 제한하기를 원했다. 영국인들과 미국인들은 "징집"이라는 말에 깜짝 놀라 장기 복무 자원자 10만 명으로 제한하자고 주장했다. 이들은 이후에 새로 조직된 군대의 훈련 장교가 되었다. 앵글로-색슨 국가들은 이러한 일방적인 무장해제 강요에 다소 수치를 느껴 독일의 무장해제가 다른 나라들의 군축을 촉진하기 위해 마련

사진201 배반을 당한 후 베를린으로 귀환하는 독일 병사들: 불패의 군대.

되었다는 조항을 슬쩍 삽입했다. 이 조항은 구속력 있는 약속은 아니었지만 이후로 난처한 결과를 가져왔다. 전승국들이 군축회의에 떠밀려 들어갔다. 군축의 장치들은 나중에 종종 비난을 받았지만 존속하는 한에서는 역할을 했다. 독일이 정말로 무장해제되었고 — 말과 현실이 거의 차이가 없었다 — 전승국들은 15년 동안 실제적인 안보를 누렸다. 어쨌든 조약으로 혜택을 보는 국가가 실행할 마음이 없는데 조약 안에 강력한 실행 규정이 있을 수는 없다.

프랑스인들은 독일의 무장해제에 만족하지 않았다. 그들은 라인 강 좌안을 독일에서 떼어내 독립국, 더 정확히 말하면 자신들에게 종속된 국가로 만들기를 바랐다. 이 계획을 지지하는 소수의 독일인들 중에 쾰른 시장 콘라트 아데나워Konrad Adenauer가 있었다. 로이드 조지가 강하게 반대했다. 그는 자신을 포함해 사람들이 제정신으로

사진202
루르 점령, 1923:
강력한 힘을 행사했으나
장악하지 못했다.

사진203 종전 시의 폴란드: 동부에도 진흙탕이 있었다.

돌아오게 될 때를 고대했고, 그 때 독일과의 화해가 불가능해지면 안 된다는 생각을 굳게 가지고 있었다. 그는 잠시 불평등을 강제하는 조 건들을 수용할 준비가 되어 있었다. 라인란트를 중립지대로 만들어 연합국 부대들이 15년 동안 점령하는 것, 독일인들이 북동부 프랑스 의 탄광을 고의로 파괴한 것에 대한 보상으로 자르 계곡 지대와 탄광 을 역시 15년 동안 프랑스의 통제 하에 두는 것이었다. 이 조건들이 통과될 것이었고, 불평등이 여기까지라면 독일은 자유롭고 통일된 나라가 될 것이었다. 반면 라인란트 분리 독립은 연합국 모두가 추구 한다고 주장한 민족 자결에 어긋날 터였다. 로이드 조지는 독일의 공 격에 대한 프랑스의 안보를 영국과 미국이 보장해주는 대안을 제시 함으로써 프랑스인들의 안보 요구를 잠재웠다. 클레망소는 이 제안 을 받아들였으나, 미국 상원이 보장 조약을 비준해주지 않아 결국 사 기를 당한 꼴이 되었다. 서부전선에서 독일 영토는 알자스와 로렌이 프랑스로 돌아가고 벨기에가 마을 두어 개를 가져간 것을 제외하면 달라지지 않았다.

사진204
히틀러 상병(가장 오른쪽)과
친구들.

　　독일의 동쪽 국경에 관해서는 로이드 조지가 더 힘든 시간을
보내야 했다. 윌슨, 혹은 윌슨의 자문들은 새로 탄생한 폴란드에 호
의를 가지고 있어 많은 독일 영토를 나누어주려 했다. 프랑스인들 역
시 당연히 윌슨의 입장을 강하게 지지했다. 로이드 조지는 원칙이 없
다는 경멸적인 소리를 종종 들었지만 자신의 원칙에 충실한 유일한
인물이었다. 그는 슐레지엔에서 주민투표를 할 것을 주장했는데, 이
주장은 독일에 유리했다. 민족에 따른 영토 분할이라는 측면에서 특
히 그랬다. 그는 순수하게 독일인 지역인 단치히를 폴란드가 합병하
는 데 단호하게 반대했다. 로이드 조지 덕에 단치히는 자유시가 되었
다. 경제적으로는 폴란드에 이득이 되었지만, 정치적으로는 폴란드
로부터 독립적이었다. 그러므로 겉보기에는 독일이 제2차 세계대전
을 시작하도록 자극한 이 해결책은 사실상 독일에게 유리하도록 구
상되었다. 민족 자결의 관점에서 보면 파리강화회의에서 획정된 새
로운 독일 국경은 흠잡을 데가 없었다. "공정한" 해결이었다. 만약 그

런 것이 있을 수 있다면 말이다. 원칙을 훼손하는 불리한 일이 한 가지 있었다. 합스부르크제국이 사라지자, 쪼그라든 오스트리아의 독일계 주민들이 독일에 참여하기를 원했다. 민족이 통일하겠다는 데 이보다 더 분명한 이유는 없었다. 프랑스인들은 만약 전쟁 전보다 전쟁 후에 독일의 국민이 더 늘어난다면, 전쟁은 아무 소용이 없던 것이며 승리도 웃음거리가 될 거라고 반대했다. 이 주장이 받아들여졌다. 독일의 오스트리아 병합 금지 조항이 조약에 명문화되었고, 창설을 앞둔 국제연맹의 동의가 있어야만 병합이 가능했다. 프랑스인들의 주장에는 충분히 일리가 있었다. 그러나 독일인들은 누구의 동의도 없이 적어도 한 명의 오스트리아인을 얻었다. 바로 아돌프 히틀러Adolf Hitler였다. 600만 명의 다른 오스트리아인들도 얻었다면 어쩌면 더 좋았을 것이었다.

배상 문제는 협상이 진행되는 동안 아주 큰 소란을 야기했고, 이후 매우 큰 비난을 받게 되었다. 독일이 전쟁에 들어간 모든 비용

사진205 히틀러 상병과 또 다른 친구(힌덴부르크).

을 지불하게 만들 수 있다고 기대하는 것은 물론 터무니없는 일이었다. 로이드 조지를 필두로 정치가들이 그것이 얼마나 어리석은 일인지 설명을 회피했지만 말이다. 그렇지만, 정치가들이 겪는 어려움에 대한 변명은 있었다. 자기 나라에 손상을 하나도 입지 않은 독일인들이 자신들이 벨기에와 프랑스에 끼친 손해를 복구해야 한다는 주장은 충분히 합리적으로 보였다. 영국인들에게는 난처한 주장이었다. 영국은 피해가 거의 없었으므로 배상도 적을 터였다. 영국은 유보트에 의해 침몰당한 선박들에 대한 보상으로 독일 선박들을 요구했는데, 그렇게 해서 결국 조선소에 일감이 없어졌다는 것을 발견했을 뿐이었다. 이상주의자 스뫼츠가, 항상 그렇듯, 출구를 마련해놓고 있었다. 그는 보훈 연금 또한 민간의 손실이라는 의견을 제시했고, 그리하여 영국인들도 결국 자신들의 몫을 받게 되었다. 프랑스인들은 전체 손해에 대한 청구서를 작성해 독일인들에게 제시하기를 원했다. 독일인들의 지불 능력을 벗어나게 될 것임에도 불구하고 말이다. 반면 윌슨은 독일의 지불 능력에 맞추어 확정짓기를 원했다. 미국의 요구는 프랑스인들의 방식보다 훨씬 적을 것이었다. 로이드 조지는 당시의 격앙된 상황에서는 어떻게 정하더라도 확정된 금액이 상당히 부풀려질 수 있음을 인식했다. 로이드 조지 자신과 일하는 금융 전문가들도 흥분해 있었다. 그는 배상 문제를 나중에 잠잠해진 다음에 타결 짓자고 주장했고, 자신의 뜻을 관철해냈다. 독일은 전적인 책임 ― 소위 "전쟁 범죄" 조항이었다 ― 을 인정해야 했으나, 실제 지불 금액 산정은 전문가 위원회에 맡겨졌다. 전간기에 배상 문제에 관한 다툼만큼 국가들 사이에서 큰 적개심을 불러온 일은 없었다. 하지만 배상 문제는 화해와 분별 있는 해결을 위해 장래에 맡겨졌다. 불행히도 이러한 해결책이 작동하는 데는 로이드 조지가 기대했던 것보다 오랜 시간이 걸렸고, 작동했을 때는 너무 늦었다.

어쨌든, 이러한 일들이 1919년 5월 독일인들의 앞에 제시된 조약의 내용이었다. 독일인들은 조약 문구를 작성할 때 반대의견을 낼 수 있도록 허락을 받았고, 로이드 조지가 재촉해 주로 슐레지엔 주민투표에 관해 몇 가지 양보를 얻었다. 6월 중순 독일인들은 최후통첩을 받았다. 더 이상의 수정 없이 조약에 서명을 해야 했다. 아니면 전쟁이 재개될 것이었다. 독일 공화국의 헌법을 작성하기 위해 바이마르에 모였던 독일 국회에서 격렬한 논쟁이 있었다. 이제 대통령이 된 에베르트가 힌덴부르크에게 전화를 걸어 의견을 구했다. 힌덴부르크는 루덴도르프의 뒤를 이어 자신을 보좌하는 그뢰너에게 말했다. "자네, 답이 무엇이어야 하는지 알지. 나는 산책을 다녀오겠네." 전화가 다시 울렸을 때, 그뢰너가 받아서 대답했다. "군은 동부에서 폴란드인들에 대항해 전선을 지킬 수는 있으나, 서부에서 연합국의 진격을 막을 수는 없습니다." 이 대답으로 국회의 대다수 의원들이 조약을 수용하기로 결심하게 되었다. 힌덴부르크가 산책에서 돌아와 그뢰너의 어깨에 손을 얹고 말했다. "자네에게 너무 큰 짐을 떠맡겼군." 고위층 독일인들이 일어나는 일에 대한 책임을 회피한 일이 결코 이번만은 아니었다. 독일인들은 서명을 한다는 형식적인 의미에서는 조약을 수용했지만, 아무도 서명을 진지하게 여기지 않았다. 그들에게 조약은 사악하고, 불공정하며, 강제로 부과된, 굴욕 조약이었다. 모든 독일인들이, 조약이 불합리성 때문에 먼저 무너져버리지 않는다면, 언젠가 조약을 거부하겠다고 마음먹었다.

독일이 합의했다는 소식이 전해지자 파리는 기쁨으로 가득했다. 전쟁을 재개하겠다는 위협은 그저 엄포일 뿐이었는데 결과는 성공적이었다. 연합국이 독일로 진군할 충분한 무장 병력을 보유했는지 아무도 알지 못했고, 병력이 명령을 따를지는 더더욱 몰랐다. 이를 추측하는 일이 이제 불필요해졌다. 1918년 11월의 승리는 아직 위력이 있었다. 위력이 있는 대로 끝까지 사용되었다. 공식적인 조인식이 베르사유 궁전 거울의 방에 마련되었다. 1871년 독일 제국 선포가 있었던 곳이었다. 1919년 6월 28일 파리의 상류층과 전 세계 기자들이 기차를 타고 베르사유로 몰려들었다. 독일인들은 마치 무장 감시를 받는 듯한 모습으로 불려 들어왔다. 독일인들이 서명하고, 전승국이 서명했다. 분수가 켜져 물이 솟았다. 축포가 발포되었다. 제1차 세계대전이 종료되었다.

정리할 일이 훨씬 더 많이 남아 있었다. 그 중 몇몇은 결코 해결되지 못했다. 1919년의 강화는 종종 통칭해서 "베르사유 강화"라고 기술되지만 6월 28일에 조인된 조약은 오로지 독일에 관련되어 있었다. 다른 강화조약들이 파리 주변에서 조인되었다. 마지막에는 조인식을 치르지 않은 근교의 궁전이 거의 없을 정도였다. 1919년에는 불가리아와 뇌이에서, 오스트리아와 생제르맹에서 조약을 조인했고, 1920년에는 헝가리와 트리아농에서, 터키와 세브르에서 조약을 조인했다. 모두 "베르사유 강화"라는 이름 아래 한꺼번에 매도되는 조약들이다. 조약들은 유럽을 "발칸화"했고 제2차 세계대전으로 가는 길을 열었다고 여겨졌다. 실제로는 연합국의 네 정상들을 필두로 강화조약을 성립시킨 사람들은 이 조약들과는 상대적으로 관계가 거의 없었다. 조약들은 대부분 이미 내용이 만들어져 있었다. 새로운 민족국가들은 국가의 자유를 언제나 누려왔던 이들로부터 엄청나게

비난을 받았는데, 이 국가들은 베르사유 아니 좀 더 정확하게는 파리
에서 만들어진 것이 아니었다. 그 나라들은 파리 강화회의가 소집되
기도 전에 이미 완전히 존재했다. 그 나라들은 주권 국가였고, 대부
분 연합국이었다. 연합국 네 정상들은, 그러길 바랐다 하더라도, 이
나라들에 군축이나 자유 무역을 강제로 명령할 수 없었다. 강화회의
에서 여기저기 국경선의 세부사항을 결정할 수는 있었지만, 거기까
지였다. 불가리아는 같은 이름을 가진 옛 국가와 연속성이 있는 유일
한 나라였다. 오스트리아, 헝가리, 그리고 터키는 적국으로 취급받았
지만 체코슬로바키아나 루마니아, 혹은 유고슬라비아만큼 새로운 나
라들이었다. 소위 적국들은 국경선이 논쟁에 걸리면 대개 졌고, 배상
금을 내기는커녕 곧 전승국의 금융 지원을 받아야했지만 이론상 배
상의 책임을 졌다. 민족 간의 경계에 관해 민족 자결의 원칙은 윌슨

사진206 독일 정부 전복을 시도한 좌파 사회주의자 레데부어Georg Ledebour.

(위) **사진207** 베르사유 조약에 서명하는 독일 대표단.

(아래) **사진208** 피우메의 가브리엘레 단눈치오: 무솔리니가 따를 모범이 되다.

대통령이 기대했던 것같이 간단하게 문제를 해결 짓지 못했다. 민족들이 온통 섞여 있었고, 주민투표로도 진정한 민족적 충성심을 알아낼 수 없었다. 엄청나게 머리를 써서 민족 간의 경계를 그으면 그 경계가 철로를 가로지르거나 경제적으로 묶여 있는 지역을 나누게 되었다. 체코슬로바키아의 독일인들은 체코인들의 "아래"에 들어가게 되어 화가 났지만 "자연적인" 단위인 보헤미아에서 떨어져 나와야 한다는 데 대해 훨씬 더 분개했다. 그들은 거의 체코인들만큼이나 오랫동안 보헤미아에 속해 있었다. 국경은 민족의 관점에서조차도 완벽하지 않았다. 그러나, 유럽 역사에서 이전의 어느 때보다 다른 민족이 다스리는 국가에 속한 사람의 수가 적었다. 또한 나라들 사이의 국경이 1919년에서 1920년이라는 매우 짧은 시간에 갑자기 그어졌음에도 폴란드와 독일 간의 국경을 제외하면 거의 변화 없이 오늘날까지 지속될 정도로 안정적이었다.

강화회의가 열리면, 주의 깊게 다루어져야 할 중대한 문제들을 집중적으로 다루지 못하고, 다음 세대들에게는 거의 중요성이 없을 주제로 인해 초점이 흐려지기 마련이다. 1919년의 강화회의도 그랬다. 당시의 그 위대한 인물들은 아마도 전쟁의 상흔을 치유하고 더 나은 세계를 건설하느라 바빴을 것이다. 그러나 사실 그들은 피우메시[1]를 이탈리아가 가져야 하는가 아니면 남슬라브인들의 신생국 유고슬라비아가 가져야 하는가의 질문에 대부분의 시간을 썼다. 이탈리아인들에게는 강대국이라는 자산이 있었고 유고슬라비아인들은 윌슨 대통령으로부터 주장의 정당성을 인정받았다. 여기에, 윌슨

---

1   아드리아 해 이스트라 반도 동편의 도시로 크로아티아식 이름은 리예카다.

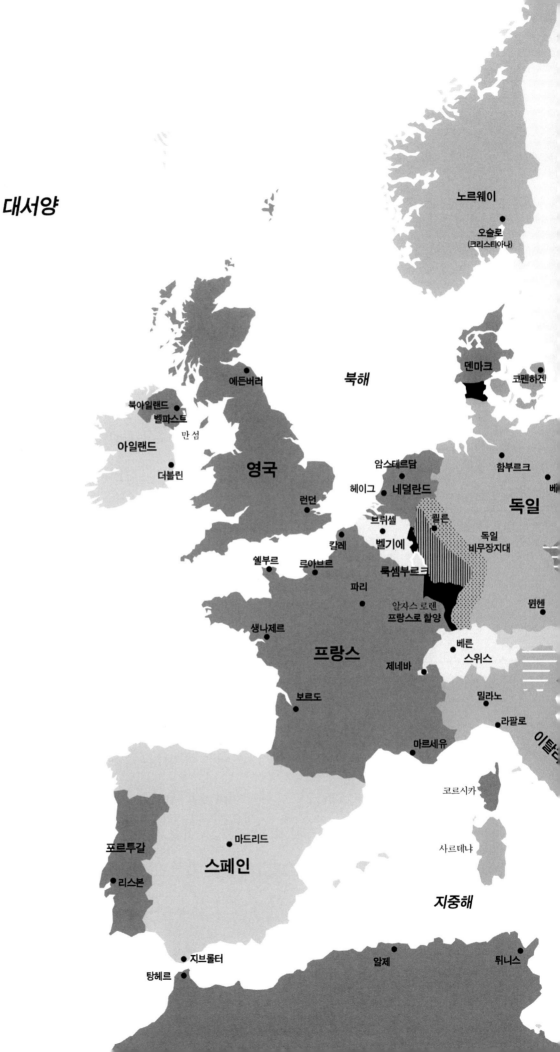

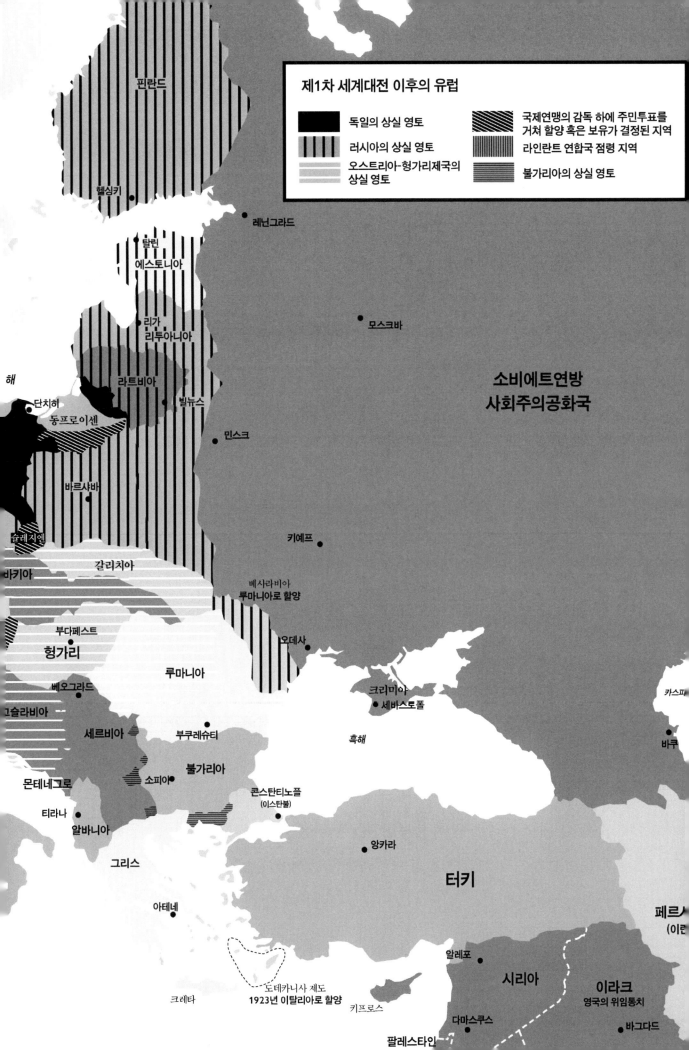

제1차 세계대전 이후의 유럽

- ■ 독일의 상실 영토
- ‖‖ 러시아의 상실 영토
- ═ 오스트리아-헝가리제국의 상실 영토
- ▧ 국제연맹의 감독 하에 주민투표를 거쳐 할양 혹은 보유가 결정된 지역
- ▥ 라인란트 연합국 점령 지역
- ▤ 불가리아의 상실 영토

핀란드

헬싱키

레닌그라드

탈린
에스토니아

리가
리투아니아

모스크바

라트비아

해

단치히
동프로이센

빌뉴스

민스크

바르샤바

슐레지엔

갈리치아

바키아

키예프

부다페스트
헝가리

베사라비아
루마니아로 할양

소비에트연방
사회주의공화국

베오그라드

루마니아

오데사

2슬라비아

세르비아

부쿠레슈티

크리미아
세바스토폴

카스피

몬테네그로

불가리아

소피아

흑해

바쿠

티라나
알바니아

콘스탄티노플
(이스탄불)

그리스

앙카라

아테네

터키

페르시
(이란

크레타

도데카니사 제도
1923년 이탈리아로 할양

알레포

키프로스

시리아

이라크
영국의 위임통치

다마스쿠스

바그다드

팔레스타인

이 보기에, 힘이냐 정의냐라는 오랜 갈등이 있었고, 그는 정의가 승리해야 한다고 굳게 믿고 있었다. 그는 이 문제가 되풀이되어 논의되는 동안 다른 모든 일정을 멈추고, 정치가들이 아니라 이탈리아 국민의 도덕성에 직접 호소했다. 결과는 국민적인 적의를 표출하는 거센 함성과 마주쳤을 뿐이었다. 강화회의에서 피우메 문제는 결코 해결되지 못했다. 이탈리아와 유고슬라비아는 스스로 협상하도록 내버려두어졌고, 약자인 유고슬라비아가 물러날 수밖에 없었다. 피우메는 1920년에 자유시가 되었다가, 이탈리아가 1924년에 합병했으나 제2차 세계대전이 끝나고 결국 상실했다. 피우메 문제는 관련된 두 나라에게 말고는 거의 중요성이 없었다. 물질적인 측면에서는 그들에게조차도 중요성이 없었다. 하지만 이 일은 윌슨의 이상주의적 원칙들이 유럽의 민족들에게 받아들여질 일이 아직 요원함을 경고해주었다.

강화조약을 성립시킨 사람들의 가장 큰 실패는 동유럽, 소련 국경까지 자신들의 역할이 미치지 못했다는 것이었다. 독일과 휴전하면서 브레스트 리토프스크 조약이 무효화되었으나 이를 대체할 것은 아무것도 생겨나지 않았다. 전승국들은 볼셰비키들과 협상할지 아니면 그들을 파괴할지 결정하지 못했다. 결국 그들은 어느 쪽 행동도 하지 못했다. 윌슨과 로이드 조지는 마르마라 해에 있는 프린키포 섬[2]에서 회의를 열어 볼셰비키들과 러시아의 여러 반혁명세력들을 초대하자고 제안했다. 볼셰비키들이 참석에 동의했다. "백러시아

2　터키 이스탄불 근처의 뷔위카다 섬의 그리스식 이름이다. 트로츠키가 레닌 사후 소련에서 추방되어 잠시 망명생활을 한 곳이다.

사진209 블라디보스톡에서 행진하는 일본군과 미국군.

인"들은 거절했고, 클레망소의 지지를 받았다. 회의는 열리지 못했다. 그리고 나서 러시아에 개입하려는 혼란스러운 시도가 있었다. 주로 윈스턴 처칠이 조종했다. 막대한 비용이 들었고 볼셰비키들과 나머지 세계를 완전히 갈라놓았다는 점을 제외하면 아무것도 성취하지 못했다. 그 회의로 러시아와 폴란드 사이에 커즌선Curzon line으로 알려진, 민족을 기초로 한 합리적인 경계가 구상되었다. 폴란드인들은 이 구상을 거부했고, 1921년에 커즌선 너머의 넓은 영토를 획득하고야 멈춰섰다. 획득한 영토는 나중에 원상태로 돌아갔다. 소련은 내전과 뒤이은 기근으로 지쳐서 브레스트 리토프스크 조약으로 강제된 국경의 대부분을 받아들일 수밖에 없었다. 소련은 여전히 버림받은 나라였고, 승인을 받지 못했다. 영국, 프랑스, 이탈리아, 그리고 대부분의 유럽 국가들이 명목상으로는 1924년에 소련을 "승인"했다.

사진210-211
러시아에서의 기근과 죽음.

사진212 모스크바에서 행진하는 레닌.

미국은 1933년까지 버텼고, 체코슬로바키아가 기묘하게도 1936년까지 그랬다. 더 깊은 의미에서, 비공산권 세계는 오늘날까지도 소련을 "승인"하지 않고 있다. 이는 1919년이 남긴 가장 중요한 유산이었다. 레닌은 처음부터 기존의 세계 정치에 대항하는 체제를 탄생시키기를 열망했다. 기존 세계의 정치가들은 소련을 되찾아오기 위해 노력하기는커녕 레닌이 할 일을 대신 해주었고, 소련을 더욱 고립으로 몰아갔다. 소련이 힘을 회복해 강대국으로 돌아왔을 때는 소련을 위한 자리가 없었다. 두 개의 세계가 존재하게 되었다. 그리하여 오늘날 우리가 겪는 모든 어려움도 생겨나게 되었다.

이외에, 제1차 세계대전은 인류의 운명에 어떤 결과를 가져왔을까? 그 시대 사람들은 엄청난 파괴만을 보았고 이에 짓눌렸다. 전사자의 수가 전대미문의 수준에 도달했다. 프랑스와 독일은 각각 150만 명을 잃었다. 프랑스가 인구가 더 적으니 손실도 더 심각했다. 대영제국은 거의 100만 명을 잃었고, 영국에서만 75만 명을 잃었다. 러시아는 아마도 다른 모든 나라의 전사자를 합한 것만큼 잃었을 것이다. 미국의 손실은 매우 적었다. 8만8천 명뿐이었다. 게다가 이보다 더 많은 사람들이 전쟁으로 불구가 되었다. 전쟁의 손실이 너무 엄청나 믿을 수 없을 정도였다. 그러나 이러한 손실이 영속적인 상처를 남기지는 않았다. 전쟁 중의 손실에도 불구하고 어느 나라도 강대국의 대열에서 완전히 떨어져나가지 않았다. 프랑스가 거의 그럴 뻔했지만 말이다. 잔혹하게 들릴지 모르지만, 세계사의 다른 어느 때보다 전쟁 수행을 위해 젊은 남성들을 많이 떼어둘 수 있었다.

물질적인 파괴는 훨씬 더 일시적이었다. 그 시대 사람들은 이마저도 두려워했지만 비교적 작은 규모였다. 유럽 지도를 펴놓고 보면 파괴된 지역은 아주 작은 점으로 보인다. 북동부 프랑스, 폴란드와 세르비아의 여러 지역, 이탈리아의 외딴 지역이었다. 이와 반대로, 잘 드러나 보이지 않지만 전쟁으로 인해 탄생한 새로운 산업 자원이 있었다. 파괴된 모든 것은 상대적으로 짧은 기간 안에 제대로 돌아왔다. 곧 대규모 전쟁이 언제 있었냐 싶을 정도로 알아보기 힘들었다. 대부분의 나라들은 1923년에 이르러 전쟁 전의 생산량을 넘어섰다. 소련조차도 1927년까지 1913년의 수준에 도달했다. 전쟁이 끝났을 때, 경제학자 케인즈John Maynard Keynes 같이 멀리 앞을 내다보는 사람들은 장래의 크나큰 문제가 전반적인 빈곤일 것이라 생각했다. 그 사람들은 생산력이 계속해서 감소되고 있다고 생각했다. 그러나 10년이 채 못 되어 오히려 과잉생산이 인류의 커다란 문제가 되었다. 전쟁은 경제적 자원을 무력하게 만들기는커녕 너무 많이 촉진시켜 놓

사진213 종전 시 솜므의 기차역.

사진214-215
런던에서의 승전 축하 행진,
1919.

(왼쪽 위) **사진216** 사회 불안을 겪는 프랑스, 1921.

(왼쪽 아래, 오른쪽) **사진217-218** 런던에서의 총파업, 1926.

사진218 그다지 민주적이지 못한 나라의 민주적인 지도자 미하이 카로이:
헝가리의 대통령임이 선포되다, 1918년 11월.

았다. 경제적인 면에서 전쟁이 가장 심각한 타격을 가한 곳은 생산력
이 아니라 인간의 마음이었다. 금융의 안정성을 제공하던 구체제가
흔들려서 다시는 회복되지 못했다. 통화 가치의 하락, 배상, 전쟁 부
채, 이러한 것들이 — 광산이나 공장 같은 실물 경제와는 동떨어진
머릿속의 일들일 뿐인데 — 전간기에 짙게 드리워진 거대한 그림자
들이었다. 그럼에도, 유럽에서 생활수준은 그 어느 때보다 높았다.

　　1919년 사람들은 경제적 재난만큼 사회적 대격변이 있을 거
라 예상했다. 그들은 "볼셰비즘"이 유럽을 휩쓸까 봐 두려워했다. 극
소수의 몇몇 사람들은 그러길 바랐다. 공포와 소망은 둘 다 어긋났
다. 헝가리에 있던 소비에트 공화국은 단명했고, 바이에른에 있던 것
은 훨씬 더 빨리 사라졌다. 이 두 곳을 제외하면 볼셰비즘은 소련 국
경을 넘어오지 않았다. 유럽에는 사유 재산과 자본주의 체제가 유지
되었다. 동유럽의 지체 높은 귀족들이 영지를 잃었는데 대개 보상을

받았다. 그렇지만 폴란드, 헝가리, 독일 동부의 귀족들은 나라를 떠났다. 변화는 엄격하게 정치적인 것에 머물렀고, 규모도 제한적이었다. 전쟁 전에는 유럽에서 공화국이 프랑스 단 하나뿐이었다. 혹은 1908년 이후에 스위스와 포르투갈을 합해 셋이라 할 수 있었다. 전후에는 유럽에 왕국보다 공화국이 더 많아졌다. 전쟁 전 유럽에는 네 개의 제국이 있었는데, 전쟁 후에는 하나도 남지 않았다. 합스부르크 제국이 민족 국가들로 쪼개졌고, 오스만제국의 중심 지역이 민족국가인 터키로 다시 태어났으며, 러시아와 독일은 다소 축소되어 살아남았지만, 어쨌든 명칭으로는 제국이 아니었다. 영국 국왕이 인도 황제의 자격으로 세계에서 유일하게 남은 황제였는데, 이 칭호마저도 앞으로 한 세대만 지나면 사라질 것이었다. 이 모든 일이 민주주의의 승리를 보여주는 듯했다. 몇 년 안에 이러한 민주주의 국가들은 독재 국가가 되었다. 사람들은 종종 이 때문에 전쟁이 일어났다고 비난했다. 아마도 부당한 비난일 것이다. 이전 지배 계급의 권위가 무너진 것이 오래전부터였고, 그러한 계급이 사라졌을 때 민주주의와 독재 정권이 그 빈 자리를 채웠다고 보는 것이 옳다. 전쟁은 기껏해야, 어쨌든 일어나고 있던 일을 앞당겼을 뿐이다.

제1차 세계대전은 근본적으로 독일을 어떻게 해야할지의 질문이 일어나도록 시동을 걸었다. 연합국은 독일을 억제하기 위해 싸웠고, 독일인들은 자신들의 경제력에 걸맞는 정치적 지배력을 얻기 위해 싸웠다. 전쟁은 독일 "문제"의 해결에 아무것도 기여한 바가 없었다. 반면 전쟁의 결과, 문제 해결은 그 어느 때보다 어려워졌다. 독일은 통일된 단위로 남아 있고, 민족적 자긍심이 있으며, 강대국이 되기 위한 자원을 모두 보유하고 있었다. 독일에 부과된 제한들은,

1919년의 전승국들이 새로운 노력을 들여 부과하지 않는다면, 일시적일 수밖에 없었다. 더욱이, 세력 균형이 독일에 유리한 쪽으로 이동했다. 전쟁 전에는 독일이 다섯 개의 유럽 강대국 중 하나였지만, 이제 셋 중 하나이고, 분명히 다른 강대국들보다 앞서 있었다. 어쩌면, 이전에도 오스트리아–헝가리제국이 독일을 견제하는 역할이 아니라 위성국의 역할을 했는지도 모른다. 하지만 러시아가 동쪽에서 균형을 이루고, 서쪽의 프랑스를 강화했었다. 이제 사라진 러시아는 문명국 간의 정치에서 영향력이 없었다. 이탈리아는 사실상 중요하지 않았다. 프랑스가 남아 홀로 독일과 균형을 이루었다. 만일 두 앵글로–색슨 국가들이 전시에 이루었던 공동의 전선을 평시에도 지속했다면 상황이 달라졌을지 몰랐다. 그러나 이런 일은 일어나지 않았다. 영국은 한 번의 대규모 전쟁에서 싸우고 나자, 또 다른 대규모 전쟁이 일어나면 싸우지 않겠다고 결심했다. 그들의 유일한 관심은 독일과 프랑스를 화해시키는 것이었고, 이는 사실상 프랑스의 희생으로 독일에게 양여를 주는 것을 의미했다. 미국인들은 이보다 더 했다. 그들은 윌슨이 이루어 놓은 일을 부인하고 다시 고립으로 돌아갔다. 새로운 어려움이 발생하자, 스스로는 아무 일도 하지 않으면서 다른 이들을 비난하기만 한 것이 그들의 유일한 공헌이었다.

전쟁이 끝난 직후에는, 이러한 실제적인 어려움들에 의미가 별로 없어 보였다. 강화조약을 성립시킨 사람들이 독일 문제를 해결하는 데 실패했지만, 특히 윌슨을 비롯해 그들 중 몇몇은 자신들이 전쟁 자체라는 더 중대한 문제를 해결했다고 생각했다. 앞으로 국제연맹이 전쟁에서 세계를 구할 것이라 기대되었다. 국제연맹은 미국인들이 참여를 거부해 처음부터 큰 타격을 받았다. 사람들이 나중에

주장한 것만큼 강한 타격은 아니었을지 모르지만 말이다. 하지만 제
네바에서 영국이 취한 정책, 더욱이 영국 자치령들이 보인 자기본위
의 정책에 비추어보면 미국이라는 또 하나의 앵글로–색슨 국가가
참여한다고 해서 국제연맹을 공격에 대항하는 효과적인 수단으로
만드는 데 큰 도움이 되지 않을 것이었다. 국제연맹의 회원국들은 해
가 지나면서 두 가지 커다란 어려움에 봉착했다. 첫 번째 문제는 다
음과 같았다. 평화를 위한 올바른 길이 무엇인가? 현재의 결정사항
을 지켜내는 것인가 아니면 수정하는 것인가? 정치가들이 단호해야
하는가 아니면 유화적이어야 하는가? 정치가들은 대항을 택해야 하
는가 아니면 유화정책을 택해야 하는가? 그들은 두 가지를 차례로
택했는데, 분명히 잘못된 시점이었다. 두 번째 어려움은 훨씬 더 깊
은 간극을 만들었다. 국제연맹은 평화를 확보하기 위해 존재했다. 평
화를 달성하기 위해 어떻게 전쟁으로 갈 수 있다는 말인가? 사람들

사진219 터키의 국부가 되어가는 케말(아타튀르크)Mustafa Kemal Atatürk.

사진220 국제연맹 이사회의 첫 회의, 1920: 이상이 실행에 옮겨지다.

은 제1차 세계대전이 끝난 후 전쟁이 다시는 없을 거라는 말을 들었다. 이후로 이 약속이 지켜지기 위해서는 다시 싸울 준비가 되어 있어야 한다는 말을 들었다. "집단안보"가 1930년대의 표어였다. 같은 의미의 또 다른 말은 "영속적인 평화를 위한 영속적인 전쟁"이라 할 수 있었다. 국제연맹은, 다른 국제 체제와 마찬가지로, 국가들이 평화를 지속하기를 원하는 한 평화로운 상호관계를 이룰 수 있는 그런대로 나쁘지 않은 기제를 제공했다. 주권국가로 이루어진 세계에서 그 이상을 기대할 수는 없었다.

　　제1차 세계대전은 유토피아를 만들어내지 못했다. 태초부터 인간이 이를 위해 기울여온 모든 노력과 다르지 않은 운명이었다. 좀 더 현실적인 차원에서, 제1차 세계대전은 치른 대가는 분명히 과도했지만 오히려 대부분의 전쟁보다 결과가 좋았다. 합스부르크제국의 신민들이 민족적 자유를 얻었고, 오스만제국의 일부 신민들이 같은 길을 걷게 되었다. 전쟁은 독일의 유럽 지배를 늦추었다. 어쩌면 막아낸 것인지도 모르겠다. 가장 실제적인 전쟁 목적은 완벽하게 이루어졌다. 벨기에가 해방되었다. 벨기에인들은 국왕으로부터 아래에 이르기까지 순수하게 영웅주의적인 동기에서 전쟁을 수행한 유일한 국민이었다. 그리고 운명이 그들의 옳음을 밝혀주게 된 것은 그들이 받아야 할 당연한 대가였다.

모든 나라에서 대다수의 사람들이 스스로 다 이해할 수 없는 이타적인 목적들을 위해 헌신했고 고초를 겪었다. 그들 가운데 많은 이들이 자기 나라의 이익 또한 원했다. 그러나 그들은 모두 더 나은 세계를 원했다. 루덴도르프는 영국 병사들을 두고 "당나귀들이 이끄는 사자들"이라고 말했다. 이 모습은 영국인들에게만 해당되는 것도 아니고, 병사들에게만 해당되는 것도 아니었다. 모든 국민이 한 배를 타고 있었다. 전쟁은 장군들과 정치가들의 능력을 벗어나 있었다. 클레망소는 "전쟁은 너무 중대한 일이라 장군들에게 맡길 수 없다"고 말했다. 경험은 또한 전쟁이 너무 중대한 일이라 정치가들에게 맡길 수 없음을 보여주었다.

사진 출처

이 책에 사진을 게재하도록 허락해주신 모든 분들께 감사의 말을 전한다.

- 출처는 다음과 같은 약어로 표시했다.

  IWM *Imperial War Museum*

  BM *The British Museum*

  RTHPL *The Radio Times Hulton Picture Library*

  GC *The Gernsheim Collection*

  CP *Camera Press*

  AN *Associated Newspapers*

  UB *Ullstein Binderdienst*

- 사진은 번호로 구분하여 수록 순서에 따라 정리했다.

1장

사진1 프란츠 페르디난트 대공과 부인.

Bildarchiv d. Osterreicher Nationalbibliothek

사진2 헤르체고비나의 모스타르에서 있었던 프란츠 페르디난트의 군대 검열.

Bildarchiv d. Osterreicher Nationalbibliothek

사진3 체포당하는 가브릴로 프린치프. *GC*

사진4 사촌 간에 함께 말을 타는 독일 황제 빌헬름2세 와 영국 국왕 조지5세.

P. A. -Reuter

사진5 1914년 8월 1일 베를린에서의 전쟁 선포

UB/ Bapty & Co. Photo Archives

사진6 진용을 갖추지 못한 오스트리아군. *Bapty & Co. Photo Archives*

2장

362

3장

사진90	브리앙.	*Collection Viollet*
사진91	페탱 원수와 베르됭의 프랑스 장군들.	*Collection Viollet*
사진92-93	베르됭 요새의 프랑스 병사들.	*RTHPL*
사진94	독일의 것이었다가 프랑스의 것이 된 참호.	*Collection Viollet*
사진95	베르됭을 타격하는 독일의 포.	*Sudd. Verlag Bild-Archiv*
사진96	부상당해 누운 브루실로프 장군.	*RTHPL*
사진97	전선으로 이동하기를 기다리는 솜므의 영국 병사들.	*CP*
사진98	솜므에서 탈취한 독일 참호에 자리를 잡는 영국 병사들.	*IWM*
사진99	돌파를 위해 대기하는 영국 기병.	*IWM*
사진100	야간 사격.	*RTHPL*
사진101	솜므의 영국군.	*CP*
사진102	운하의 다리를 건너는 영국군.	*IWM*
사진103	전투가 지나간 후의 솜므.	*RTHPL*
사진104	솜므에서 영국의 운송수단.	*CP*
사진105	곤경에 처한 초기 전차.	*IWM*
사진106	주력함 아이언듀크 호 위의 젤리코.	*IWM*
사진107	쉐어 제독.	*IWM*
사진108	교전 중인 독일 함대.	*UB*
사진109	먹을거리를 찾아 쓰레기더미를 뒤지는 베를린의 여성들.	
		Bettmann Archive
사진110	독일 총을 아일랜드로 몰래 운반하는 영웅들.	*Gael Linn*
사진111	아직은 사람들을 움직이지 못한 구호.	*Gael Linn*
사진112	영국의 통치가 확립된 아일랜드.	*P. A.-Reuter*
사진113	바리케이드를 치고 지키는 더블린의 공화주의자들.	*GC*
사진114	힌덴부르크선.	*Paul Popper*
사진115	루마니아에서 승리한 팔켄하인.	*IWM*
사진116	부쿠레슈티의 한 교회를 나서는 육군원수 마켄젠.	*IWM*
사진117	불붙은 원유로 연기에 덮인 콘스탄차.	*RTHPL*
사진118	승리의 비책이 있다고 생각한 니벨 장군.	*RTHPL*
사진119	최고 권력을 향해 가는 로이드 조지와 처칠.	*RTHPL*
사진120	베를린에서 연설하는 카를 리프크네히트.	*UB*

4장

5장

6장

인물 소개

ㄱ

갈리에니, 조제프Joseph Gallieni 1849~1916 프랑스의 장군. 프랑스의 식민지 공략과 운영에 기여했으며, 제1차 세계대전 발발 직전 복귀해 파리 방위군 사령관을 맡았다. 마른강 전투에서 독일군을 저지해 공을 세웠고 1915년 10월 전쟁상이 되었으나 건강 문제로 1916년 3월 물러났다.

그레이, 에드워드Edward Grey 1862~1933 영국의 정치가. 외상(1905~1916)에 있으면서 영국-프랑스 협상 노선을 견지해 독일의 세계정책에 대항했으며 전쟁이 일어나자 연합국의 단결을 위해 노력했다.

그뢰너, 빌헬름Wilhelm Groener 1867~1939 독일의 장군, 정치가. 독일 일반참모부에서 철도 수송을 맡았고 제1차 세계대전 중 전쟁성 설치에 기여했으며, 전쟁이 끝나기 직전인 1918년 10월에 루덴도르프에 이어 제1병참감을 맡았다. 전후에는 에베르트에 협력해 사회를 안정시키는 역할을 했고, 퇴역 후 체신상, 국방상, 내무상을 역임했다.

기요마, 아돌프Adolphe Guillaumat 1863~1940 프랑스의 장군. 제1차 세계대전 발발 후 서부전선에서 사단, 군단을 지휘하다가 니벨이 서부전선 최고 사령관이 되자 프랑스 제2군 사령관이 되었다. 1917년 12월에 테살로니키에 보내졌다가 1918년 6월 파리가 위태로워졌을 때 소환되었다.

ㄴ

노스클리프, 알프레드 함스워스Alfred Harmsworth, Viscount Northcliffe 1865~1922 영
국의 언론인. 자수성가해『데일리 메일Daily Mail』,『데일리 미러Daily Mirror』등을
소유했고 1908년에는『더타임즈the Time』도 인수했다. 제1차 세계대전 때 자신
소유의 매체를 통해 여론에 영향을 주었는데 1915년 포탄 스캔들을 공격하고
1918년 적국에 대한 선전 활동을 주도했다.

니벨, 로베르Robert Georges Nivelle 1856~1924 프랑스의 장군. 제1차 세계대전 시
서부전선에서 싸우다가 1916년 5월 페탱의 뒤를 이어 베르됭 지역 사령관이 되
었고 10월에 공격을 성공시켜 12월에는 조프르의 뒤를 이어 서부전선 총사령관
이 되었다. 공세가 수많은 사상자만 남기고 성공을 거두지 못하자 1917년 4월말
경질되었다.

니콜라이 2세Nikolay II, Nikolay Aleksandrovich 1868~1918 러시아의 황제. 1894년 알
렉산드르 3세에 이어 황제가 되었다. 19세기 말, 20세기 초반 러시아의 정치적,
사회적 혼란을 강압적인 전제정치로 억누르다가 제1차 세계대전의 장기화로 국
정이 파탄 지경에 이르러 1917년 2월 혁명으로 퇴위하게 되고 1918년 7월 적군
에 의해 온가족이 총살되었다.

니콜라이Nikolay Nikolayevich 1856~1929 러시아의 귀족, 장군. 제1차 세계대전에
서 러시아군 총사령관이 되어 동부전선에서 싸웠다. 1915년 황제 니콜라이 2세
가 직접 총사령관이 되어 니콜라이 대공은 코카서스에서 싸웠다. 전후 프랑스로
망명했다.

ㄷ

단눈치오, 가브리엘레Gabriele D'Annunzio 1863~1938 이탈리아의 문인. 19세기 말
20세기 초에 시, 소설, 희곡 등 다양한 장르의 글을 썼고, 제1차 세계대전이 발발
하자 이탈리아의 참전을 부르짖고 참전 후 자신도 공군에서 복무했다. 전후에
는 정치활동을 활발하게 벌여 강화 조건에 반대해 피우메 시를 점령하기도 했고,
민족주의적인 우파 선동에 앞장섰다. 그의 선동이 파시스트 정권 수립에 기여해
예우를 받으나 정치 무대에서 점차 잊혀졌다.

데 발레라, 에몬Eamon de Valera 1882~1975 아일랜드의 정치가. 1913년 아일랜드 의용군에 가담해 1916년 부활절 봉기에 참여했다. 봉기 실패 후 미국 시민권자로 총살형을 피해 징역형을 받았고 1917년 10월 복역 중 신페인당의 당수로 선출되었다. 1919년 탈옥해 아일랜드 독립전쟁을 치렀고 전권대표로 영국과 협상했다. 여러 차례 수상을 역임했고 1959년부터 1973년까지 대통령으로 있었다.

데스페레, 프랑셰Franchet D'esperey 1856~1942 프랑스의 육군 원수. 제1차 세계대전이 발발하자 서부전선에서 군단 사령관, 이어 집단군 사령관으로 지휘했고, 1918년 5월 마케도니아로 배속되어 9월에 승리를 이루어내 불가리아를 전쟁에서 내보내고 계속해서 다뉴브 강으로 진격해 독일군의 붕괴와 헝가리군의 항복을 이끌어냈다. 전후 원수로 진급했다.

델카세, 테오필Théophille Delcassé 1852~1923 프랑스의 정치가. 1898~1905년에 외상으로 있으면서 영국과 화해 분위기를 조성했고 러시아와 관계를 굳게 만들었다. 이후 해군상(1911~1913), 외상(1914~1915)을 지내면서 이러한 성과를 바탕으로 새로운 동맹 체제를 수립했다.

드 로벡, 존John de Robeck 1862~1928 영국의 해군 제독. 제1차 세계대전이 발발하자 동부 지중해에 배속되어 갈리폴리 전역에 참여했다. 전후 지중해함대 사령관, 대서양함대 사령관 등을 지냈다.

디아즈, 아르만도Armando Diaz 1861~1928 이탈리아의 장군. 카도르나 참모총장 밑에서 제1차 세계대전의 전역을 수행했으며 카포레토 전투 패배에 책임을 지고 물러난 카도르나의 뒤를 이어 참모총장으로 종전까지 전쟁을 치렀다.

ㄹ

라덱, 카를Karl Radek 1885~1939? 갈리치아 태생의 유대인 혁명가. 폴란드, 리투아니아, 독일, 러시아 등지에서 국제 공산주의 운동에 참여했으며 레닌과 교류했고 특히 1917년 2월혁명 후 레닌이 귀국할 때 동행했다. 1918년 독일 혁명 때 소련 공산당 중앙위원회의 대표로 독일 공산당 재건을 도왔으며 체포, 복역 후 소련으로 돌아가 활동하다가 대숙청 때 사망한 것으로 알려져 있다.

라테나우, 발터Walther Ratenau 1867~1922 독일의 유대계 정치가. 독일 기업 AEG 창업자의 아들로 산업계에서 일했고 제1차 세계대전이 발발하자 전쟁성에 군수

물자 생산을 위한 원자재 관리의 필요성을 권고하고 부서 설치 후 1915년 3월까지 책임을 맡았으며 이후로도 전시 경제가 돌아갈 수 있도록 정부와 산업계를 오가며 일했다. 전후 바이마르 공화국에서 1921년 요제프 비르트 내각의 재건상, 1922년 제2차 비르트 내각에서 외상을 맡아 특히 1922년 4월 소련과 라팔로 조약을 성사시켰는데 두 달 뒤 극우주의자에게 살해되었다.

랜즈다운, 핸리 페티- 피츠모리스 Henry Petty-Fitzmaurice, 5th marquess of Lansdowne 1845~1927 영국의 정치가. 1866년 자유당 소속으로 하원에 들어가 캐나다 총독, 인도 부왕 등을 지내고 1900년부터 1906년까지 외상을 지냈다.

러셀, 버트란드 Bertrand Russell 1872~1970 영국의 철학자. 수학, 논리학을 바탕으로 20세기 철학의 주류인 분석철학의 기초를 놓았다. 역사, 사회개혁, 평화 등 많은 주제로 글을 써 1950년 노벨문학상을 수상하기도 했다. 제1차 세계대전 때 반전운동가로 활동해 대학에서 해임되고 벌금형과 징역형을 받기도 했다.

런시먼, 월터 Walter Runciman 1870~1949 영국의 정치가. 해운업 가문 출신으로 1899년 자유당원으로 하원의원이 되어 교육상, 농업상, 국제해운회의 의장을 역임했다. 제1차 세계대전 때 특히 상무위원회 의장으로 징집을 비롯해 경제 자원을 모두 투입하는 총력전에 반대했다. 1938년 체코 위기에 중재자로 프라하에 파견되었다.

레닌, 블라디미르 Vladimir Lenin 1870~1924 러시아의 혁명가, 소련의 정치가. 마르크스주의자로 19세기 말 20세기 초의 러시아 정국에서 유배, 망명, 귀국을 반복하다가 1917년 10월 혁명 때 페트로그라드에 잠입해 볼셰비키 정권 창출에 성공했다. 독일과 브레스트 리토프스크 조약을 맺어 제1차 세계대전에서 빠져나왔고 뒤이은 내전에서 반혁명 세력을 저지했다.

레데부어, 게오르크 Georg Ledebour 1850~1947 독일의 정치가. 사회민주당원으로 의회에 들어가 중도좌파를 견지했으나 전쟁에 반대해 사회민주당이 분열했을 때 독립사회민주당을 이끌었다. 1919년 1월 리프크네히트와 베를린 봉기를 일으켰으나 실패했고, 바이마르 의회에서 일하다가 히틀러 집권 후 독일을 떠났다.

로, 보너 Andrew Bonar Law 1858~1923 영국의 정치가. 1911년 밸푸어의 후임으로 보수당 당수가 된 뒤 애스퀴스의 연립내각에서 식민상으로 로이드 조지의 전시내각에서 재무상으로 일했다. 1922년 10월에 로이드 조지를 실각시키고 보수당 단독 내각을 탄생시켰으나 이듬해 5월에 건강을 이유로 사임했다.

로린슨, 헨리 Henry Rawlinson 1864~1925 영국의 장군. 제1차 세계대전이 발발하자 제4군을 지휘해 벨기에군을 도왔고 솜므강 전투, 힌덴부르크선 돌파 등에 참여했다.

로버트슨, 윌리엄William Robertson 1860~1933 영국의 육군 원수. 제1차 세계대전이 발발하자 영국원정군의 병참감이었다가 1915년 1월 존 프렌치경의 참모장이 되었고, 그해 12월 제국총참모장이 되어 1918년 2월까지 전쟁을 지휘했다.

로이드 조지, 데이비드David Lloyd George 1863~1945 영국의 정치가. 1890년에 자유당 소속으로 의회에 진출한 후 애스퀴스 내각에서 재무상, 군수상, 전쟁상을 지내다가 1916년에 보수당과 연합해 애스퀴스를 밀어내고 수상이 되었다. 1922년까지 수상으로 있으면서 제1차 세계대전을 승리로 이끌었고, 전후에는 프랑스의 현실적인 안보정책과 미국의 이상주의적 유럽정책을 조화시키려 애썼다. 1918년 이후로는 보수당 세력과 충돌했으며 1922년에 보수당이 연립내각에서 탈퇴함으로써 실각했다. 이후 자유당 당수(1926~1931)를 맡았고 1945년까지 하원에 남아 있었다.

루덴도르프, 에리히Erich von Ludendorff 1865~1937 독일의 장군. 제1차 세계대전에서 힌덴부르크와 함께 탄넨베르크 전투 승리로 영웅이 되어 실권을 잡았다. 휴전 후 스웨덴으로 일시 망명했다가 극우 운동에 참가해 나치당과도 관련을 맺었으나 곧 결별했다.

리보, 알렉상드르Alexandre Ribot 1842~1923 프랑스의 정치가. 네 차례 수상을 지냈다. 법학을 공부하고 법무성에서 일했으며 1878년 하원의원이 되었다. 외상(1890~1892)과 수상(1892~1893)으로서 러시아와의 관계를 개선했으며, 제1자 세계대선 내는 수상, 법무상, 새무상 등을 지내며 내긱에 있었다.

리프크네히트, 카를Karl Liebknecht 1871~1919 독일의 혁명가. 1912년 사회민주당원으로 제국의회에 들어갔으나 정부와 사회민주당 주류에 반대해 제국주의 전쟁을 계급 전쟁으로 전환할 것을 주장했다. 로자 룩셈부르크 등과 함께 스파르타쿠스 연맹을 만들었고 1919년 봉기를 일으켰으나 자유군단이라는 의용군에 의해 로자 룩셈부르크와 함께 살해당했다.

마리네티, 필리포Filippo Tommaso Marinetti 1876~1944 이탈리아의 문인. 1909년 2월 프랑스 신문 『르피가로Le Figaro』에 「미래파 선언」을 게재하며, 전통과 단절하고 근대 문명의 역동성을 포착하고자 하는 미래파 운동을 시작했다. 제1차 세계 대전의 발발에 환호하며 이탈리아의 참전을 부르짖었고 전후 파시스트 정권에도 가담했다.

마사리크, 토마슈Tomáš Garrigue Masaryk 1850~1937 체코슬로바키아의 정치가, 철학자. 프라하 대학의 교수로 자치운동 및 독립운동을 주도했고 초대 대통령 (1918~1935)을 맡았다.

마켄젠, 아우구스트August von Mackensen 1849~1945 독일의 육군 원수. 제1차 세계대전 시 서부 갈리치아에서 독일과 오스트리아-헝가리군이 연합한 제11군을 지휘해 1915년 5월 골리체 돌파를 이루어냈다. 이후로도 세르비아를 무너뜨리고 루마니아를 점령하는 등 많은 성공을 거두었다.

막스, 바덴 공Max(imilian) von Baden 1867~1929 독일의 귀족, 재상. 제1차 세계대전 발발 이후 적십자 사업을 비롯해 인도주의 활동을 하다가 연합국과의 휴전을 위해 위로부터의 자유주의 개혁을 원한 군부와 빌헬름 2세에 의해 1918년 10월 재상이 되었다. 빌헬름 2세의 퇴위와 함께 한 달 만에 재상에서 물러났다.

망투, 폴Paul Mantoux 1877~1956 프랑스의 역사학자. 런던 대학의 프랑스 문명사 교수로 일하다가 제1차 세계대전에서 통역 업무를 맡게 되었고 연합국 최고회의와 파리강화회의의 통역을 맡았다.

맥닐, 어인Eoin John MacNeill 1867~1945 아일랜드의 정치가. 게일어 연맹을 창설하고 아일랜드 역사를 가르치는 교수로 활동을 하다가 정치활동에 가담해 아일랜드 의용군의 참모총장이 되었다. 1916년 부활절 봉기를 계획했다가 취소 명령을 내렸고, 체포되었다가 1917년 출옥했다. 이후 아일랜드 자유국 교육상 (1922~1925)으로 일했다.

맥도널드, 램지James Ramsey MacDonald 1866~1937 영국의 정치가. 노동당의 설립자 중 한 명으로 1906년 하원에 들어가 1911년 키어 하디의 뒤를 이어 당수가 되었다. 1924년과 1929년 두 차례에 걸쳐 노동당 내각의 수상이 되었고 1931년에는 거국내각을 성립시켰다.

맥케나, 레지널드Reginald McKenna 1863~1943 영국의 정치가. 자유당원으로

1895년 하원 의원이 되어 교육상, 해군상 등을 맡았고 제1차 세계대전이 발발했을 때는 내상으로, 1915년 5월부터 1916년 12월까지 재무상으로 일했다.

먼로, 찰스Charles Monro 1860~1929 영국의 장군. 제1차 세계대전 발발 시 헤이그 휘하 제1군단에서 2사단장을 맡았다. 1915년말에는 갈리폴리로 파견되어 키치너에게 철수를 조언했다. 이후 서부전선과 인도에서 싸웠다.

모내시, 존John Monash 1865~1931 오스트레일리아의 장군. 제1차 세계대전 때 1915년에는 다르다넬스에서 보병 여단을, 1916~1917년에는 서부전선에서 사단을 지휘했다. 1918년 3월부터 서부전선에서 오스트레일리아군단들을 지휘했다.

몰트케, 헬무트Helmuth von Moltke 1848~1916 독일의 장군. 1905년 슐리펜에 이어 참모총장을 맡아 제1차 세계대전을 맞았다. 슐리펜 계획을 실제 상황에 맞게 운용했지만 파리 공략에 실패하고 팔켄하인에게 자리를 물려주었다.

무솔리니, 베니토Benito Mussolini 1883~1945 이탈리아의 정치가. 사회주의 운동을 하다가 제1차 세계대전 후 파시스트당을 설립하고 1922년에 쿠데타로 정권을 잡았다. 에티오피아 침공과 에스파냐 내전 간섭 등 팽창 정책을 취하는 한편 독일과 추축을 결성하고 반코민테른 협정에 가입하며 파시즘 진영을 형성했다. 히틀러의 요청으로 제2차 세계대전에 참전했으나 패전을 거듭하다 1943년 7월에 연합국의 시칠리아 상륙으로 실각해 유폐되었다. 그해 9월에 독일군에게 구출되어 괴뢰정권을 세웠으나 1945년 4월에 반파쇼 의용군에게 체포되어 사살되었다.

미카엘리스, 게오르크Georg Michaelis 1857~1936 독일의 정치가. 프로이센의 행정관리로 일하다가 제1차 세계대전 때 제국식량처를 맡았다. 1917년 7월 베트만-홀베크의 퇴진으로 재상이 되어 같은 해 11월까지 군부에 의지해 내각을 운영했다.

밀너, 앨프리드Alfred Milner 1854~1925 영국의 정치가. 철저한 제국주의자로 남아프리카 식민지 총독으로 있으면서 보어 전쟁의 발발에 일조했다. 제1차 세계대전 때는 로이드 조지의 전시 내각에 참여했다.

바르뷔스, 앙리Henri Barbusse 1873~1935 프랑스의 소설가. 제1차 세계대전 시 프랑스 병사들의 삶을 그린 소설『포화』를 1915년에 발표해 다음 해 공쿠르상을 받았다. 이후 러시아 혁명에 동조해 러시아에 이주해 활동하며 공산주의와 평화주의 운동에 헌신했다.

바텀리, 호레이쇼Horatio Bottomley 1860~1933 영국의 언론인, 정치인으로『파이낸셜 타임즈*Financial Times*』를 비롯해 많은 종류의 신문과 잡지를 발간했다. 하원에도 진출했고, 제1차 세계대전 때는 많은 대중 집회에서 연설하고 모금했다.

밸푸어, 아서Arthur James Balfour 1848~1930 영국의 정치가. 보수당원으로 1874년 의회에 들어와 디즈레일리 내각, 솔즈베리 내각에 참여했고, 1902년 솔즈베리 경의 사퇴로 수상직을 이어받아 1905년까지 자리에 있었다. 1911년까지 보수당을 이끌었고, 전시 연립 내각에서 해군상, 외상을 맡았다. 1917년 2월 외상으로서 영국에 거주하는 유대인의 대표격인 라이오넬 월터 로스차일드에게 팔레스타인에 유대인의 국가를 약속하는 공식 편지를 보내는 이른바 "밸푸어 선언"을 했다. 전후에는 두 차례 추밀원의장을 지냈다.

버컨헤드, 프레더릭 스미스Frederick Edwin Smith, 1st Earl of Birkenhead 1872~1930 영국의 정치가. 1906년 하원의원이 된 후 제1차 세계대전 때 애스퀴스 내각에서 법무차관, 법무상을 지냈고 로이드 조지 내각에서 대법관을 역임했다.

베르히톨트, 레오폴트Leopold, Graf von Berchtold 1863~1942 오스트리아-헝가리의 외교관으로 1906년부터 주러시아대사를 맡았고 1912년 2월에 외상이 되었다. 1914년 외상으로서 세르비아에 최후통첩을 내려 제1차 세계대전으로 가는 길에 역할을 했고 1915년 1월에 물러났다.

베트만-홀베크, 테오발트Theobald von Bethmann-Hollweg 1856~1921 독일의 정치가. 제국 내각의 내상 등을 거쳐 1909년 베른하르트 폰 빌로우의 뒤를 이어 독일제국의 재상이 되어 내정 개혁을 추진하고 영국과의 화해를 도모했으나 실패하고 제1차 세계대전을 맞았다. 1917년에 군부의 압력으로 실각했다.

빌로우, 베른하르트Bernhard, Prince von Bülow 1849~1929 독일의 정치가. 독일 외무성에서 경력을 시작해 주로마대사 등을 거쳐 1900년부터 1909년까지 독일제국의 재상을 지냈다. 빌헬름 2세 하에서 팽창정책을 진척시키는 데 큰 역할을 했다.

뷜로우, 카를Karl von Bülow 1846~1921 독일의 육군 원수. 제1차 세계대전이 발발하자 독일 제2군 사령관으로 제1군 사령관 클루크와 함께 서부전선에서 활약했으며 1915년 원수로 진급했다.

브루실로프, 알렉세이Aleksey Alekseyevich Brusilov 1853~1926 러시아의 장군. 제1차 세계대전이 발발하자 제8군의 사령관이 되어 갈리치아에서 활약했고 1916년 동부전선의 남부 사령관으로서 이른바 브루실로프 공세를 벌여 독일의 힘을 분산시켜 베르됭 전투를 치르고 있던 서유럽 연합국에게 큰 도움을 주었다.

브룩, 루퍼트Rupert Brooke 1887~1915 영국의 시인. 제1차 세계대전에 해군으로 참전해 다르다넬스로 향하던 중 병사했다. "Peace", "The Soldier"를 포함해 전쟁 중에 쓴 다섯 개의 소네트로 유명하다.

브리앙, 아리스티드Aristide Briand 1862~1932 프랑스의 정치가. 1909년 이래 11차례에 걸쳐 수상을 역임했다. 제1차 세계대전 후에는 국제연맹을 중심으로 국제협조주의와 집단안보체제의 확립을 추진했으며, 독일 배상 문제를 평화적으로 해결하려 노력했다. 외상(1925~32년)으로 재직하면서 1925년의 로카르노 조약을 주도했고, 1928년에는 정치적 수단으로서의 전쟁을 포기하자는 부전不戰 조약, 일명 켈로그-브리앙 조약을 성립시켰다. 1926년에 독일 외상 슈트레제만과 함께 노벨평화상을 수상했다.

비버브룩, 맥스 에잇켄Max Aitken, 1st Baron Beaverbrook 1879~1964 캐나다 출신의 영국 사업가, 언론인, 정치가. 캐나다에서 증권거래인으로 성공해 영국으로 이주해 1910년에 하원의원이 되었고 1916년에 신문『데일리 익스프레스Daily Express』소유를 시작으로『선데이 익스프레스Sunday Express』, 『이브닝 스탠다드Evening Standard』 등을 보유한 언론계의 거물이 되었다. 제2차 세계대전 시 윈스턴 처칠의 전시내각에 참여해 항공기 생산 장관, 군수상 등을 역임했다.

비비아니, 르네René Viviani 1863~1925 프랑스의 정치가. 1893년 사회주의 정당 소속 하원의원이 되어 노동상, 교육상을 지낸 뒤 1914년 6월 수상 겸 외상이 되었다. 8월 독일이 선전포고를 하자 외상을 사임하고 신성연합 정부를 구성했다. 1915년 수상에서 사임하고 법무상으로 1917년 3월까지 내각에서 일했다. 종전 후 국제연맹과 워싱턴 해군회의에 프랑스 대표로 참여했다.

비티, 데이비드David Beatty 1871~1936 영국의 해군 제독. 1916년 젤리코의 지휘 하에 유틀란트 해전에서 싸웠으며 이듬해 젤리코의 뒤를 이어 영국 대함대의 사령관이 되었다. 전후 해군 제1군사위원을 지냈다.

빌린스키, 레온Leon Bilinski 1846~1923 폴란드계 오스트리아의 정치가로서 오스트리아-헝가리 제국에서 중앙은행총재, 재무상을 역임한 후 제1차 세계대전이 끝나고 독립한 폴란드의 재무상이 되었다.

빌링, 노엘 펨버튼Noel Pemberton Billing 1881~1948 영국에서 항공 관련 사업을 하다가 하원의원을 역임했던 인물로 제1차 세계대전 당시 항공력을 건설할 것을 주장했다. 자신이 발간하는 잡지에 독일이 동성애에 관련된 영국인 4만7천 명의 명단을 갖고 있다는 기사를 실었던 소위 "베를린 블랙 북"사건으로 유명하다.

빌헬름 2세Wilhelm II 1859~1941 독일의 황제(1888~1918). 즉위하자마자 비스마르크를 해임하고 전제정치와 팽창정책을 실행했다. 제1차 세계대전 중 명목상으로는 최고사령관이었지만 1916년 이후 힌덴부르크와 루덴도르프에게 실질적으로 군권을 빼앗겼고, 1918년 혁명으로 퇴위해 네덜란드로 망명했다.

ㅅ

사라이, 모리스Maurice Sarrail 1856~1929 프랑스의 장군. 보수적인 군부에서 사회주의, 공화주의를 견지한 것으로 유명하다. 제1차 세계대전이 발발하자 서부전선에서 활약했으며, 조프르와의 경쟁으로 1915년 동부 지중해로 파견되어 연합국의 테살로니키 전역을 지휘했으며 클레망소가 집권한 1917년 말 해임되었다.

쇼, 조지 버나드George Bernard Shaw 1856~1950 아일랜드 태생의 문인. 비평과 희곡으로 명성을 쌓았으며 1925년에 노벨문학상을 수상했다. 제1차 세계대전 때 『전쟁에 관한 상식』이라는 소책자에서 영국 및 연합국에 독일만큼 책임이 있음을 주장해 논란을 불러왔다.

쉐어, 라인하르트Reinhard von Scheer 1863~1928 독일의 해군 제독. 제1차 세계대전 시 독일 대양함대의 전투전대를 이끌다가 1916년 대양함대의 지휘권을 넘겨받아 유틀란트 해전을 치렀다. 종전 전 몇 달 동안 해군참모총장으로 일했다.

슈페, 막시밀리안Maximilian von Spee 1861~1914 독일의 해군 제독. 제1차 세계대전 발발 시 동양전대를 지휘했다. 일본의 대독 선전포고로 중국 해역에서 남아메리카로 이동했는데 추격해온 영국 함대와 칠레 연안 코로넬과 포클랜드 제도에서 해전을 치르다 전사했다.

슐리펜, 알프레트Alfred von Schlieffen   1833~1913   독일의 육군 원수. 1891년부터 1906년까지 참모총장을 지내며 독일의 공격 계획인 슐리펜 계획을 수립했다.

스뮈츠, 얀Jan Smuts   1870~1950   남아프리카 공화국의 정치가. 남아프리카 연방 성립 후 국방상, 재무상 등을 역임했고 제1차 세계대전에서 동아프리카군 사령관, 영국 전시내각 각료로 활약했다. 전후에는 국제연맹을 발전시키고 독일을 포용할 것을 주장했다. 나중에 수상, 법무상을 지냈고, 제2차 세계대전 발발 후 다시 수상이 되어 영국을 도왔고 국제연합 창설에 공헌했다.

스미스-도리언, 호리스Horace Smith-Dorrien   영국의 장군. 제1차 세계대전 때 제2군단 사령관으로 몽스 전투, 르카토 전투 등에 참여했다. 제2차 이프르 전투에서 후퇴를 주장해 존 프렌치 사령관에 의해 해임되었다.

스탈린, 요시프Iosif Stalin   1879~1953   러시아의 혁명가, 소련의 정치가. 청년시절부터 혁명운동에 적극 가담해 레닌의 인정을 받아 1912년에 당 중앙위원이 되었다. 1917년 혁명 이후 민족인민위원이되어 소련 연방 결성에 힘썼고 내전에서는 혁명군사위원으로 활약했다. 이후 레닌의 후계자로 소련 공산당 서기장, 수상, 원수를 지냈다. 제2차 세계대전 직전 독일과 불가침 조약을 맺어 서유럽을 위기로 몰아넣었으나 독일의 소련 기습 이후 연합국과의 공동전선을 굳게 지켰다.

스톱포드, 프레더릭Frederick Stopford   1854~1929   영국의 장군. 제1차 세계대전이 발발했을 때 노장으로 런던타워의 부총독으로 일했는데 1915년 갈리폴리 전역으로 배속되어 이안 해밀턴을 도왔지만 상륙 후 돌파에 실패했고 곧장 소환되었다.

심스, 윌리엄William Sowden Sims   1858~1936   미국의 해군 제독. 군함 설계와 함포, 전술 등의 분야에 기여했다. 제1차 세계대전 때 유럽 수역의 미국 함대를 지휘해 영국 해군을 도왔고 호위함대 운영에도 큰 역할을 했다.

ㅇ

아데나워, 콘라트Konrad Adenauer   1876~1967   독일의 정치가. 독일연방공화국(서독)의 첫 수상으로 독일의 전후 복구와 대외 관계 정립에 노력했다. 1906년 쾰른 시의회에 발을 들였고 제1차 세계대전 중인 1917년 시장이 되어 1933년 나치당 집권 때까지 자리에 있었다. 이후 박해를 겪다가 1944년에는 강제수용소에 수감되었다. 잠시 쾰른 시장에 복귀하기도 했다가 1949년 기독민주당 당수가 되어 총선에서 바이에른 기독사회연합을 비롯한 다른 정당과 연립내각을 구성해 수상이 되어 1963년까지 수상직을 유지했다.

아피스Apis 1876~1917 본명은 드라구틴 디미트리예비치Dragutin Dimitrijević. 세르비아 군의 장교이자 "검은 손"으로 알려진 비밀 결사의 우두머리로 페르디난트 대공 시해를 꾸미는 데 큰 역할을 했다. 이후 대령으로 승진했으나 세르비아 수상 니콜라 파시치가 "검은 손" 결사를 제거함으로써 처형되었다.

알렌비, 에드먼드 Edmund Allenby 1861~1936 영국의 육군 원수. 제1차 세계대전 전에 기병대 검열총감으로 있다가 대전이 발발하자 기병사단과 제5군단을 이끌다가 영국 제3군 사령관이 되어 1917년 4월 아라스 전투에서 싸웠다. 이후 이집트원정군을 이끌며 예루살렘, 다마스쿠스, 알레포 등을 점령하며 공을 세웠다.

애디슨, 크리스토퍼 Christopher Addison 1869~1951 영국의 정치가. 의사 출신으로 1910년 자유당원으로 의회에 진출해 제1차 세계대전 동안 군수상, 전후복구상 등을 역임하고 1922년 노동당으로 당적을 옮겨 맥도널드 내각에서 농수산성 정무차관과 농수산상을 지냈다. 제2차 세계대전 후에는 상원 원내총무, 국새상서, 추밀원장을 역임했다.

애스퀴스, 허버트 Herbert Henry Asquith 1852~1928 영국의 정치가. 자유당원으로 1908년부터 1916년까지 수상을 맡았다. 1886년 의회에 진출해 1892년에는 글래드스턴 내각에 내무상으로 발탁되어 각료생활을 시작했고, 1905년에는 재무상이 되어 노령연금제도를 도입했다. 1908년부터 1916년까지 수상으로 있으면서 1911년에는 상원의 권한을 제한해 하원의 예산과 입법 결정에 관한 거부권을 폐지하는 의회법을 통과시켰고, 1914년부터 1916년 12월 로이드 조지에게 수상직을 넘겨줄 때까지 제1차 세계대전을 수행했다.

에르츠베르거, 마티아스 Mattrhias Erzberger 1875~1921 독일의 정치가. 1903년 제국의회에 들어간 이후 중앙당 좌파 계열의 지도자가 되었다. 제1차 세계대전 중에 타협을 통한 강화를 제안했고 독일의 민주적 개혁을 주장했다. 휴전협정단의 대표로 프랑스의 포슈 원수와 휴전협정을 조인했고 바이마르 공화국 샤이데만 내각에서 무임소장관, 바우어 내각에서 부수상 겸 재무상으로 일했다.

에베르트, 프리드리히 Friedrich Ebert 1871~1925 독일의 정치가. 노동자 출신으로 사회민주당원이 되어 노동조합이 역할을 하는 수정주의적이고 점진적인 사회주의를 내세웠다. 제1차 세계대전 발발 때 독일 정부의 정책을 적극 지지했고 종전 시에는 혁명보다 의회 민주주의 수립에 힘썼다. 1918년 11월부터 1919년 2월까지 잠깐 동안 수상을 맡았다가 바이마르 공화국 수립과 더불어 대통령이 되어 1925년 사망할 때까지 대통령직을 수행했다.

올란도, 비토리오Vittorio Emanuele Orlando   1860~1952   이탈리아의 정치가. 법학자로 명성을 쌓았고 1897년 의회에 진출했다. 교육상과 법무상을 지내고 1917년 이탈리아의 카포레토 전투 패배 후 수상이 되어 전쟁에 국가적 역량을 집중시켰다. 파리강화회의에서 처칠, 루스벨트, 클레망소와 함께 4인 회의를 구성했다.

웨미스, 로슬린Rosslyn Wemyss   1864~1933   영국의 해군 제독. 제1차 세계대전 시 다르다넬스 전역에서 상륙과 철수를 지원했고 1916년에는 동인도양-이집트 전대를 지휘했다. 1917년 12월 젤리코의 뒤를 이어 해군 제1군사위원이 되었다. 독일과 정전 협정을 조인할 때 영국 측 대표였다.

윌슨, 우드로Woodrow Wilson   1856~1924   미국의 학자, 정치가. 프린스턴 대학교 교수, 총장을 지내다가 민주당 소속으로 정계에 입문한 뒤 1912년에 대통령으로 당선되었다. 제1차 세계대전에서 중립을 내세웠으나 1917년 세계 평화와 민주주의를 내세워 참전했다. 1918년에는 14개 조항의 강화 원칙을 발표했으며 휴전 후 파리강화회의에 참석해 국제연맹을 비롯해 새로운 세계 질서 수립에 노력했다. 그러나 상원이 베르사유 조약의 비준을 거부함으로써 큰 타격을 입었다.

윌슨, 헨리Henry Wilson   1864~1922   영국의 육군 원수. 제1차 세계대전 전에 육군성의 군사작전 담당으로 영국의 프랑스 지원 계획을 수립했다. 참모차장 자격으로 서부전선에 파견되어 프랑스군과 협력했고 세4군단을 지휘하기도 했다. 1918년 2월 제국총참모장이 되어 1922년까지 자리에 있었다.

ㅈ

젤리코, 존John Jellicoe   1859~1935   영국의 해군 제독. 제1차 세계대전이 발발하자 스캐퍼 플로 항에서 대함대의 전투 준비를 갖추었고 유틀란트 해전에서 싸웠다. 1916년 11월 해군 제1군사위원이 되었으나 1917년 12월 웨미스에게 자리를 물려주었다.

조지 5세George V   1865~1936   영국의 국왕(1910~1936). 1910년 부친 에드워드

7세의 뒤를 이어 국왕이 되었고 제1차 세계대전 때 프랑스 전선을 수차례 방문해 영국군을 격려했다.

조프르, 조제프Joseph Joffre 1852~1931 프랑스의 육군 대원수. 1911년 참모총장이 되었고 제1차 세계대전이 발발하자 프랑스군의 총사령관으로 서부전선에서 싸웠다. 마른 강 전투에서 독일군을 막아내어 명성이 높아졌으나 이후 계속되는 실패로 결국 베르됭 전투를 끝으로 육군 대원수로 영진하는 방식으로 물러났다.

지노비예프, 그리고리Grigory Zinoviev 1883~1936 러시아의 혁명가, 소련의 정치가. 청년 시절부터 볼셰비키에 참여해 레닌과 함께 활동했고 2월혁명 후 함께 귀국했다. 카메네프와 함께 볼셰비키 집권 계획에 반대했으나 곧 코민테른 집행위원회 의장, 정치국원 등으로 일했다. 스탈린, 카메네프와 권력을 나누었으나 스탈린에 의해 밀려나 결국 숙청당했다.

ㅊ

처칠, 윈스턴Winston S. Churchill 1874~1965 영국의 정치가. 보수당 의원으로 정계에 입문했으나 당의 보호관세정책에 반대해 자유당으로 당적을 옮겨 1911년 이후 해군상, 군수상, 전쟁상 등을 지내다가 보수당에 복귀해 볼드윈 내각에서 재무상을 지냈다. 1929년부터 10년 간 주류의 인도 자치론과 유화정책에 반대해 입각하지 않았고, 1939년에 해군상으로 내각에 복귀해 1940년부터 수상 겸 국방상이 되어 전시 내각을 이끌었다. 이후 루스벨트, 스탈린과 더불어 제2차 세계대전을 승리로 이끌었다. 1945년 선거 패배 후에도 당수로 남아 있다가 1951~1955년까지 다시 수상으로 일했다.

체르닌, 오토카르Ottokar Czernin 1872~1932 오스트리아-헝가리제국의 외교관. 1895년 주파리 대사관을 시작으로 헤이그, 루마니아 등지에서 근무했다. 카를 1세의 즉위와 더불어 외상이 되었고, 황제와 함께 전쟁에서 빠져나오려는 외교적 노력을 기울였으나 실패했다.

초텍, 조피Sophie Chotek 1868~1914 오스트리아-헝가리제국의 황위계승자 프란츠 페르디난트 대공의 배우자. 보헤미아의 초텍 가문에서 태어나 프란츠 요제프 황제의 반대에도 불구하고 대공과 혼인했다. 1914년 6월 28일 대공과 함께 사라예보에서 살해당했다.

치머만, 아르투르Arthur Zimmermann　1864~1940　독일의 정치가. 외상 야고프 대신 세르비아에 선전포고한 오스트리아-헝가리제국을 지원하는 결정에 참여했고, 야고프의 뒤를 이어 1916년 11월 외상이 되었다. 1917년 1월 멕시코의 미국에 대항한 전쟁을 지원할 것을 제안하는 전보를 보냈는데 유출되었고, 이 사건이 미국의 참전 결정에 큰 영향을 주었다. 그해 7월 베트만-홀베크 사임과 함께 물러났다.

ㅋ

카도르나, 루이지Luigi Cadorna　1850~1928　이탈리아의 장군. 1914년 7월 참모총장이 되었고. 이탈리아의 참전 후 오스트리아-헝가리군을 상대로 싸웠다. 1917년 카포레토 전투에 패배해 참모총장에서 물러났으나 1924년 원수로 진급했다.

카로이, 미하이Mihály Károlyi　1875~1955　헝가리의 정치가. 제1차 세계대전이 막바지에 다다랐을 때 헝가리 국민회의를 결성해 등장했고 수상으로 임명되었다. 1919년 1월에는 대통령이 되었으나 연합국과 화해를 이루는 강화에 실패하자 사임했다.

카를 1세Karl I　1887~1922　오스트리아-헝가리제국의 마지막 황제. 전임 프란츠 요제프 황제의 종손자로 삼촌인 프란츠 페르디난트가 살해당해 황위 계승자가 되었고 1916년 프란츠 요제프의 사망으로 황제가 되었다. 서유럽 국가들과 강화하고 제국을 연방국으로 만들 생각을 가졌다. 종전 후 오스트리아 의회에 의해 퇴위 당했다.

카메네프, 레프Lev Kamenev　1883~1936　러시아의 혁명가, 소련의 정치가. 러시아 혁명운동에 참여해 서유럽에서 레닌, 그리고 트로츠키의 여동생이자 자신의 부인이 될 올가 카메네바 등과 활동했다. 1914년에 러시아로 가서 볼셰비키들을 이끌고 전쟁에 반대했다가 시베리아로 유배되었다. 2월 혁명 후 볼셰비키 지도부에 참여했으나 조심스러운 태도를 견지해 정권 장악에 반대했다. 정치국원, 소비에트 중앙 집행위원회 의장 등을 맡았으나 스탈린에 의해 권력에서 밀려나 숙청되었다.

카이요, 조제프Joseph Caillaux　1863~1944　프랑스의 정치가. 재무성에서 경력을 시작해 하원의원이 된 후 1899년부터 1909년 사이에 두 차례 재무상으로 일했다. 클레망소 전시내각에 의해 반역죄로 기소당하고 복역했다. 전후 사면을 받고 다시 재무상과 상원의원으로 일했다.

캐번, 루돌프 램버트Rudolph Lambart, 10th Earl of Cavan 1865~1946 영국의 장군. 제1차 세계대전 발발 직후부터 서부전선 이프르, 로스, 솜므 등지에서 싸웠고, 1917년 이탈리아로 전출되어 이탈리아 주둔 영국군 총사령관이 되어 오스트리아-헝가리제국과의 마지막 전투인 비토리오 베네토 전투를 이끌었다. 전후에 제국총참모장을 역임했다.

커즌, 조지Geroge Curzon 1859~1925 영국의 정치가. 보수당 의원으로 정계에 입문해 인도담당 국무차관, 외무차관, 인도 부왕을 맡았고 1919~1924년에 로이드 조지 내각에서 외상으로 일했다. 소련과 폴란드 사이의 경계선을 제안한 커즌 선으로 알려져 있다.

케렌스키Aleksandr Kerensky 1881~1970 러시아의 정치가. 사회주의 혁명당에 참여해 정치를 시작했으며 1912년 두마에 진출했다. 2월 혁명 후 페트로그라드 소비에트 부의장과 임시정부의 법무상이 되었고 7월에는 임시정부의 수반이 되었다. 전쟁을 계속하는 것도 연합국과의 단독강화도 실패하고 국내 분열을 감당하지 못하고 볼셰비키의 10월 혁명 후 숨어 있다가 서유럽으로 망명했다.

케말, 무스타파 아타튀르크Mustafa Kemal Atatürk 1881~1938 터키의 군인, 정치가, 초대 대통령. 제1차 세계대전 때 갈리폴리에서 큰 공을 세웠으며 종전 후 연합국의 영토 침략에 맞서 싸웠다. 청년 장교들과 앙카라를 장악해 공화국을 수립하고 초대 대통령이 되어 서구식 개혁을 실시했다. 터키의 국부(아타튀르크) 칭호를 얻었다.

케이스먼트, 로저Roger Casement 1864~1916 아일랜드 출신의 영국 행정관으로 콩고, 브라질 등지에서 영국 영사로 일했으며, 아일랜드 의용군의 봉기를 위해 독일에 지원을 요청하러 갔다가 위험을 알리러 돌아오는 길에 체포되어 교수형에 처해졌다.

케인즈, 존 메이너드John Maynard Keynes 1883~1946 영국의 경제학자. 정부 지출을 통한 수요의 창출을 주장한 『고용, 이자 및 화폐의 일반 이론』(1936)으로 유명하다. 재무성 자문, 브레턴우즈 협정의 영국 대표, 국제통화기금과 세계은행 총재 등을 역임했다.

코르닐로프, 라브르Lavr Kornilov 1870~1918 러시아의 장군. 제1차 세계대전에서 사단을 지휘하다가 프셰미실에서 포로로 잡힌 후 탈출에 성공해 이후 군단을 지휘했다. 2월 혁명 후 최고사령관이 되었으나 반혁명 쿠데타를 시도했다가 체포되었고, 탈출해 러시아 내전에서 백군을 지휘하다가 전사했다.

콘라트, 프란츠Franz, Graf Conrad von Hötzendorf 1852~1925 오스트리아-헝가리제국의 장군. 1906년 참모총장이 되어 전략 계획을 짰으며 제1차 세계대전이 발발한 뒤부터 1916년 카를 1세가 지휘권을 가져갈 때까지 오스트리아-헝가리군을 지휘했다.

퀼만, 리하르트Richard von Kühlmann 1873~1948 독일의 외교관. 1899년 독일 외무성에 들어가 제1차 세계대전 중인 1917년 8월 외상이 되었다. 1918년 브레스트리토프스크 조약과 부쿠레슈티 조약을 체결할 때 독일 대표단을 이끌었다.

크래독, 크리스토퍼Christopher Cradock 1862~1914 영국의 해군 제독. 제1차 세계대전 중 독일의 동양전대를 추적해 파괴하는 임무를 맡아 칠레 중부 코로넬 근처 해안에서 전투를 벌이다가 그가 이끄는 두 척의 순양함이 침몰해 1,600여 명의 장교, 수병과 함께 사망했다.

클레망소, 조르주Georges Clemenceau 1841~1929 프랑스의 정치가. 1870년 몽마르트르 구장區長으로 정계에 입문한 뒤 1906년에 사리앙 내각의 내상, 이어 수상 겸 내상이 되어 1909년까지 일했다. 제1차 세계대전 중인 1917년 11월 푸앵카레 대통령의 요청으로 전시 내각을 구성하고 수상 겸 육군상이 되어 전쟁을 승리로 이끌었으며 파리강화회의의 전권대표로 참석했다.

클루크, 알렉산더Alexander von Kluck 1846~1934 독일의 장군. 제1차 세계대전 발발 시 독일 제1군의 사령관으로 프랑스 침공에 앞장섰으나 마른 강 진두에서 프랑스군을 꺾는 데 실패했다. 1915년 부상을 당하고 다음 해 퇴역했다.

키스, 로저Roger Keyes 1872~1945 영국의 해군 제독. 1917년 해군성에서 전략기획을 맡아 제브뤼헤와 오스텐데 공격을 계획했고 1918년 이 작전을 실행했다.

키치너, 호레이쇼 허버트Horatio Herbert Kitchener 1850~1916 영국의 육군 원수. 수단, 이집트, 보어 전쟁에서 활약했으며 제1차 세계대전 때 전쟁상이 되어 장기전에 대비할 것을 주장했다. 이른바 키치너 군대라 불리는 모병 활동과 군수 공급에 진력했다. 1915년 서부전선과 갈리폴리의 실패로 타격을 입었고 1916년 러시아 방문을 위한 항해 중에 타고 있던 배가 침몰해 사망했다.

ㅌ

타운센드, 찰스Charles Townshend　1861~1924　영국의 장군. 인도군을 통솔한 경력으로 제1차 세계대전에서 인도군을 이끌고 메소포타미아에서 전역을 수행했다. 1916년 4월 알쿠트에서 포위당해 항복했다.

토마, 알베르Albert Thomas　1878~1932　프랑스의 정치가. 1910년 하원 의원이 되어 사회주의 정당의 중도파를 이끌었다. 제1차 세계대전 때 철도, 군수 등의 분야에서 전쟁 수행을 도왔다. 전후 국제노동기구(ILO)의 초대 사무총장이 되었다.

트로츠키, 레프Lev Trotsky　1879~1940　러시아의 혁명가, 소련의 정치가. 멘셰비키의 일원으로 공산주의 운동에 참가했다가 1917년에 볼셰비키가 되었고, 혁명 후 외무인민위원, 군사인민위원, 정치국원 등을 역임했다 레닌 사후 스탈린과 대립해 제명, 추방되었고, 각국을 전전하다가 멕시코에 정착했으나 암살되었다.

티사, 이스트반István Tisza　1861~1918　헝가리의 정치가. 1886년 의회에 진출해 1903년부터 1905년까지 수상을 지냈고 1913년 다시 수상이 되어 1917년까지 제1차 세계대전을 치렀다. 독일과의 동맹을 지지했다.

ㅍ

파이살 1세, 에미르Emir Feisal　1885~1933　시리아, 이라크의 왕. 영국의 지원으로 오스만제국으로부터 아랍의 독립을 추구한 후세인 이븐 알리의 아들로 아랍 민족주의 지도자로 활약했다. 1919년 파리강화회의에 참석해 아랍의 이익을 대표하려 했지만 프랑스의 시리아에 대한 영향력 행사로 물러섰다. 1920년 프랑스군이 위임통치를 위해 시리아를 점령하며 추방당했다. 1933년 사망할 때까지 이라크 왕위에 있었다.

판크허스트, 크리스타벨Christabel Pankhurst　1880~1958　영국의 여권운동가. 어머니 에멀린 판크허스트와 동생 실비아 판크허스트와 함께 공격적인 여성 참정권 운동을 벌였다. 제1차 세계대전 때는 참정권 운동을 잠시 중단하고 전쟁 수행을 위한 여성의 참여를 독려했다.

팔켄하인, 에리히Erich von Falkenhayn　1861~1922　독일의 장군. 프로이센 전쟁상을 지내다가 제1차 세계대전이 발발하고 참모총장 몰트케가 공격을 성공으로 이끌지 못하자 1914년 9월 참모총장으로 임명되었다. 1916년 베르됭 전투에 실패한 후 해임되었다.

퍼싱, 존 John Joseph Pershing 1860~1948 미국의 장군. 제1차 세계대전에서 유럽 원정군 사령관을 지냈다.

페르디난트 1세 Ferdinand I of Bulgaria 1861~1948 불가리아의 국왕. 1887년 자치공국이 된 불가리아의 군주가 되었고 1908년 오스트리아-헝가리제국의 보스니아-헤르체고비나 병합을 틈타 오스만제국으로부터 독립을 선언하고 국왕이 되었다. 세르비아, 그리스, 몬테네그로와 발칸동맹을 맺어 러시아의 지원 하에 오스만제국을 공격한 제1차 발칸전쟁을 일으켰고, 전후 이익 분할에 합의하지 못해 동맹국들에 대항해 제2차 발칸전쟁을 치렀다. 이는 불가리아가 독일과 오스트리아-헝가리제국 편에서 제1차 세계대전에 참전한 배경이 되었다. 1918년 군사적 패배로 아들 보리스 3세에게 왕위를 넘겼다.

페타르 1세 Petar Karađorđević 1844~1921 세르비아의 국왕(1903~1918), 세르비아-크로아티아-슬로베니아 왕국의 국왕(1918~1921). 카라조르제비치가 출신으로 오브레노비치가의 알렉산다르 1세가 살해당한 후 의회에서 국왕으로 선출되었다. 국내적으로 자유주의를 확대했고 대외적으로 발칸 전쟁을 치렀다. 제1차 세계대전 때 연합국의 편에서 싸웠는데 1915년 독일, 오스트리아-헝가리제국, 불가리아 연합군의 침공을 받고 알바니아를 거쳐 코르푸에 피신했다. 1918년 12월에는 세르비아-크로아티아-슬로베니아 왕국을 선포하고 국왕이 되었다.

페탱, 필리프 Philippe Pétain 1856~1951 프랑스의 육군 원수, 정치가. 1916년 베르됭을 방어해내 제1차 세계대전의 영웅이 되었다. 1917년 4월 니벨의 뒤를 이어 서부전선 프랑스군 총사령관이 되었고 1918년에 육군 원수가 되었다. 제2차 세계대전 때는 1940년 6월 16일 대독 항복 내각을 조직해 수반이 되었으며 6월 22일에 독일과 휴전협정을 체결해 이후 독일에 협력하는 정책을 펴나갔다. 전후 반역죄로 사형을 선고받았으나 감형되어 복역 중에 사망했다.

펭르베, 폴 Paul Painlevé 1863~1933 프랑스의 수학자, 정치가. 수학자로서 학문적인 업적을 쌓았고 1906년 하원에 진출했다. 1917년 9월 수상이 되어 내각을 구성했고, 연합국 최고회의를 설치했으나 11월에 수상 직에서 물러났다. 1925년 4월에 한 번 더 수상이 되었으나 경제 위기로 인해 11월에 물러났다.

포슈, 페르디낭Ferdinand Foch   1851~1929   프랑스의 장군. 제1차 세계대전 중 각지에서 프랑스군을 지휘했고 1918년 봄 서부전선에서 연합국 총사령관이 되어 전쟁을 마무리했다. 그해 11월 11일 연합국 대표로 휴전 조약에 서명했다.

푸앵카레, 레몽Raymond Poincaré   1860~1934   프랑스의 정치가. 1887년에 하원 의원이 된 이래 1912년에 수상 겸 외상, 1913년에 대통령이 되었다. 전쟁 전에는 대독 강경 정책을 취했고 전쟁 중에는 클레망소를 수상으로 임명해 전쟁을 승리로 이끌었다. 1920년에 독일과의 강화에 반발해 사임했으나, 다시 수상 겸 외상(1922~1924)이 되어 독일의 루르 지방을 점령하는 등 강경정책을 취했다. 1926년에는 국민연합정부의 수반을 맡았다.

프란츠 요제프Franz Joseph   1830~1916   오스트리아-헝가리 제국의 황제. 1848년 황제가 되어 프로이센-오스트리아 전쟁, 이탈리아 독립 전쟁 등을 겪었으며, 안으로는 의회를 허용하고 오스트리아와 헝가리를 분리해 다스리고 밖으로는 독일과 동맹을 결성해 쇠퇴해가는 제국을 강화하려 애썼다.

프란츠 페르디난트Franz Ferdinand   1863~1914   오스트리아의 대공. 프란츠 요제프 황제의 조카로 황위 계승자였다. 슬라브인들을 참여시켜 제국을 개편하려 했으나 헝가리, 세르비아의 반발을 사게 되고 1914년 6월에 사라예보에서 세르비아 민족주의자에게 살해되었다.

프렌치, 존John French   1852~1925   영국의 육군 원수. 제1차 세계대전이 발발하자 영국 원정군의 사령관으로 서부전선에서 싸웠다. 1915년 12월 더글러스 헤이그에게 자리를 넘겨주고 본토총사령관, 아일랜드 총독을 지냈다.

프리트비츠, 막시밀리안Maximilian von Prittwitz   1848~1929   독일의 장군. 제1차 세계대전 발발 시 제8군을 맡아 동프로이센으로 배속되었으나 러시아의 공격에 놀라 후퇴하도록 해줄 것을 요청해 몰트케에 의해 해임되었다. 힌덴부르크와 루덴도르프가 대신 배속되었다.

프린치프, 가브릴로Gavrilo Princip   1894~1918   보스니아 태생의 세르비아계 민족주의자로 오스트리아-헝가리제국의 프란츠 페르디난트 대공을 살해했다. 범행 당시 20세가 안 된 미성년자로 사형이 아니라 징역형을 받았으나 감옥에서 병사했다.

플러머, 허버트Herbert Plumer   1857~1932   영국의 육군 원수. 제1차 세계대전 발발 후 서부전선에서 군단을 지휘했다. 1917년 메센에서 지뢰 폭발을 통해 공세를 성공시켰다.

피셔, 존John Fisher 1840~1921 영국의 해군 제독. 13세에 해군에 들어가 크리미아 전쟁 등 많은 경험을 쌓고 퇴임했으나 제1차 세계대전이 발발해 해군 제1군사위원으로 복귀했다. 1914년 코로넬 전투에서 패배를 당한 후 곧 포클랜드에서 폰 슈페의 함대를 침몰시켰다. 다르다넬스 원정을 처음에는 동의했다가 나중에 반발해 사임했다.

ㅎ

하디, 키어Kier Hardie 1856~1915 영국의 정치가. 10세에 광부가 되어 노동조합 지도자가 되었다. 1892년 무소속으로 하원에 진출해 1900년 노동조합들과 함께 노동당을 창당했고 1906년에는 노동당 의장이 되었다. 제1차 세계대전이 다가오자 평화를 위해 노동자들이 역할을 할 것을 주장했다.

하우스, 에드워드Edward M. House 1858~1938 미국의 외교관. 하우스 대령으로 알려져 있는 인물로 군인이 아니라 명예직함이다. 제1차 세계대전 시 윌슨 대통령을 대신해 영국, 프랑스, 독일과 교섭했으며 파리강화조약의 성립과 국제연맹의 수립에 큰 역할을 했다.

해밀턴 이안Ian Hamilton 1853~1947 영국의 장군. 제1차 세계대전에서 지중해 원정군의 총사령관을 맡아 갈리폴리 작전을 수행했으나 실패했다. 1915년 10월에 소환됨으로써 군 경력을 마감했다.

행키, 모리스Mairice Hankey 1877~1963 영국의 군인, 정치가. 해병대, 해군정보부 등에서 일하다가 제국방어위원회와 로이드 조지의 전시내각에서 일했다. 무임소장관, 재무성 경리장관 등을 역임했다.

헤이그, 더글러스Douglas Haig 1861~1928 영국의 육군 원수. 제1차 세계대전에서 영국원정군 제1군단을 이끌었고 1915년 12월부터 존 프렌치에 이어 프랑스 주둔 영국군의 총사령관을 맡아 전쟁을 이끌었다. 무모한 공세로 1916년 솜므 전투, 1917년 제3차 이프르 전투 등에서 수많은 사상자를 냈다.

헨더슨, 아서Arthur Henderson 1863~1935 영국의 정치가. 주물공 출신으로 노동조합 지도자로서 노동당 창당에 참여하고 의회에 진출했다. 1924년 제1차 노동당 내각에서 내상 등을 지냈으며, 1929년 제2차 노동당 내각에서 외상이 되어 국제연맹을 지원했다.

헨취, 리하르트Richard Hentsch   1869~1918   독일의 군인. 제1차 세계대전에서 독
일군 최고사령부에서 몰트케의 참모로 일했다. 1915년부터 1918년까지는 오스
트리아-헝가리군에서 참모장을 맡았다.

호프만, 막스Max Hoffmann   1869~1927   독일의 장군. 제1차 세계대전이 발발하고
프리트비츠가 지휘하는 제8군의 참모로 지휘관의 잘못된 판단을 수습해 동프로
이센으로 진격하는 러시아군을 막아냈다. 동부전선으로 온 힌덴부르크와 루덴
도르프가 탄넨베르크 전투에서 승리하는 데 큰 힘이 되었다. 독일과 소련이 브
레스트 리토프스크에서 강화를 위한 협상을 할 때 최고사령부를 대표해 참석했
으며, 소련 대표단이 협상장을 나가자 군대를 진격시켜 소련이 강화 조약에 조
인하도록 만들었다.

후버, 허버트Herbert Hoover   1874~1964   미국의 정치가. 제1차 세계대전 중 난민
구제위원으로 활동하다가 1921년 상무장관이 되었고 1928년 공화당 후보로 대
통령(1929~1933)에 당선되었으나 대공황으로 경제 불황에 대한 대책을 세우
는 데 임기를 다 보냈다.

휴즈, 윌리엄 모리스William Morris Hughes   1862~1952   오스트레일리아의 정치가.
1894년 노동당으로 의원이 되어 1915년부터 1923년까지 총리를 지냈다. 파리
강화회의에서 독일령 뉴기니에 대한 통제권을 얻었다.

히틀러, 아돌프Adolf Hitler   1889~1945   독일의 정치가. 오스트리아 출신으로 독
일로 이주해 제1차 세계대전에서 독일군에 입대했다. 1919년에 독일 노동자당
에 입당했고 1921년에는 나치당으로 이름이 바뀐 당을 이끌게 되었다. 1923년
에 뮌헨에서 봉기를 일으켰으나 실패해 투옥되었다가 풀려났다. 수감 중에『나
의 투쟁』을 저술했으며 이후 당을 재건하고 합법적인 방법으로 집권을 모색해
1930년 총선에서 사회민주당에 이어 제2당이 되었다. 1933년 1월에 힌덴부르
크에 의해 수상에 오른 후 의회를 해산하고 다시 선거를 치렀으며 기본권을 중
지하는 긴급명령을 내려 좌파를 탄압하고 의회의 권한을 정부에 이양하는 수
권법을 통과시켜 나치독재체제를 수립했다. 이후 국내적으로 경제 위기를 극복
해 나가고 대외적으로 베르사유 체제를 무너뜨려 나감으로써 독일 국민들의 지
지를 받았다. 1939년에 제2차 세계대전을 일으켜 초기에 크게 승리했으나 소
련을 침공하고 미국에 선전포고를 하는 등 실책을 한 후 패전을 거듭하고 결국
1945년 베를린 함락 직전에 자살했다.

히퍼, 프란츠Franz von Hipper   1863~1932   독일의 해군 제독. 유틀란트 해전 등에

서 정찰 전단을 이끌었다. 1918년 8월 폰 쉐어 제독의 뒤를 이어 독일 대양함대의 사령관이 되었다.

힌덴부르크, 파울 폰Paul von Hindenburg   1847~1934   독일의 장군, 정치가. 제1차 세계대전 시 동부전선에서 크게 활약해 명성을 얻었고, 1916년부터는 루덴도르프와 함께 실권을 장악했다. 1925년 보수파의 지지로 바이마르 공화국 대통령의 자리에 올랐다. 1933년 히틀러를 수상에 임명함으로써 나치가 집권하는 길을 열어주었다.

옮긴이의 말

숫자가 가진 마력이 있다. 특히 백이라는 숫자의 힘이 커서, 삶의 문제를 생각하며 과거로부터 지혜를 얻으려 할 때 우리는 백 년 전의 역사를 곧잘 생각한다. 20세기 후반 탈냉전의 국제정치 구조를 맞이하고 세계화의 문명적 전환을 인식했을 때, 19세기 후반 열강의 각축장이 되었던 한반도를 돌이켜보고 근대 문명을 배우려 애썼던 이들의 고뇌를 되새겨보려 했던 적이 있었다. 우리는 또한 역사적인 사건의 백 주년을 기념하면서 역사를 재발견하고 현재적인 의미를 끌어오며 미래를 계획하기도 한다. 미국에서 남북전쟁 백 주년을 기념하면서 한쪽에서는 애국주의를 내세우고, 다른 한쪽에서는 민권 운동의 전개를 주창하며, 또 다른 한쪽에서는 분리주의를 끄집어내어, 세력 간의 충돌이 일어났을 뿐 아니라 과거와 현재가 서로 뒤얽혀 문제들이 더욱 복잡해졌는데, 미국인들은 이 모든 일을 겪으며 새로운 돌파구를 향한 열망을 갖게 되었다.

2020년에 사는 우리는 지금으로부터 백 년 전의 역사에서 현재의 어떤 모습을 발견하고, 어떻게 기념하며, 미래를 생각하는 데 어떻게 도움을 얻을 것인가? 미국과 중국의 갈등과 협력이 안정적이고 건설적인 관계로 수렴되기보다 전 세계를 분할하는 방향으로 나아가고 무역, 금융, 신기술 등 다방면에서 세력권을 강화하는 전략적 경쟁이 심화되어 불안정성이 증대되는 모습을 보며 제1차 세계대전의 원인으로 꼽히는 패권국과 신흥국의 경쟁을 생각하게 된다. 힘의 구조가 변화함에 따라 기존 동맹이 흔들리고 새로운 동맹과 연합이 생겨날 가능성이 점쳐지고 있는 것도 20세기 초반의 모습과 유사한 점이다. 또한 자유주의 국제질서가 쇠퇴의 일로에 들어선 것이냐 구해낼 수 있느냐에 대한 논쟁이 불붙은 지금, 제1차 세계대전이 끝나고 본격적으로 시작된 자유주의에 기반한 국제질서를 확립하려 애썼던 이들의 노력을 다시 주의 깊게 들여다볼 충분한 이유가 있다. 사족일지 모르지만 한 가지 덧붙이면, 사람들 간의 접촉과 이동의 확대로 전 세계에 스페인 독감이 유행하고 그 결과 각국의 정치, 경제, 사회에 큰 영향을 끼친 것도 세계화된 지금의 세계에서 벌어진 코로나19 바이러스 확산의 데자뷔였을지도 모른다는 생각도 든다. 어쨌든, 꼭 백 년이 되어서가 아니라도 제1차 세계대전과 이 시기의 세계를 이해해야 할 때다.

이 책은 A. J. P. Taylor의 *The First World War: An Illustrated History* (London: Penguin Book, 2009)를 번역한 것이다. 이 책은 1963년에 처음 출판되었고 1989년까지 25만 부가 팔려, 영어로 된 제1차 세계대전 개설서 가운데 가장 널리 읽힌 책이라는 타이틀을 얻었고, 이는 아마 지금도 유효할 것이다. 책이 출판된 지 반세기가 훨씬 지났지만 사람들의 입에 여전히 오르내리고 있다. 2007년 8월

11일자 영국 잡지 『스펙테이터 *The Spectator*』와 2009년 7월 3일자 『뉴욕타임스 *The New York Times*』는 신간 서평에서 아직도 출판되고 있는 테일러의 『제1차 세계대전』을 새로운 사료와 연구결과가 반영된 후대의 책도 넘어설 수 없는 빛나는 역작이라며 칭송했다. 아주 최근인 2019년에도 미국역사학회에서 발행하는 *American Historical Review*의 서평에서 이 책을 간결하게 서술된 영미권 제1차 세계대전 연구의 대표적인 저작으로 언급하고 있을 정도다.

　　제1차 세계대전을 간결하게 축약한 베스트셀러라는 점 외에도 이 책이 가지는 여러 가지 의의가 있다. 첫째, 대중에게 널리 읽힌 만큼 테일러가 제1차 세계대전에 대해 내린 평가, 인물이나 사건에 대한 서술이 현재까지의 제1차 세계대전에 대한 관념에 영향을 주었다. 같은 시기에 나온 책들도 테일러의 책과 함께 전쟁의 맹목성, 소모성, 비극성을 드러냈지만, 대중들은 테일러의 멋들어진 문장을 기억했다. 예를 들어 테일러는 베르됭 전투에 대해서, "전쟁에서야 늘 분별없는 일이 벌어지지만 베르됭은 그런 일들 가운데서도 가장 말도 안 되는 일이었다. 베르됭에서 양측은 문자 그대로 싸움을 위한 싸움을 벌였다. 목표물을 획득하거나 잃는 것이 아니라 오로지 인명 살상을 위해, 영예를 얻기 위해 싸웠다"라고 신랄하게 비판했으며, 솜므 전투에 대해서는 "용감하게 뛰어들어 어찌할 바를 모르는 병사들, 실수를 연발하는 고집 센 장군들, 아무것도 얻은 것이 없는 상황. 솜므는 장래의 세대들이 제1차 세계대전 하면 머릿속에 떠올리는 모습이 되었다"라고 묘사했으며, 갈리폴리 원정은 "뛰어난 전략적 계획이 부적절하게 준비되고 부적절하게 추진되어 끝까지 간 끔찍한 예였다"라는 평가를 내렸다.

둘째, 테일러는 제1차 세계대전의 원인으로 소위 "철도 시간표 이론"을 제시했다. 이 책보다 나중에 쓴 *War by Timetable: How the First World War Began*이라는 저작에서 자세히 다루고 있는데, 기존 연구가 강대국들의 팽창 정책, 세력경쟁, 동맹의 실패에 초점을 맞춘 반면, 테일러는 1914년 6월 28일 프란츠 페르디난트 대공 살해 사건으로 촉발된 7월 위기에서 각국이 외교적 술책으로 사용한 선전 포고와 동원이 철도의 시대를 맞아 위협으로 그치는 것이 아니라 실제 행동으로 이어질 수밖에 없었다고 주장한다. 테일러의 설명에 따르면, 국가들이 대규모 군대와 물자를 전선으로 동원하기 위해서는 철도를 이용해야 했는데 미리 짜놓은 철도 시간표에 따른 동원은 변경이나 중단 없이 진행되어야만 했다. 변경 혹은 중단 후 재개하는 것 모두 시간이 걸리는 일이었는데 그러는 동안 무방비 상태가 된다. 따라서 각국은 상대가 동원령으로 위협하면 자신도 동원령을 내려야 했고, 일단 동원을 시작하면 멈출 수 없었다. 테일러는 특히 독일의 경우 서부와 동부 두 개의 전선에서 동시에 싸워서는 승산이 없었기 때문에 러시아가 동원을 완료하기 전에 서부에서 이미 승리를 거두어야 했고, 러시아가 동원 결정을 내리자 독일은 서부에서 신속한 승리를 거두기 위해 전쟁을 시작했다고 설명한다. 유럽 각국의 공격적 태도, 전쟁에 대한 열의를 강조하는 설명에 대비되는 설명이다.

셋째, 테일러의 제1차 세계대전사는 단지 전투와 병참으로 이루어진 전쟁만을 다루는 것이 아니라 1914년부터 1919년까지 나라들 간의 관계를 더 큰 틀로서 살펴보고 있다. 어떤 전술과 전략이 전투와 전쟁을 승리로 이끌었는지 또는 패배의 원인이 되었는지에서 그치지 않고, 그러한 전략, 전술, 정책이 나라 간의 관계가 어떠했기 때문에 가능하거나 불가능했는지, 나라 안에서 정치가, 관료, 군, 여론은 어떤 생각을 가졌는지, 전략, 정책을 결정하는 인물들 간의 관계는 어떤 영향을 주었는지 살펴보는 정치사로서 제1차 세계 대전에 접근한다. 이 책에서 보여주는 국제 정치에서 힘의 구조, 가치와 규범, 국내 정치 과정, 여론, 개인적인 특성과 개인들 간의 관계, 어느 것 하나 국제 정치를 공부하는 이들이 빠뜨릴 수 없는 측면이다. 이 책을 통해 제1차 세계대전을 더 잘 이해할 수도 있겠지만 4년 남짓이라는 아주 짧은 동안에 집중적으로 일어난 사건들과 강력한 영향을 끼친 요인들을 이해하면서 국제정치를 더 잘 이해할 수 있을 것이다.

테일러의 저작을 연이어 번역하며 이 대학자가 걸어온 지식의 여정을 좇고 그 결실인 지혜를 얻고 싶다는 마음이 더욱 간절해짐과 동시에, 어쩌면 테일러 전문 번역자라 여겨질 수도 있을 텐데 단지 소망만이 아니라 책임감을 가지고 더 깊은 이해에 도달해야겠다는 생각이 든다. 또 테일러의 저작을 소개하는 데 그치지 않고 더 깊이 공부해 우리가 안고 있는 문제들에 대해 이야기하고 싶다는 생각도 더 커졌다. 고된 작업을 마치니 새삼 감사한 분들이 있다. 배우는 자세, 학문하는 즐거움, 가르치는 책임감, 모든 점에서 본을 보여주신 은사 최정운 교수님께 감사드린다. 박사 논문을 지도해주신 데이비드 싱그넬리 교수님과 마이클 맥도널드 교수님께도 감사드린다. 두 분은 역자가 스스로 설 때까지 기다려주시고 애정으로 보살펴주셨다. 학위 취득 후 첫걸음을 내딛었을 때 울타리가 되어주시고 아껴주신 서창록 교수님께 특별한 감사를 드린다. 언제 불러봐도 좋은 어머니와 돌아가신 아버지께 감사드린다. 항상 지원을 아끼지 않으시는 장모님께 감사드린다. 삶의 기쁨인 아내와 아이들에게 말로 다 할 수 없는 사랑과 고마움을 전한다.

옮긴이 **유영수**

서울대학교 외교학과를 졸업하고 미국 뉴욕주립 빙햄튼 대학교에서 정치학 박사학위를 받았다. 공군사관학교 전임강사를 지냈고, 현재 북한대학원대학교에서 조교수로 가르치고 있다. 논문으로 「민주주의 국가의 인권 정치: 한국과 스페인의 양심적 병역 거부권 인정 문제를 중심으로」, 「체제 전환 과정의 제도, 선호, 그리고 인권 보호」 등이 있고, 『준비되지 않은 전쟁, 제2차 세계대전의 기원』, 『지도와 사진으로 보는 제2차 세계대전』 등을 우리말로 옮겼다.

지도와 사진으로 보는
제1차 세계대전 큰글자책

초판 1쇄 발행 2021년 7월 23일

지은이   A. J. P. 테일러
옮긴이   유영수
펴낸이   최용범

편집   박호진, 윤소진
디자인   김태호
마케팅   김학래
관리   강은선
인쇄   (주)다온피앤피

펴낸곳   **페이퍼로드**
            paperroad
출판등록   제10-2427호(2002년 8월 7일)
주소   서울시 동작구 보라매로5가길 7 1322호
이메일   book@paperroad.net
페이스북   www.facebook.com/paperroadbook
전화   (02)326-0328
팩스   (02)335-0334
ISBN   979-11-90475-74-7(03900)